JN079964

Hegemony
&
World Politics
in the
21st Century

ヘゲモニーの現代世界政治

米中の覇権争奪とイスラム台頭の時代

西川佳秀 [著]

晃洋書房

は じ め に

本書は，冷戦終焉後における国際政治の潮流やその構造的特性を解析し，冷戦後世界の姿を浮かび上がらせるととともに，世界各地域の政治・軍事・経済情勢と抱えている諸問題，そして将来に向けた展望を概説した小品である．

全体の構成を略観すると，第1章では，主に国際システム論の視点に立ち，従前の国際政治環境との比較から，冷戦後世界の政治特性や形成されつつある新たなパラダイムについて考察する．冷戦後の国際政治におけるルール・オブ・ゲームズが冷戦時代のそれとどのように異なっているか，またそうした変化をもたらした原因として，「イスラムの復権」，「中国の大国化」，それに対テロ戦争後に強まった「アメリカ衰退の懸念」という三つの要因を取り上げた．さらに，主権国家システムの変容についても触れている．続く第2章以下では，「アメリカ」，「アジア」，「ロシア」，「ヨーロッパ」，最後に「中東」に至る世界各地域の冷戦後の動向と現状，そして課題や将来展望が描かれている．

基本的に，本書は大学で国際政治学を学ぶ学生を対象にした教科書の体裁をとっているが，同時に，国家公務員の総合職（特に「政治・国際」区分）や一般職，また都庁や県庁，政令指定都市といった地方自治体の職員採用試験等各種の公務員試験をはじめ，総合商社，金融など大企業の就職試験や新聞社，テレビ局といったマスメディアの採用試験を受ける就活・受験生の基本書にもなっている．これらの試験では例年，国際関係・政治外交史・時事問題が重要な出題分野となっており，最近では海外進出に積極的な一般企業でも，教養試験の中で国際情勢や各国の政治，外交の知識を尋ねる傾向が強まりつつある．

筆者は，若き日に自ら国家公務員試験を受験しただけでなく，研究職に就いてからは，公務員を志望する大学生の受験講座や教材・問題などの作成に携わってきた．本書執筆にあたっては，過去問の分析や傾向，狙われやすい項目，出題ポイント等を踏まえて，取り上げる事項や解説内容の選定を行った．本書を通読することで国際政治や国際情勢に関する基礎知識が身に付くだけでなく，各種試験の対策をも兼ねられるようにしたものである．さらに，現下の国際政治情勢や今後の動向を要領よく学びたいと望んでおられる一般社会人の方々の手引き書ともなるように配慮した．日々のニュースを聞き，新聞を読むだけで

は，国際政治のミクロ的な理解はできても，それをマクロで把握することは難しい面がある．そうした折り，日刊紙等と併せて座右に備えた拙著が，国際問題の本質を摑み取る一助になればと願っている．

　本文の理解を助けるため，各章に年表や図表を挿入した．またさらなる学習やより深い理解を得たいと願う読者の便宜を考え，巻末には各章毎に参考文献を挙げておいた．入手可能性などを考慮し，列挙したものは最近の著作に限らせていただいたが，これ以外にも内外の先学・同学の業績を利用させて頂いた．関係者の学恩に篤く感謝申し上げます．読者諸氏がこの本を通じ，冷戦後世界の特性や各地域の現状，それに協力と覇権が入り組んだ複層的なパワーゲームの動態を学ぶことで，国際政治への興味や理解がいささかなりとも深まるならば，そしてまた目標とされる試験に見事合格を果たされたならば，筆者としてこれにまさる幸はない．

　出版を取り巻く厳しい環境のなか，今回も晃洋書房取締役の高砂年樹氏にはたいへんお世話になりました．高砂氏はいつも筆者の企画に耳を傾け，また希望や願いを正面から受けとめて，その実現に尽力して下さいます．東京と京都の間を幾度も往復され，精力的に業務を取り進められたその行動力に敬意を表するとともに，これまでの御労苦に御礼を申し上げます．

　　2020 年 4 月吉日

西 川 佳 秀

目　　次

第*1*章

21世紀国際政治の潮流

1 国際秩序の変遷

17世紀に起きたドイツ30年戦争が契機となって，それまでの封建諸侯や聖職権威等を排し，絶対主権を持つ世俗国家のみを国際政治のアクターと規定する西欧国家体系（ウェストファリアシステム）がヨーロッパに誕生した．もっとも，互いに激しい覇権闘争を繰り広げ，敵対関係にある主権国家の間に共通の規則やルールは未だ確立せず，複数の主権国家で構成される闘争の場裡を纏まりある一つの国際システムや秩序体系と捉える意識も未熟であった．

その後，フランス革命の勃発とそれに続くナポレオンの登場で，ヨーロッパは大混乱に陥る．対仏大同盟を形成し辛くもナポレオンの野望を挫いた欧州各国は，第二，第三のナポレオン出現を阻止し，ヨーロッパ世界の秩序回復（仏革命前への復帰）と政治体制の維持・安定を図るため，ウィーン体制と呼ばれる国際秩序（システム）を形成する（1815～1848年）．それは保守反動と復古・正統主義を指導原理に据え，大国協調の下で欧州の勢力均衡を図ろうとするもので，神聖同盟や四国同盟が執行機関の役割を果たした．革命前の支配を正統とし，自由主義や国民主義（ナショナリズム）運動を抑え絶対王政・専制支配の復活を目指すウィーン体制は時代の流れに棹をさしたが，ヨーロッパ世界は安定を取り戻し（自由無き平和），大戦争の発生は回避された．

もっとも，早くも19世紀半ばにはギリシャの独立や7月革命，3月革命によって体制は動揺をきたし，さらにプロシャやイタリアの独立等相次ぐ環境変化の中で大国間協調の枠組みは崩れ，19世紀後半にはプロシャ主導の新たな国際秩序が形成される．それはウィルヘルム1世の宰相の名を取りビスマルク体制と呼ばれる（1870～90年）．プロシャの大国化とドイツ統一を実現に導いた宰相ビスマルクは，プロシャを軸に蜘蛛の巣のような複雑な同盟関係を構築し，普仏戦争に破れ対独復讐の念に燃えるフランスの孤立化（＝反独同盟の形成阻止）

を図った．また自国の植民地獲得や覇権拡大を慎む自制克己的な政策を堅持することでヨーロッパのパワーバランス維持に努め，大規模戦争の勃発を防いだのである．しかし，若く野心に燃えた新皇帝ウィルヘルム2世はビスマルクを退け，攻勢的な対外政策（新航路政策）を展開するようになる．ロシアが望んだにも拘わらずウィルヘルム2世がロシアとの同盟関係を破棄（独露再保障条約の更新拒否）するや，すかさずフランスはロシアに接近，さらに宿敵英国とも関係を改善し，忽ちドイツ包囲網が形成された．三国同盟（独墺伊）と三国協商（英仏露）の二大陣営に分裂し，英国が果たしてきた仲介役（バランサー）を失ったヨーロッパは，人類初の世界大戦へと傾れ込んでいく．

　4年にわたる第1次世界大戦の後，誕生を見たのがベルサイユ体制であった（1919〜36年）．国際連盟による集団安全保障体制が構築され，民族自決と国際協調主義が前面に打ち出された．しかし，ドイツの極度の弱体化やフランスの執拗な対独報復主義，アメリカの関与回避，さらには社会主義国家ソ連の国際社会からの排除，ナチスドイツよりもコミュニズムの脅威を重視し，ヒトラーとの融和を優先させたことが再びの世界戦争を招き寄せることになった．ベルサイユ体制と連動して太平洋地域に生まれたワシントン体制も，日本の国際連盟脱退や日中全面戦争によって崩壊した．

　第2次世界大戦末期，戦後世界のあり方を巡り，連合国は幾度も会談を重ねた．イギリスに変わり新たな覇権国家となったアメリカのローズベルト大統領によって，4人の警察官によって戦後世界の平和と安定を維持するシステムが構想された（ヤルタ・ポツダム体制）．しかし枢軸国の崩壊で生じた力の空白をめぐり，資本主義諸国と社会主義国家ソ連が敵対するようになり同体制は発足直後から機能麻痺に陥り，その機能発揮を前提に構築された国際連合は忽ち無力化する．

　戦後世界は，米ソ二大陣営がイデオロギーを巡り世界規模で激しく対立する二極構造となる[1]．「善（自由主義）と悪（社会主義）の対立」ゆえに敵・味方は峻別され，中立は不正義として許されなかった．同盟国に対する大国の拘束は政治・経済・文化等全ての分野に及びしかも締め付けが極めて強い冷戦構造（1946〜1991年）が形成された．統合密度の高い二極システムの下で，世界は長期間にわたる対立と緊張を強いられたが，代理戦争は多発したものの，大規模な世界戦争や核戦争の惨禍を人類は経験せずに済んだ．それには核兵器の出現が関わっていた．政治目的を遙かに超えた破壊力を持つ核兵器の存在，そして

アメリカ以外の国も核兵器を手に入れたことから生まれた相互核抑止の体制が大規模紛争を抑止したのである．また覇権国家アメリカが自由貿易体制を軸とする開放的な国際世界の構築に取り組んだこと，軍事的恫喝による抑圧的な政策を慎んだこと，国際公共財の負担と提供に貢献したことも冷戦システムの安定に寄与した[2]．

「核兵器がもたらす相互抑止体制」と「アメリカ主導の開放体制」の下，イデオロギー二極対立の冷戦構造は，① ヨーロッパにおける冷戦の発生〜封じ込め政策の形成〜朝鮮戦争に至る「冷戦の熱戦・グローバル化」時代（1940年代半ば〜1950年代半ば）② 陣営内部の対立（中ソ対立・米仏不協和・日独の戦後復興）やAA諸国の独立に伴う二極の緩みと「多極化進展」時代（1950年代半ば〜60年代）③ 米中和解に端を発した「デタント」時代（1970年代）④ ソ連軍のアフガニスタン侵攻による「新冷戦」の時代（1980年代）の四段階の変質過程を辿る．そして社会主義勢力の旗頭ソ連の崩壊により，冷戦はアメリカを中心とする西側資本主義勢力の勝利をもって終焉する．

2　ポスト冷戦の世界像：文明の衝突論

国際秩序が崩壊する時には，大規模な戦争を伴うのが歴史の通例であった．しかし冷戦構造の崩壊に際しては，ルーマニアなど一部の国や地域を除き，人類史上初めて平和裡に世界秩序の変革が成し遂げられた．その反面，新たな秩序が輪郭を著すには時間がかかった．戦後，大国が一堂に会し，新秩序の構築やルール作りの作業が行われなかったためである．

新秩序像が未だ不明瞭な中，冷戦終焉直後の世界では，将来の国際政治の姿について楽観的な予測や分析が支配的であった．例えば，米ソ両大国の対立によって，冷戦の時代，創設当初期待された機能の発揮が妨げられてきた国連に対する期待が異常なほどに高まった．国連主導による世界平和の時代がようやく到来したとの判断だ．あるいは，共産国家が倒れ世界中の国が民主化を実現する21世紀にはイデオロギーや体制の相違をめぐる国家間対立もなくなり，平穏ながらも極めて単調な時代になるとの見通しも呈された（フランシス・フクヤマ『歴史の終焉論』[3]）．

だが，こうした予想・憶測は悉く外れ，冷戦後の世界が冷戦時とは様相を異にする新たな対立と抗争の時代であることが徐々に明らかになっていった．バ

ラ色のポスト冷戦論が幅を利かせるなか，シビアな将来予測を下した人物に
ハーバード大学のサミュエル・ハンチントン教授がいた．彼は『文明の衝突
論』（1993 年）を発表し，マスメディアや学会にセンセーションを巻き起こした．

　ハンチントンによれば，冷戦時代は政治やイデオロギーで国家間の協力・敵
対関係が決まり，世界の国々は大別して自由世界と共産圏，それに第三世界の
三つのグループに分かれていた．しかし冷戦後，国家は主要な文明ごとに纏ま
り，文化・文明という要素によって国家の行動が決定される傾向が強まってい
く．なかでもキリスト教を母体とする西欧文明とイスラム文明，それに中華文
明（中国）の三つが互いに激しく世界政治の覇を競い合うようになると論じた．

　また冷戦時代におけるグローバルな力（パワー）の構造は米ソの支配する二
極体制であったが，冷戦後に出現しつつある世界の力（パワー）の構造はより複
雑なものとなる．それは「一極・多極併存体制」と呼ぶべきもので，冷戦後唯
一の超大国となったアメリカと，世界の特定の地域を支配するがアメリカ程に
世界的な影響力を行使するまでには至らない複数の地域大国から構成されると
いう．ハンチントンは，冷戦時代の二極体制から湾岸戦争に象徴される一時的
なアメリカ一極体制の時期を経て，一極・多極併存の体制に世界は進むと予測
した．そこでは，超大国アメリカは自らが覇権を握る一極体制を好み，そのよ
うな体制が実在するかのように振る舞おうとするが，超大国による抑圧，強制
を嫌う地域大国は，自分たちの利益を単独，あるいは互いの連携によって実現
できる多極体制を好む．国際関係に力を及ぼす主要な大国がいずれも満足でき
ず，両者の鬩ぎあいが 20〜30 年間続いた後，世界は一極・多極併存体制から
真の多極体制に移行するというのがハンチントンの見立てである[4]．

　アメリカの一極支配が揺らぎ，一面ではアメリカと協力しつつも，他面では
アメリカに代わる新たな覇権国家への途を目指している中国や，その中国と連
携しアメリカの世界支配の牽制，阻止を狙うロシア，また中国の影響力を抑え
自らもアジアの大国を志向するインド，国家統合によってヨーロッパの再生を
模索する EU 等地域大国・共同体の複雑な絡み合いのなかで冷戦後の国際シス
テムが形成されていることは，まさにハンチントンの指摘した通りである．ミ
アシャイマーが説くように，東西対立の消滅によって安定的な二極システムの
構造が崩れ，不安定さの高い多極世界が現出しつつあるということだ[5]．

　そのような世界では，イデオロギーの呪縛から開放され，より大きな行動の
自由と幅広い選択肢を手にした各国の間で，繁栄と覇権のメガコンペティショ

ンが繰り広げられている（外交復活の時代）．このことは，外交交渉の能力・技術を高めることがポスト冷戦期を生きる国家にとって至上命題であるとともに，敵味方を静的・固定的に考える冷戦思考が国の進路を誤らしめる危険性を持っているということだ．また地域大国が今後どのような発展を遂げていくか，その興隆・台頭の性格や方向性が，健全な地域主義の進展や地域協力メカニズムのあり方にも大きな影響を及ぼすことになる．

　では，ハンチントンの主張した"文明圏闘争の時代"は本当に到来するのだろうか．ヘゲモニーゲームのプレーヤーとなるためには，その組織に一定の凝集性や求心力が伴わねばならない．他のプレーヤーとの境界は曖昧で，権力の核を欠く"文明圏"が互いに覇権闘争の主役を演じる状況は想定し難い．キリスト教圏に属す欧米間には常に利害の対立があり，イスラム世界の統一も実現しそうにない．シーア派とスンニ派の抗争だけを見てもイスラム諸国が外交的に一致団結することの不可能なことがわかろう．そもそも対立原因は文化・文明だけでなく，富（貧困，経済格差，資源等）や威信，発展段階の相違や心理等多様である．

　もっとも，冷戦後世界の現実の動きに目をやれば，「中国」と並び「イスラム」が国際政治を左右する大きなファクターとなっていることも事実だ．キリスト教文明圏を形成する欧米諸国に対する「イスラム」過激派のテロや暴力行為が激しさを増す一方，急速な経済成長を遂げた「中国」が国際政治における発言力を高め，それと反比例するように「アメリカ」の衰退と影響力の後退が囁かれている．本書では，これらのファクターと冷戦の勝者「アメリカ」の関係を軸に，冷戦後世界における国際政治の動きを眺めていきたい．

3　イスラム世界の挑戦：イデオロギーから宗教対立の時代へ

●イスラム復興運動

　中世から近世初頭まで，中東のイスラム世界はキリスト教世界よりも遥かに進んだ文明を誇っていた．だが，イスラム世界のキリスト教世界に対する優越も 18 世紀には逆転し，西欧諸国の植民地拡大政策によってオスマントルコは圧迫を受けるようになった．異教徒であるヨーロッパ人の攻勢に対抗する手段として，イスラム世界には二つの動きが生まれた．

　一つは，オスマントルコの崩壊後，トルコのムスタファ・ケマル・アタチュ

ルクが進めた西欧化路線であった．明治維新後の日本と同様，西欧キリスト教諸国の進めた近代化路線を導入踏襲することによって，西欧的近代国家の建設を急ぐアプローチである．いま一つは，それとは対照的に，イスラム教本来の教えに立ち戻り，イスラムの教えに忠実な社会や国家運営を復活させることによってイスラム世界の再生を実現しようとするものであった（イスラム復興運動）．

　イスラム復興運動は18世紀，聖地メッカを擁するアラビア半島でムハンマド・イブン・アブドゥル・ワッハブによって主導された．ワッハブのイスラム復興運動はイスラム世界を純化し一つに纏め上げてキリスト教諸国の侵略に対抗する運動で，一時オスマントルコに弾圧されたが，19世紀に入るとワッハブの弟子の子孫アブドル・アジズがアラビア半島で勢力を拡張し，サウジアラビアを建国する．オスマントルコから独立したものの，その後英国の植民地とされたエジプトでは，イスラム復興運動は反英・反植民地運動となり，イスラム同胞団が結成された（1928年[6]）．

　第2次世界大戦後，中東のイスラム世界では反イスラエル・反米闘争が展開された．パレスチナに帰還したユダヤ人がアメリカの支援を受けつつ，イスラム教徒であるアラブ民族（パレスチナ人）の犠牲の上にイスラエルを建国したと考えるからである．アラブ諸国はアラブナショナリズムを発揮し，四度にわたりイスラエルと交戦を重ねた（中東戦争）．だが，イスラエルに勝利することはできなかった．第3次中東戦争の際には石油戦略を発動，オイルショックとして欧米諸国に大きな打撃を与えたものの，結果的にアラブ世界の階層化（産油国の富裕化と非産油国の貧困）を招き，サウジアラビアなど富裕国の親米化も進んだ（アラブ民族主義の敗北）．

●イスラム原理主義とイラン革命

　このような絶望的状況の中で，イスラム法（シャリーア）や聖典に基づいた国家，社会の建設を目指す先鋭的攻撃的色彩の強いイスラム原理主義の思想や政治運動が頭をもたげてくる．1960年代，エジプトのサイイド・クトゥブは，腐敗堕落した“自称イスラム教徒たる”統治者や無神論に立つ共産主義国家の不正抑圧に対してイスラム世界は防衛のためのジハード（聖戦）を行わなければならない，ジハードこそ新しいイスラム秩序を構築する方法であり，ジハードは真のムスリムの義務であるとするジハード論を説いた[7]．彼の影響を受け，エジプトでは60〜70年代にかけてジハード団やイスラム集団等の過激派組織が

結成された．エジプト国軍の青年将校らによるサダト大統領暗殺事件（1981年）も，クトゥブのジハード論に刺激されたものだ．クトゥブの思想は後にウサマ・ビン・ラディンにも強い影響を与えることになる．

さらに，イスラム原理主義はイスラム親米政権に対する民衆の反政府・反欧米運動を主導し，強大な力を持つ世俗政権を倒し世界を驚愕させた．それが，イランにおけるホメイニ革命であった（1979年）．亡命先のフランスからイランに戻ったイスラム教指導者アヤトラ・ホメイニは，民衆の支持をバックに親米路線のパーレビ体制を打倒する．さらに政権を掌握したホメイニを支持するシーア派学生ら原理主義グループはテヘランにあるアメリカ大使館を占拠し，70人近い大使館関係者を人質として1年近く拘禁した[8]．いうまでもなくそれは国際法に対する重大な違反行為であり，国際社会から強く糾弾・非難されるべきものである．だが彼ら過激派はそうした非難を承知の上で，敢えて国際ルールを公然無視する暴挙に出たのだ．その行動の深奥には，キリスト教文明が築きあげてきた国際法や国際システムへの挑戦というメッセージが込められていた．イラン革命を契機に，レバノンでは親イランの過激派組織ヒズボラが結成された．またベイルートの米海兵隊兵舎が自爆テロ攻撃を受け米兵241人が殺害されたり（1983年），悪魔の詩事件[9]が起きる等東西対立が激しさを増す新冷戦のなか，中東ではイスラム原理主義の潮流が強まり，西欧文明に対する憤激の炎が燃えさかるようになった．

●サラフィージハード主義の台頭

一方南アジアでは，ソ連軍がアフガニスタンに侵攻した（1979年）．宗教を否定する社会主義国の攻撃からイスラム国家を守るため，イスラム教徒の戦士（ムジャヒディン）がアフガニスタン国内のみならず海外からも多数集結し，ソ連軍に対するゲリラ攻撃などで激しく応戦した．その中に，サウジアラビアから馳せ参じたウサマ・ビン・ラディンもいた．ソ連のインド洋および中東石油地帯への南下，膨張を阻止するという冷戦戦略の文脈からアメリカもムジャヒディンを支援し，CIAがスティンガーミサイル等大量の武器を密かにイスラムのゲリラ勢力に提供した．この段階では，ウサマ・ビン・ラディンとアメリカは対ソ同盟の関係にあったわけだ．

苦戦を強いられたソ連軍はやがてアフガンから撤退し，程なく冷戦も終焉するが，ソ連との戦いに勝利したアメリカはアフガニスタンに対する戦略的関心

を急速に失い，ムジャヒディンへの支援を打ち切った．アフガニスタンの戦後処理や復興問題に対するアメリカの冷めた姿勢を前に，自分たちはアメリカの手駒として，その世界政策に利用されただけだったとの怒りと反発がムスリム戦士達に込みあげた．アメリカが支援したイスラム過激派の多くは中東のイスラム諸国に戻り，反米暴力活動に動き出す．ビン・ラディンはその中心人物であった．

　さらに1990年に起きた湾岸危機が，ビン・ラディンの反米感情を一層強めることになった．この時，イラク軍からクウェートを奪還開放するためアメリカは多国籍軍を編成し，イスラムの聖地を抱えるサウジアラビアにも多数の米軍が駐留した．異教徒である米軍兵士が大量に進駐，顔を晒け出す女性兵士が闊歩する様に，ビン・ラディンや敬虔なムスリムは強い衝撃と怒りを覚える．彼らには，アメリカがイスラム圏に土足で入り込む傲慢な超大国と映ったのだ[10]．

　ビン・ラディンは，欧米キリスト教勢力を打倒するための武装テロ組織アルカイダを組織し，世界各地で大規模な反米テロ活動を主導する[11]．アフガニスタンの戦闘で大国ソ連を打ち破った自負が，もう一つの大国アメリカ打倒の原動力となった．そして2001年には一般市民の大量殺戮である同時多発テロ事件（9.11事件）を引き起こし，アメリカと全世界を過去に経験したことのない程の恐怖に陥れたのである[12]．

　アルカイダや，パキスタンの神学校生徒が立ち上げアフガニスタンの実権を掌握したタリバンなどは，イスラム初期の教えへの回帰と厳格な律法の遵守を説き，イスラム世界の理想を暴力（聖戦＝ジハード）によって実現することをめざす点で共通している．こうした立場は，サラフィージハード主義と呼ばれる．サラフィーとは，7世紀のイスラム草創期のイスラム共同体（正統カリフ時代）を範とし，それに回帰すべきとするイスラムスンニ派の復古主義的思想を意味する[13]．初期イスラム世界への回帰を説くサラフィ主義と，暴力の行使をジハードとして重視するジハード論が結合して生まれたサラフィージハード主義が，冷戦後の世界を大きく揺るがせることになる．

●アイデンティティクライシス

　冷戦後，過激なイスラム原理主義が勢いを増した背景には，冷戦構造の崩壊という国際政治の枠組み変化も関わっていた．冷戦の終焉によって，自由主義対社会主義というイデオロギー対立の構図が消滅し，その下で長らく押さえ込

まれていた宗教的な情念が表面化したのだ．冷戦後，宗教に目を向ける動きは世界中で強まりを見せ，イスラム世界に限ったことでは無い．イデオロギー対立が幕を閉じ，人々の価値観や世界認識の基準等思想的精神的尺度が失われ，心の内に空洞が生まれた．この精神的なエアポケットを埋め，アイデンティティクライシスを克服する必要から，宗教，なかでも原理主義というピュアな教義への回帰が強まったといえる．アメリカにおけるキリスト教右派（福音派）の台頭や日本でのオウム真理教問題等もその一例である．

　またアメリカを中心とする西側陣営の勝利で自由経済圏が一挙に拡大し，資本主義が最良のシステムと認知されるようになった．それに伴い，グローバリゼーションやグローバルスタンダードの名の下に，世界中の国々が欧米主導のルールの受容を強いられていった．だが，イスラムの復興と反西欧主義を掲げるイスラム原理主義者には，こうした潮流を到底受容れることは出来なかった．彼らのなかでは，宗教的理想の実践＝政治と捉えるイスラムの教えに従い，拡大する西欧社会に過激な行動で挑むことでムスリムとしての自身の定位を獲得しようとする動きが生まれたのだ．

●非対称型戦争の時代

　イスラム原理主義勢力による国際テロの増大は，戦争の様相を一変させた．冷戦が終わり，大国間の大規模戦争発生の危険性は大幅に低下したが，地域紛争は絶えず，国家対国家の伝統的な戦争が地球上から消滅したわけではない．しかも従来の国家対国家という同じアクター間の対称型戦争に加えて，21世紀の世界は，新たに国家対国際テロ集団（非国家組織）の非対称型戦争を抱え込むことになった．

　従来は主権国家のみが強大な暴力の保有と管理の権能を独占していたが，冷戦後，崩壊したソ連や社会主義諸国から大量の武器が世界に流出したこと，また核をはじめ大量破壊兵器製造技術へのアクセスが易化し，国際テロ組織など非国家アクターも国家なみの破壊力を手に入れる環境が出現したことなどが非対称型戦争出現の背景にある．いまや国家は，他国の侵略脅威に対処するだけでは十分でなく，領土も国民を持たないが，国家に劣らぬ恐ろしい破壊力を身に付けた国境横断的な過激派武装集団が神出鬼没の行動で自らの領土，国民の中に潜りこみ，一般市民を殺戮の対象とする非正規戦に対しても備えねばならなくなったのだ．

●同一空間での異教徒異文化共存

さらに，キリスト教世界に育った人々と，イスラム文明に育まれた人々が同一空間を共有する現代の状況も，問題を複雑にしている．これは，広域な政治，経済共同体を構築しつつあるヨーロッパで特に深刻だ．国境障壁をなくし人の交流を活発化させたことで，イスラム世界からの出稼ぎ者やシリア内戦を逃れてきた難民を多数抱える EU 諸国では，職場や学校での服装，宗教教育のあり方，低所得層における職の奪い合いと排他的ナショナリズム・外国人排外運動の増殖等の問題に直面している．

ヨーロッパ生まれのムスリムが社会に抱く疎外感も深刻だ．中東・アフリカから移民としてヨーロッパに移り住んだ第一世代は，ヨーロッパの白人社会に自らを合せる形でヨーロッパ社会に溶け込んでいった．しかし，親の祖国を知らず，ヨーロッパで生まれた移民の 2，3 世は，国籍上はヨーロッパ人だが，肌の色や宗教の違いからヨーロッパ社会で差別や迫害に苦しみ，あるいは自身のアイデンティティを見出せなくなっている．彼らの苦悩にイスラム過激派勢力がつけ込み，自爆テロなどの暴力行為に駆り立てているのだ．

異なる文明が異なる世界で異なる花を咲かせるという過去の空間分離，地球住み分けの時代には起こり得なかった問題だ．世界のグローバル一体化や地域統合の進展により異文明混在の状況は益々強まることが予想され，同一空間における異文化共存のルールとシステムを如何に見出すかが喫緊の課題となっている．

4　新帝国アメリカの衰退？

冷戦の勝者アメリカは，唯一の超大国としてどのような行動を取ってきたのであろうか．冷戦を終焉に導いたパパ・ブッシュ政権は，対立勢力であるソ連指導者の面子にも配慮する等外交政策の遂行に際し終始慎重な舵取りに努めるとともに，諸外国との連携や国際協調の枠組みを重視した．冷戦構造の崩壊という大変動期を平和裡に乗り切ったのも，彼の思慮深い外交姿勢が深く関わっていた．湾岸戦争を勝利に導き 90％に迫る高い支持率に支えられたパパ・ブッシュは，冷戦後の国際モデルとして，国連の枠組みの下でアメリカを中心に多国間協力の体制を築く「新世界秩序」構想を掲げた．だが，冷戦後の経済不況への対応に遅れ，大統領再選を果たすことができなかった．

　それ故次のクリントン政権は米経済の復活を最重要課題に据え，財政赤字の解消に成功し，経済は活況を呈した．その反面，孤立主義の風潮が強まったことや，クリントンのポピュリズム的な性格，それに冷戦後の国際動向の読みづらさも加わり，外交は一貫性を欠き，対外問題への関与は消極的となった．しかし，再選を意識し始めた頃から積極外交に転じ，2期8年の在職中，ユーゴ紛争や中東和平，アイルランド問題の解決に指導力を発揮し，また実りはしなかったが北朝鮮との国交樹立にも熱意を見せた．

　2000年の大統領選挙では，父親と同名のジョージ・ブッシュが第43代大統領に当選した．ブッシュ・ジュニア政権は，国際協調よりアメリカの国益を優先する姿勢を示した．そして9.11事件以後はアフガニスタン，イラクと対外戦争に踏み切り，軍事力行使によって国際テロの根絶を目指した．この政権では，アメリカ流の民主主義を世界に広めるためなら戦争も厭わないネオコンと呼ばれるタカ派グループが政策決定に力を持っていた．

　国際ルールや多国間協調に背を向け，自らの理念や政策実現のためには他国への暴力行使も躊躇しないアメリカは"新たな帝国"と批判された[14]．相次ぐ対外戦争と過剰な軍事介入政策は，アメリカの財政を急速に悪化させた．しかもアフガニスタンでもイラクでも過激派のテロは一向に収束せず，戦後統治や復興のめどは立たなかった．中国やインドが急速に台頭する一方，アメリカではバブル経済がはじけ，世界金融危機も加わり国力の衰退が指摘されるようなった．冷戦の終焉から四半世紀を経て，国際政治におけるアメリカの影響力は大きく後退し，世界の多極化が進んだ．

　ブッシュ・ジュニアの後を受けたオバマ政権は，核軍縮の実現を目標に掲げ，また国際協調路線への復帰と対テロ戦争の縮小に舵を切った．だが，イスラム圏との関係は改善せず，事態は複雑化の様相を呈している．アフガニスタンではタリバンの激しい抵抗を受け，米軍完全撤収の時期は大幅に遅れ，イラクでは公約通り米軍を撤退させたものの過激派組織イスラム国が急速に勢力を伸ばし，イラクの復興と民政を脅かすことになった．アラブの春では指導力を発揮できず，シリア内戦に対しては，対応の拙さと遅れからイスラム国のシリアへの膨張を許してしまった．アサド政権が化学兵器を使用した際には「デッドゾーン（許容線）を越える」として一旦は軍事介入の意思を示しながら，議会の反対や英国の不参加を前に一転翻意し，アメリカの権威と対外コミットメントの信憑性は大きく揺らぎ，ロシアの中東への影響力拡大を許す結果ともなった．

　対外問題への関与に消極的なオバマ大統領は，テレビ演説において「アメリカは"世界の警察官"ではない」との考え方に同意した（2013年9月）．この発言は同盟国に強い不安を与え，対抗勢力や敵対国を勢いづかせた．世界秩序が乱れてもアメリカは出てこないと踏んだロシアは，クリミア半島を強圧的な手段で併合し，ウクライナ東部に介入した．同じ時期，中国も南シナ海への不法な領域支配活動を活発化させた．オバマ政権は中国の軍事的脅威の増大に対抗すべく，外交の軸足を中東からアジアに移す「リバランス（再均衡）政策を唱えながら，実際にはイスラム国の伸張やウクライナ問題への対応に追われ，具体的な措置は殆ど採られず，中国の主張するG2論（米中二国による支配）を容認しているのではないかとの疑念さえ生まれた．北朝鮮の核ミサイル脅威に対しても戦略的忍耐という受け身の姿勢に終始し，6者協議は一度も開催できず，北朝鮮による相次ぐ核実験やミサイル発射を許してしまった．

　一方でイランの核開発疑惑については，平和利用を約させることと引き替えに経済制裁を解除する最終合意を成立させた．その反面，アサド政権やレバノンの過激派ヒズボラを支援するシーア派国家イランとの関係改善は，サウジアラビアなど穏健スンニ派諸国やイスラエルには「アメリカの裏切り」と映り，シーア派とスンニ派の対立を一層助長させることにもなった．パレスチナ和平問題でも全く進展は得られなかった．

　かように，オバマ政権の国際問題に対する消極的姿勢や場当たり的で一貫性を欠いた外交政策がイスラム圏の無秩序化や中露の覇権主義行動を誘発し，国際情勢を不安定混迷化させた．軍事力ではなお世界を圧倒するアメリカではあるが，アジア太平洋では中国の軍備増強が続き，アメリカの海洋支配に挑戦する動きを強めている．しかもアメリカの企業も財政赤字を抱える政府も，ともに中国経済に対する依存度を深めている．ソ連崩壊直後，軍事的にも経済的にもアメリカに対抗できる国家は今後百年先まで出現しないと言われたが，早晩世界一の座をアメリカは中国に明け渡すことになるのでは？　との懸念も囁かれている．

　そのようななか2016年の米大統領選挙に勝利したトランプ大統領は，反グローバリズムとアメリカ第一主義を唱え，同盟国に対しより大きな役割分担を求める一方，アメリカの経済と雇用を守るため中国との経済戦争に踏み切った．相互協力よりもノンゼロサムの視点で国際関係を捉え，また国際秩序の安定や国際公共財の提供者としてのアメリカの役割には消極的なトランプ大統領が

2020年の大統領選挙で再選を果たした場合，アメリカはさらに自国中心主義を前面に押し出し，国際問題への関与から遠ざかっていくのではないかとの懸念が強まっている．

5　中国の台頭と強まる覇権主義

アメリカと入れ替わるかのように，中国の権勢拡大が顕著だ．いまアジアでは「弱い中国」から「強い中国」への大変革の波が押し寄せており，アジアのみならず国際世界に極めて大きな影響を及ぼしている．そもそも中国は権力主義的な政治観，言い換えれば，伝統的，現実主義（リアリズム）の国際政治観を信奉する国である．多元的政治観が強調する相互依存や国際協調よりも国家主権の至高性や国益の概念が重視され，軍事力を軸とした国家安全保障が最重要課題に位置づけられる．またその地政環境から，国家の威信や栄光，面子を重んじる大陸国家型の外交スタイルを特徴とする．海南島での米軍機領空侵犯事件（01年）やコソボ紛争の際に起きた米軍機の中国大使館誤爆事件（99年），尖閣問題（10〜12年）等で見せた中国のヒステリックな反応はその一例だ．

さらに共産党一党独裁の政治体制を堅持しており，非開放的秘密主義的で，密室でのトップダウンで政策が決定され，世論や民意が政治・外交に反映され難い．逆に党の決定や方針の宣伝・流布，ときには他国を威嚇する目的で，大衆を動員したり上から作り出された世論を外交政策の道具に利用することも多い．権力の継承や政治論議のルールが確立しておらず，凄まじい権力闘争が対外政策に影響を及ぼすこともある．しかも，長い支配と隷従の時代を乗り越え，大国への道を邁進する中国には，若いが粗野なナショナリズムが溢れている．

ナショナリズムの高揚がもたらす大国意識や，列強支配に甘んじた過去に由来する被害者意識，さらに国際社会との交流経験の浅さは，国際ルールを無視する甘えの姿勢（海賊版の横行等）を生むと同時に，諸外国に対する挑発・攻撃的な行動や発言となって顕現する．目覚ましい経済発展から，中国は膨大なエネルギーを海外に依存するようになったが，大国としての節度・責任や度量ある振る舞いが身につかず，自らの国益だけを視野に入れた利己的行動も目立っている．一帯一路の名の下で，自国の経済発展や影響力拡大のためなら人権抑圧，テロ支援，核開発・拡散が懸念される途上国にも接近するこの国の姿勢が独裁体制を助長し，民主化や健全な開発援助政策を阻害する．なりふり構わぬ

露骨な経済進出や領土を巡る周辺諸国との関係悪化（南沙群島や尖閣列島の領有権争い，東シナ海における海底油田開発問題等）は，急速な軍備増強と軍事費の増大と相俟って，諸外国に強い脅威と不信の念を植えつけている（中国脅威論）．

　さらに習近平政権は共産党の統治理念に「中華民族の偉大な復興」を掲げており，この国が中華帝国の再来を志向しているのではないかとの疑念も呈されている．かつての華夷秩序，即ち対等水平の国家関係ではなく，中国を中心とする上下垂直型の国際秩序復興をめざしているとすれば，それは EU のような平等互恵原則に基づく地域協力の世界とは異なり，支配と服従の国際秩序となる．サミュエル・ハンチントンは国家の急速な経済成長と攻勢的な外交政策の展開に相関関係を認めるが[15]，非民主覇権大国の出現は周辺諸国との関係悪化やアジアに芽生え始めた多国間協力の動きに水を差すばかりか，21 世紀国際政治における最大の不安定要因となっている．同時に，国内における格差拡大や汚職腐敗の蔓延，言論統制に対する民衆不満の高まり等一党独裁体制に起因する社会不安の増大も中国の今後に深刻な影響を及ぼしつつある．

6　ウェストファリアシステムの変容

●情報セキュリティとメガコンペティション

　冷戦後の世界では，17 世紀に誕生したウェストファリアシステム（主権国家制度）そのものも変容しつつある．即ち，現代の国際社会においては，輸送手段や IT 革命と呼ばれる通信・情報技術の飛躍的な発達を背景に，国境を越えての経済を中心とした相互依存関係や人的・物的な交流が急速な進展を見せている．なかでもコンピュータのめざましい発達はエレクトロニクス空間の拡大を猛烈な勢いで加速化させ，既存の領土管轄や国境障壁を無力化させている．またインターネットや SNS の普及で現代社会の情報通信基盤への依存度は著しく高まり，サイバー攻撃を受ければ社会システムはたちまち麻痺し，国民生活は大混乱に陥ってしまう．

　情報通信革命は，戦争のスタイルも大きく変えてしまった．現代戦にあっては，無人偵察機や偵察衛星などで収集した情報を艦艇や航空機，戦闘車両，さらには一兵士までが等しく共有し，効率的かつ精度の高い戦闘を行う「Network Centric Warfare」（＝ネットワーク中心の戦い）が戦争の主流となりつつある．そのため，サイバー攻撃によって情報通信基盤やネットワークが破壊

されたりデータの改竄などが行われれば，前線の部隊は身動きが取れず，敵と戦う前に瞬時に無力化されてしまう．情報通信基盤に頼れば頼るほど，指揮通信や戦闘能力は高まるが，同時に脆弱性も高まるのである（情報セキュリティの重大性）．北朝鮮や中国，ロシアなどの強権国家は早くからサイバー攻撃能力の強化に取り組んでいるが，非対称型戦争の主役である国際テロ集団も，国家の保有する物理的破壊力に対抗する有効な手段として，この"弾を撃たない戦争"を重視し，実行に移している．冷戦後の国家安全保障政策は，暴力的破壊への対処だけでなく，非暴力的破壊にも備えなければならなくなった．

　経済でも，大きな変化が生まれている．冷戦が終焉し，資本主義メカニズムの機能する領域がグローバルに拡散・浸透したことで，経済発展と新たな市場・ビジネスチャンスの獲得をめざし，世界中の全ての国々が共通の世界標準の下で激しくせり合うメガコンペティションの時代に突入した．そこでは経済的効率性や膨大な情報の集約・蓄積が地球規模で追求されるため，国家・国境・民族の枠を越えた企業活動の巨大・多国籍化が進み，世界各国で貧富の格差が増大している[16)]．

　かように現代の国際世界は，国家よりも遙かに規模の小さいテロ集団が非対称型戦争の主役となり，暴力及び非暴力的手段の双方を駆使することによって国家の安全に深刻なダメージを与える一方，国家の経済規模を凌ぐ巨大国際企業や多国籍企業，GAFA に代表される情報産業の台頭によって，国家活動や国民の生活・プライバシーが大きく左右され拘束を受けている．非国家アクターの国際社会における影響力は高まり，主権国家が国際政治における唯一万能のプレーヤーであった時代は既に過去のものとなった．

●主権国家に働く遠心力と求心力

　そもそも主権国家には，「遠心力」と「求心力」という方向性の真逆な二つの相反する力が作用している．「遠心力」とは，権力の一元・集権化に対する逆ベクトルとして作用するエネルギーのことで，国民一人一人の価値観の多様化や個人主義の高まり，あるいは多民族国家における民族意識や分離主義，エスノナショナリズムの高揚等がこれに含まれる．国民国家（nation state）とはいいながら，実際には強制や征服，あるいは機械的な線引きで国境が策定されたケースが多く，単一民族からなる国は極く稀である．世界に存在する 200 の国々のうち民族的同質性を兼ね備えているのは一割にも満たず，その中でも民

族集団が単一的であるのはさらにその半分以下に過ぎない．アフリカの場合，千にも上る民族が 40 程度の主権国家に押し込められているのが現状だ．民族・国民（nation）と国家（state）はしばしば同義的に用いられるが，そこに住む全ての市民や民族の代表がその国の政治的権威を構成する国は少なく，国家と民族・国民は一つの統一体とはなっていない．

　つまり，国民国家といえどもその実態は少数民族をその内部に抱えた多民族（muiti national ないし multi ethnic）国家なのだ．冷戦時代には国家的な抑圧やイデオロギー統制によって抑えられてきたマイノリティグループ（少数民族）の民族自決や民主化要求の動きが，冷戦構造の崩壊に伴って一挙に顕在化した（エスノナショナリズム）．ユーゴスラビアの解体やチェコの国家分裂をはじめ，スペインのバスクやカタルーニャの独立運動，カナダのケベック州離脱，英国ではイングランドに対するスコットランド独立運動等少数民族の分離独立（ethnocessionalism）や自民族中心主義（ethnocentrism）の動きがそれだ．また一人一人の生活信条や倫理・価値観の多様化（LGBT など），アイデンティティへの拘り，さらに成熟社会の到来は，様々な社会活動を営む NPO，NGO 等の小規模なユニットやコミュニティ，ローカルネットワークを数多く生み出している．

　他方，技術革新や進展や相互依存の高まりによる国際関係の密接・複雑化を背景に，国家には遠心力とは逆の方向からもその力を制限するエネルギーが作用している．それは国家間の位相距離を縮め，国家横断的に各々の主権行使を制限する力のベクトル（「求心力」）で，富や情報の集中，世界標準の拡大に伴い，国家の限界を越えてグローバルな問題にグローバルに対応する必要から，国際機関の機能強化や役割の増大をめざす動きともなって表れている．

　もっとも普遍的な機構の場合，対象領域や参加国が拡大化するため，迅速な合意形成や政策遂行の面で手間どることも多い（新ラウンド交渉に行き詰まっている WTO のケース）．それに対し文化・歴史的な連帯を基盤に人，物，サービス等あらゆる面で緊密な交流が積み重ねられてきた地域単位の協力枠組みは，主権国家の足らざるを補完する重要な存在となり得る．グローバリゼーションと多様化・アイデンティティ希求の潮流が同時並行的に進む中で，「世界」と「国家」の間に位置する「地域（region）」を主要なアクターと捉え，政治・経済・安全保障・文化等様々な領域での機能発揮を期待する地域主義の台頭である．ヨーロッパにおける EU の統合・拡大はその代表であり，北米自由貿易圏（NAFTA）や環太平洋経済連携協定（TTP）等広域経済圏の誕生もその表れだ．

経済に留まらず，政治や安全保障の分野でも地域機構はその権能を強めている．EU は自らの軍隊を編成し固有の安全保障政策を打ち出し，ASEAN も政治安全保障共同体の構築に歩を進めている．

●グローバリズムと反グローバリズムの相克

しかし，近年では加盟各国の国民の意思が地域機構に適切に反映されず，機構官僚の主導で統合の強化や政策の押しつけが横行しているとの不満が高まっている．英国民が EU からの離脱を選んだのはその象徴であり，同様の動きは他の EU 加盟国でも燻っている．国家間協力や相互依存の拡大に反対する反グローバリゼーションの動きも顕著だ．自国優先を唱えるトランプ政権の誕生や移民受け入れを説いたドイツ・メルケル首相の指導力急落などからもその傾向が読み取れる．グローバリゼーションの進展に伴う自由貿易の進展が世界的規模で格差の拡大をもたらし，富者と貧者の二極化を招き，健全な中間層を消滅させたからだ．そもそも自由貿易は"強者の倫理"であり，競争力の無い企業や国は貧困化しやすい．そのため職を失い収入が低下した負け組は開放的な自由貿易を敵視し，TPP 等多国間の自由貿易協定の廃止を主張し，あるいは移民の流入を阻止排斥する等反グローバリズムの動きを強めるようになった．さらに新型コロナウィルスの爆発的感染（パンデミック）は，逆風下のグローバリズムにとどめを刺す事態となった．そしてグローバリズムを怨嗟する庶民に迎合する政治家の出現で，世界にはポピュリズムが台頭し始めた．冷戦が終焉した当時，誰もが善であり正しい方向と信じて疑わなかったグローバリズムは影を潜め，いまや反グローバリズムが新たな時代潮流となりつつあるのだ．

小さく纏まるべしとする「遠心力」と大きく纏まることを良しとする「求心力」という 180 度指向の異なる二つのベクトルは，主権国家の枠組みを引き裂き，揺さぶるだけではない．一方のベクトルの増大は他のベクトルの増大を引き起こし，互いが影響を及ぼしあう相互連鎖の反応は反復拡大を続けていく．グローバリゼーションが強まれば強まる程，それに比例して拡大空間の中での自身の位置喪失を防ごうと視座確立を求める個人・集団の動きが活発化し，国家の意義・至高性を強調する声が高まるのはそのためだ．アイデンティティを求める動きは，文化平準化に対する反発のベクトルでもある．グローバルスタンダードの受容領域拡大に伴いエスノナショナリズムが刺激され，あるいは宗教原理主義が勢いを得るのも，またグローバリゼーションの拡大が排外主義や

極右勢力の台頭といった反グローバリズムを生むのも同様だ.

　これまでの近代社会は，国民国家の枠組みの下，政治・経済的な単位と文化共同体の範囲は重なり合うべきものであった．しかし相互依存やグローバリゼーションの進展に伴い政治・経済単位が膨脹し，それと同時に文化共同体の範囲が収縮することで両者の亀裂は拡大しつつある．この歪みからマイノリティやエスニック，宗教をめぐる紛争が火を吹き，それがさらなる殺戮やテロの温床ともなる．二つのベクトルの程よい接点を見出すための取り組みが，21世紀を生きる我々には求められているのだ.

注

1 ）冷戦システムは，① イデオロギー対立を軸とした ②二極対立の構造で ③ 両ブロックの統合密度が極めて高く ④ 各国の内政や相互関係のあらゆるレベルに影響を及ぼし ⑤ 厳しくはあるが非戦闘的な緊張・対立がグローバル規模で長期間持続したことにその構造的特徴を求めることが出来る．拙著『現代国際関係史 I 』（晃洋書房，1998 年）116 頁.『国際政治の理論』（1975 年）を著した K. ウオルツは，国際政治におけるアクターの数が増えればアクター間の誤解や錯誤が増えて紛争生起の可能性が高まるとして二極安定論を説いた．これに対しシンガーやドイッチェらは，二極体制では核軍備競争などがエスカレートし大規模な戦争を誘発する危険性が高いが，大国の数が増えれば各国の指導者は軍事力の行使に慎重となること，また臨機応変に同盟関係を組み替えることが出来るとして，多極安定論を説いた.

2 ）ナポレオン戦争や第 1 ・ 2 次大戦後の国際システムを比較し，戦後秩序の安定をもたらす要因を分析したアイケンベリーは，勢力均衡型・覇権型・立憲型という三つの戦後政治秩序を提起し，第 1 次大戦が不安定な戦後制度しか生み出さなかったのに対し，第 2 次大戦後は人類史上最高と言えるほどの長期安定的な戦後国際制度の樹立に成功したのは，アメリカが立憲型政治秩序を導入したためだと説いた．立憲型政治秩序とは，戦勝国が覇権的なパワーの行使を自ら抑制・制度化するかたちで開放的な国際秩序を構築し，追従国をその枠組みの中に組み込み，固定化していくアプローチを意味する．即ち，戦勝国にとっては「パワーへの報酬」が小さく，追従国にとっては「制度（参加）への報酬」が多い政治秩序であり，第 2 次大戦後，アメリカが構築したこの立憲型政治秩序は民主主義と市場経済を押し広げつつ，ソ連に対しては報復的とならず体制移行を促し，冷戦は平和裡に終焉し，冷戦終結後もなお同秩序は有効性を持続していると主張した．G. ジョン・アイケンベリー『アフターヴィクトリー』鈴木康雄訳（NTT 出版，2004 年）参照.

3 ）Francis Fukuyama, "The End of History?" *National Interest*, no. 16（Summer 1989），pp. 3-18; Francis Fukuyama, *The End of History and the Last man*（New York, Free Press, 1992）.

4 ）文明の衝突論については，Samuel P. Huntington, "The Clash of Civilization?", *Foreign*

Affairs, Summer 1993, Samuel P. Huntington, *The Clash of Civilization and The Remaking of World Order*（New York, Simon & Schuster, 1996）．サミュエル・ハンチントン『文明の衝突と 21 世紀の日本』鈴木主税訳（集英社，2000 年）．ハンチントンは，文明間の衝突を避けるには，他文明圏への（内政）干渉を控え，価値観を相対化させることだと論じている．

5）John J. Mearsheimer, "Back to the Future: Instability in Europe After the Cold War," *International Security*, vol. 15, no. 1（Summer 1990）, pp. 5-56.

6）ムスリム同胞団は 1928 年に元教師の社会活動家ハサン・アルバンナーによって創設された．旧宗主国イギリスの影響等を拒む反西欧主義を掲げ，福祉と教育を中心にエジプト社会のイスラム化推進を目指し，40 年代末には 2000 支部 50 万人を擁したといわれる．当初は穏健主義的だったが次第に過激化し，1954 年に大統領暗殺未遂事件が起きるとナセル政権はムスリム同胞団を弾圧する．サイイド・クトゥブも入団し，反体制・反ナセル運動を活発化させたため，ナセル政権によって死刑に処せられている．国枝昌樹『イスラム国の正体』（朝日新聞出版，2015 年）156〜8 頁．

7）西野正巳「イスラーム主義急進派のイデオロギーの変遷についての一考察」『防衛研究所紀要』第 15 巻第 2 号（2013 年 2 月）85〜6 頁．13 世紀モンゴルの襲来でアッバース王朝（スンニ派）が滅ぼされた．征服後，モンゴル人はイスラム教に改宗しアッバース朝支配下にあった地域を統治するが，イブン・タイミーヤは，たとえ改宗しても，真にイスラム法による支配を行っていない統治者はジハードの対象となり得ると説き，それまで異教徒に対する手段であったジハードをムスリム内部にも肯定した．サイイド・クトゥブは，このタイミーヤの「内部ジハード論」を発展させたとされる．

8）原理主義（Fundamentalism）は，① 教義や聖典を絶対視しその無謬性を信じ，② 他の宗教や理論を一切認めようとしない絶対的な排他性を帯びている．さらに自らの教義を実践するうえで ③ 戦闘（暴力）性を容認する傾向も強い．このような原理主義は，全体主義に転じる危険性を持っている．

9）英国の作家サルマン・ラシュディがイスラム教預言者ムハンマドの生涯を題材とした小説『悪魔の詩』を発表した（1988 年）が，イスラム社会を冒瀆する作品と非難したホメイニは彼に「死刑宣告」を下し（1989 年），以後，同作品の翻訳者や出版関係者が殺傷される事件が相次いだ．91 年には日本語訳を出版した五十嵐一筑波大学助教授が，筑波大学の研究室で何者かに殺害された．ラシュディは，現在も英国政府に身柄を保護されている．

10）ビン・ラディンは，アメリカの六つの政策を反イスラム的行為と糾弾する．① パレスチナ人を虐げるイスラエルを支持していること ② アラビア半島に米国はじめ西側諸国が軍隊を駐留させていること ③ アメリカがアフガニスタンとイラクを占領していること ④ イスラム反政府武装勢力を抑圧する露中印を支持していること ⑤ アラブ産油国に原油価格を低く維持するよう圧力をかけていること ⑥ 背教的で腐敗したイスラム独裁政権を支持していること．マイケル・ショワー『帝国の傲慢（下）』松波俊二郎訳（日経 BP 社，2005 年）203 頁．

11）以後ビン・ラディンはアメリカをイスラムの敵とし，1993 年 3 月にはニューヨーク

の世界貿易センタービルを爆破した．その後も，サウジアラビアのリアドにおける基地爆破（95年11月）やダーランの空軍兵舎爆破（96年6月），ケニア（ナイロビ）及びタンザニア（ダルエスサラーム）の米大使館爆破（98年8月7日）事件等に関与している．96年8月の米国務省レポートは，ウサマ・ビン・ラディンを「世界中のイスラム過激派の活動に対する最も大口の資金提供者の一人」と認定した．同レポートによれば，彼はソマリア，エジプト，スーダン，イエメン，アフガニスタンにおけるテロリストキャンプに資金を提供しており，96年4月，クリントン大統領はテロ組織の資産を封鎖することを認めたテロリズム法に署名したが，同法が最初に適用されたのは，推定2億5千万ないし3億ドルといわれるビン・ラディンの資産を封鎖するためであった．97年初め，CIA編成の奇襲部隊がビン・ラディンを捕獲するためペシャワル入りしたが，動きを察知したビン・ラディンがカンダハルに移動したためこの作戦は失敗に終わった．98年11月，米政府はビン・ラディン逮捕の場合，報奨金500万ドルを支払うと公表した．アハメド・ラシッド『タリバン』坂井定雄他訳（講談社，2000年）245～7頁．ウサマ・ビン・ラディンの活動略歴については，森戸幸次『中東百年紛争』（平凡社，2001年）第7章等参照．

12）殉教という無差別自爆テロは，シーア派のイラン革命で始まりヒズボラによって体系化され，さらにパレスチナのスンニ過激派ハマスによる抵抗運動を経てアルカイダの9.11事件で世界規模に拡散された．「出来るだけたくさんの敵を殺すために進んで自分の命を犠牲にするジハード戦士はまずイランの革命的シーア派世界の中で作り上げられ，それがヒズボラによってレバノンに移植された．ついで一転してハマスによってスンニ派にもたらされ，最後にアルカイダに辿り着いて2001年9月11日にその極点に達する．自爆テロ戦略はさらにイラクに移動し，悲劇的な形で振り子が元に戻って，今度はシーア派住民が恰好の標的となる．このように21世紀初頭の急進的イスラーム主義の中心テーマとなった殉教とジハードはシーア派起源の戦略がスンニ派過激主義に移植された結果生まれたものだった．しかしこの戦略はイスラムの一つの宗派から別の宗派に移動する際に大きな変化を生み出した．即ち，シーア派の殉教作戦はカルバラにおけるイマム・フサインの殉教という伝統のなかに位置づけられ，敵の戦闘員しか標的にしない．それにイラン革命防衛隊にせよヒズボラにせよ，シーア派ではそれは厳格な指揮系統のなかで周到な準備がされ，実行されていた．それに対してスンニ派の殉教作戦は軍人も民間人も区別せずに標的とし，イスラム市民が犠牲になることも厭わない．」ジル・ケペル『テロと殉教』丸岡高弘訳（産業図書，2010年）74頁．

13）7世紀の初期イスラムを規範とすべしというイスラム復古主義（サラフィ）の中で，コーランの一部にある異教徒や背教者への攻撃的な文言を重視し，イスラム共同体実現のための戦い（ジハード）を説くなど初期イスラムの戦闘集団的な性格の現代世界での再現を目指すのがイスラム国をはじめする過激派の思想である．初期イスラム教の持つ排他的攻撃的な一面は，イスラム教の後発性や中東社会における部族相互の排他競争的な性格に起因している．即ち，イスラム教が誕生した7世紀当時のアラビア半島では，多神教が多数派を占めており，少数派の一神教でも，すでにユダヤ教とキリスト教が存在していた．それゆえに他の宗教の存在を強く意識し，教義においてイスラムの絶対

性・優位性が強く主張された．また中東は縁故社会で，部族や宗派などの共同体意識が強く，共同体相互は排他的で競争も激しい．そうした社会特性の下で，イスラム教は共同体を団結させ，勢力を拡大する精神的支柱となった．預言者ムハンマドは共同体のリーダーであり，かつイスラム軍団の司令官でもあったように，イスラムは闘争社会で戦う軍団であったのだ．黒井文太郎『イスラム国の正体』（2014 年，KK ベストセラーズ）164～173 頁．

14) 多国間秩序を重視したクリントン政権からブッシュ・ジュニア政権に代わり，自由と民主主義の拡大を名分に単独主義，国際機構や国際世論の軽視，自らの軍事力への過度な依存と行使に傾斜するアメリカを "新たな帝国" と批判したものに，Clyde Prestowitz, *Rogue Nation*（NewYork, BasicBooks, 2003）［邦訳「ならず者国家アメリカ」］，籍藤原帰一『デモクラシーの帝国』（岩波書店，2002 年），G. ジョン・アイケンベリー『リベラルな秩序か帝国か（上）』細谷雄一監訳（勁草書房，2012 年）等．

15) Samuel P. Huntington, "America's Changing Strategic Interests", *Survival*, vol. 33, no. 1, January-February 1991, p. 12.

16) アメリカという特定の領域国家の覇権大国化とは別に，グローバリゼーションが世界を一つの帝国システムに変化させていると主張するものに，アントニオ・ネグリ，マイケル・ハート『帝国』水嶋一憲他訳（以文社，2003 年）．

第2章
アメリカ：唯一の超大国から覇権の後退へ？

1 アメリカの政治システムと外交

アメリカの政治システムは，日本やイギリスのような内閣と議会が協力する議院内閣制度ではなく，徹底した権力分立による大統領制度が採用されている．議会の解散や内閣の総辞職はなく，議会と大統領はそれぞれの任期期間中互いに対立拮抗しながら政策実現に努力する．大統領は国民から直接選ばれた指導者であり強力な指導力の発揮が期待されるが，議会との連携協力関係を築かねばほとんどの政策は実現を阻まれてしまう．

アメリカは，民主・共和の二大政党制が支配的で，それ以外の政治集団に所属する候補者が議員や大統領職を得ることは，制度・資金面から容易でない．一般に民主党がリベラル，共和党が保守を代表するが，綱領等の締め付けがさほど厳しくなく，様々な集団やグループを内部に抱えている．アメリカにおける「保守」とは，現状や伝統的な制度の維持を重視するヨーロッパ流の保守とは異なり，個人の自由や競争を重視し，政府の介入を忌避する思想である．建国からの歴史が浅い国の政治的特徴である．かつては南部の農民（自由貿易主義・奴隷制支持）が民主党，東部海岸地域13州の商工業者（保護貿易主義，奴隷制反対）が共和党の支持勢力であったが，現在では知識階級や都市部の市民，低所得者層，移民等人種的マイノリティに民主党，農民や南部・中西部の保守系白人，大企業，軍需産業等に共和党支持者が多い．

アメリカ外交の特徴は，① 孤立主義の伝統が強いこと ② 理念やドクトリンを掲げること ③ 自己の理念や価値観が侮辱された場合は一転して膨張主義に転じ，ともすれば過剰介入に陥る危険があることだ．①の特徴は，文明の中心ヨーロッパから隔絶した島国であること，移住者の多くが宗教や民族的迫害を受けた体験を持ち，精神的にヨーロッパ（旧世界）からの離脱を望んだことが影響している．彼らはヨーロッパを邪悪で堕落した世界と捉え，逆に自らを新世

界開拓の使命を神から担わされた選良と自覚するようになる．また様々な民族・人種を抱えた人造複合国家ゆえに，国を束ねる明確な理念や思想が必要であったことが②の特徴を生み出した．さらに旧世界に対するコンプレックス，その裏返しとしての選良意識から，自らの理念や価値観が無視され侮られた場合，怒りのエネルギーが爆発し③の膨張主義を生み出す．真珠湾攻撃を機にそれまでの孤立主義が一掃され世界大戦の主導役に変じたことや，9.11 事件が冷戦終焉直後の孤立主義的傾向を霧散させ，相次ぐ海外戦争にのめり込んでいったのはその代表的な史例である．現在のアメリカは，対テロ戦争に疲弊し，再び孤立主義的な風潮が強まっている．

2　クリントン政権

●冷戦の勝利とブッシュ大統領の敗北

　平和のうちに冷戦を勝利に導いたブッシュ大統領（パパ・ブッシュ）は，湾岸戦争では多国籍軍を率い，クウェート支配を目論んだサダム・フセインの野望を挫いた．冷戦後の「新世界秩序」を担う意志と実力を兼ね備えているのはアメリカだけであることを世界に誇示したブッシュ大統領の支持率は，史上空前の89％を記録した．しかし得意の外交で成果を上げたブッシュ政権も，アメリカ経済の不振が原因で，湾岸戦後その人気は急落した．ブッシュが冷戦の崩壊や湾岸危機の処理に追われる間，アメリカの経済情勢は日増しに悪化していた．湾岸戦争の勝利に歓喜した米国民も，冷静を取り戻すにつれ，平和の配当を得られぬ現実に苛立ちを募らせていく．92 年の大統領選挙を控え，共和党の予備選挙では，パトリック・ブキャナンが孤立主義的なスローガン「アメリカ第一」を叫びブッシュに肉薄した．党内が分裂し低迷が続く民主党では，クリントンアーカンソー州知事が名乗りを上げた．またテキサスの富豪ロス・ペローが民主・共和いずれの政党にも属さぬ無所属で立候補し，ダークホースとして注目を集めた．

　選挙戦では，クリントン候補が経済基盤の崩壊しつつあった中・下層の欲求不満に訴え，景気回復や医療制度，浪費的福祉の改善等を主張したのに対し，ブッシュ大統領は冷戦や湾岸戦争の勝利等外交実績をアピールするとともに，家族の価値観を強調し1950 年代の「良きアメリカ」への回帰を訴えた．またクリントンのベトナム戦争における徴兵忌避疑惑や愛人問題等を繰り返し取り

上げ，執拗なネガティブキャンペーンを展開した．スキャンダルの絶えないクリントンは予備選挙では苦戦が続き，支持基盤も弱体であった．しかしペローが一時出馬断念を表明したことや，中道路線を唱える若手実力者のゴア上院議員を副大統領候補に指名したことが功を奏し，7月の民主党大会以後急速に支持率を伸ばした．92年11月の大統領選挙では，ブッシュが南部を確保したが，東部と西海岸の大票田や中西部の工業諸州等全米33州を抑えたクリントンが現職ブッシュに水をあけて勝利を収めた．

　伝統的な価値観を重視したブッシュだが，既にアメリカ総人口の2/3は戦後生まれの“ベビーブーマー”世代が占め，ブッシュのような戦中派（スーパーマン世代）は人口の1割強に過ぎなかった．こうした世代交代に伴う価値観の変化を見通せなかったこと，家族の価値観を唱えながら中絶と同性愛者の権利を巡る穏健・保守両派の対立を一本化できなかったこと，「増税はしない」の公約を反故にしたこと，そしてブルーカラーだけでなく中堅ホワイトカラーにも押し寄せていた経済的苦境の解決に正面から取り組まなかったことが敗北の原因であった．

　一方，自らを“新しい民主党員（ニューデモクラット）”と称したクリントンは，「大きな政府」を標榜する伝統的な民主党のリベラリズムと決別，党内左派と一線を画し，穏健・中道勢力を基盤に据えた[1]．そして黒人団体や労働組合に依存せず，民主党から離れつつあった白人・中堅層の取り込みに焦点を絞った戦略が功を奏した．国民の関心が新世界秩序よりも国内問題，それも経済に集中させたため，彼の外交経験の乏しさもハンディにならなかった．46歳のクリントンは，彼が尊敬するセオドア・ローズベルト（42歳），ジョン・F.ケネディ（43歳）に次ぐ若さ，そして初の戦後生まれ（ベビーブーマー世代）の大統領となった[2]．

●クリントンのプロフィール

　第42代大統領に就任したウイリアム・ジェファーソン・ビル・クリントン（生誕時はクリントンではなく，ブライス3世）は1946年8月19日，アメリカ南部アーカンソー州ホープに生まれた．自動車部品会社のセールスマンだった実父ウイリアム・ジェファーソン・ブライスはクリントンが生まれる3か月前に交通事故のため29歳の若さで死亡，そのため母バージニア・ブライスが看護婦としてニューオーリンズへ働きに出たため，幼いクリントンは4歳まで雑貨店

を営む母方の祖父母に預けられて育った．その後母親は自動車販売業を営むロジャー・クリントンと再婚したが，この義父が重度のアルコール中毒で，度々家族に暴力を振った[3]．

　高校生時代の 1963 年 7 月，クリントンは在郷軍人会が設立した青少年組織「ボーイズステート」の全国大会にアーカンソー州代表の一人として参加，ホワイトハウス中庭ローズガーデンで憧れのケネディ大統領（暗殺される 4 か月前）と握手を交わし感銘を受ける[4]．高校を優秀な成績で卒業したクリントンは，政治家を目ざしジョージタウン大学に入学，在学中はアーカンソー出身で民主党の有力者でもあるフルブライト上院議員事務所で助手として働き，政治の世界を垣間見た．その後ローズ奨学生として英国のオックスフォード大学に 2 年間留学し，帰国後はエール大学のロースクールに入った．留学やロースクール進学には徴兵回避の意図も込められていたが，このエール大学で後に伴侶となるヒラリー・ロダムと知り合う．

　2 人は 73 年にエール大学を卒業し弁護士資格を取得，クリントンは地元に戻りアーカンソー州立大学のロースクール講師となる．そして 74 年に下院議員に立候補するが，僅差で破れる．しかし 76 年には州の司法長官（検事総長）選挙に当選，78 年にはアーカンソー州知事選挙に勝利し，32 歳で全米最年少の知事に就任する．80 年の選挙では落選の憂き目にあうも 82 年の選挙で知事に返り咲き，以後連続当選を果たし州経済の発展や教育改革等に取り組んだ．サクソフォンをよく吹き，知事時代には 3 度日本を訪問，来日の際は毎回カラオケに行くなど庶民的な一面を持ち合わせている．

●経 済 外 交

　クリントン大統領は選挙公約の中心であったアメリカの経済再建を実現すべく，発足直後の 93 年 2 月，景気刺激策や投資拡大・生産性向上施策，財政赤字削減，所得格差是正のための勤労者所得控除等を目標に掲げた包括経済計画を発表，議会の抵抗修正を受けながらも同年 8 月に包括的財政調整法として成立させた．経済成長と雇用創出を柱とするクリントン政権の新経済政策は，輸出の拡大を重視する積極的な通商政策となって現れた．米国経済の競争力を強化しつつ，その競争力が輸出拡大の形で活かされるよう他国に強く市場開放を迫っていく発想である．「国家とは世界市場をめぐって競争する大企業のようなもの」（クリントン）との発言からも窺えるように，経済を接点に対外政策が

内政とリンクし，コールド・ウォー（冷戦＝軍事安全保障重視）からトレード・ウォー（貿易戦争＝経済安全保障重視）へと米国外交の重心がシフトした印象を内外に与えた．クリントン政権は北米自由貿易協定（NAFTA）を成立させ（93年11月），また同月シアトルで行われたアジア太平洋経済協力会議（APEC）では議長国として初の首脳会議を開催し，緩やかな協議の場であるAPECを米主導の下に貿易投資の自由化に向けた多国間交渉の枠組みへ転換させた．さらに94年4月にはウルグアイラウンドを妥結に導く等経済重視の外交は一定の成果を上げた．

　クリントン政権の対日政策も，経済問題の処理が中心を占めた．93年4月，訪米した宮沢首相との会談でクリントン大統領は「新時代においては，経済関係をより重視する形で日米関係の見直しが必要なこと」を強調し，日本との経済摩擦問題に強い姿勢で臨んだ．93年7月に開始された日米包括経済協議でクリントン政権は，日本に自動車を始め米製品の購入拡大を執拗に迫り，また明確な成果を求め数値目標の設定に拘った．管理貿易に繋がり自由貿易を否定するものと日本が抵抗したため話合いは難航し，94年2月の細川・クリントン首脳会談は決裂した．1970年代以降，日米間では経済摩擦問題が繰り返し発生するが，冷戦期のアメリカは，日米同盟の維持や日米関係全体の健全さを経済問題に優先させたため，経済対立には一定の歯止めが掛けられていた．しかし対ソ脅威の消滅やアメリカの経済的苦境，日本の経済大国化等の事情が重なり，アメリカでは急速に対日警戒心が台頭した．いまや日本の経済的脅威がソ連の軍事的脅威よりもアメリカの将来にとってより大きな脅威と感じる米国民の数は増加し，日本異質論を唱えるリビショニスト（修正主義者）の論調がこの傾向に拍車をかけた．かくして日米包括経済協議は，戦後日米経済摩擦の中で最も激しいものとなった．

　クリントン政権は，レーガノミックスを否定し，政府が民間の経済活動に積極的に関わり，雇用の創出，経済競争力の強化を目指した（クリントノミックス）．総額5000億ドルに上る財政赤字の削減では，国防費のカットと本格的な増税策を打ち出した．歳出削減の目玉とされた医療保険改革は，94年の中間選挙での民主党敗北で挫折したが，クリントン政権の下で企業業績は回復，株価も上昇し，「双子の赤字」と呼ばれ30年近く続いていた連邦政府の財政赤字は98年に解消され，2001年まで黒字が続いた．

●関与と拡大の戦略

経済外交が進捗を見た反面，ハイポリシー（政治・安全保障）は場当たり的で，選挙公約との齟齬や一貫・整合性の無さが政権人気を引き下げた．選挙中，人権問題を重視した対中外交を唱えていたが，政権発足後は中国にあっさりと最恵国待遇を更新（93年5月），天安門事件以来の経済制裁も緩和し，対中経済交流の拡大を進め，二期目には中国を「戦略的パートナー」と位置づけ，WTOへの加盟や軍事交流にも乗り出したのはその一例である．クリントン陣営には外交・安全保障政策に確たる方針やビジョンが欠けていた．州知事出身のクリントンは外交経験に乏しく，明確な外交哲学を持ちあわせなかったこと，国内世論の動向に合わせる状況対応型の政策スタイルをとったこと，さらに冷戦終焉後の国際動向が読みづらかったこともあって，よくいえば柔軟だが方針が場当たりで一貫しないクリントンは，新聞漫画で「喋るワッフル」（ワッフルには「優柔不断」「背骨がない」の意味がある）等と揶揄された．

そのため，折からの旧ユーゴ紛争に対して政権内部で介入論と慎重論が入り乱れ，明確な政策を打ち出せなかった．ソマリア介入でも問題が起きた．前政権はソマリア内戦終結のため米軍主導の多国籍軍を派遣したが，クリントン政権発足後の93年5月には平和強制の任務を付与された国連主導のUNOSOM-IIが後を引き継いだ．しかし部族間紛争が激化し，10月には米陸軍レンジャー部隊のブラックホークヘリコプター2機がアイディード派民兵の攻撃で撃墜され，米兵18人が死亡した．しかも米兵の遺体がモガディシオ市中を引きずり回され，ソマリア人群衆が大喜びで騒ぐ様子がテレビで報道され，米世論はアメリカのソマリアへの関与や国連重視の政策に強い批判を浴びせた．そのためクリントン大統領は翌94年3月末をもって米軍をソマリアからすべて撤退させる方針を発表した．ソマリアでの失敗から，その直後に起きたルワンダでの虐殺や民族対立にもアメリカは終始不関与の姿勢を貫いた．こうした躓きの結果，多国間協調や国連重視の姿勢は後退し，アメリカの国益にかなう限りにおいてのみアメリカの関与，介入が許されるとの「選択的介入主義（Selective Interventionism）」が示されたが，アメリカの国際主義からの後退が冷戦後の世界秩序構築を危うくするとの危惧や懸念が諸外国から呈された．

そうしたなか，アンソニー・レイク補佐官は93年9月，ジョンズ・ポプキンズ大学高等国際関係研究所で「封じ込めから拡大へ（From Containment to Enlargement）」と題した演説を行った．この中でレイクは「"封じ込め戦略"の

次に来るものは，世界の市場経済，民主主義共同体の範囲を広げていく "拡大の戦略" である」と述べ，冷戦期の「封じ込め政策」に代わり，民主主義や市場経済の「拡大 (Enlargement)」を据える考えを示した (拡大の戦略：Strategy of Enlargement)．市場経済と民主主義の世界的拡大をめざすこの考えは，通商関係の拡大が相手国の政治体制を変革し，相互が民主主義国になれば紛争を武力で解決することはなくなるという民主主義平和論 (Democratic peace) を基礎とした戦略であった．

このレイクの構想を基にクリントン大統領は 94 年 7 月，「関与と拡大の国家安全保障戦略 (A National Security Strategy of Engagement and Enlargement)」と題する報告書を議会に提出した．政権初の包括的な戦略指針となるもので，冷戦後のアメリカは各地域で頻発する民族紛争や宗教紛争，大量破壊兵器の拡散，大規模な地球環境の悪化など五つの脅威から挑戦を受けているが，他方，冷戦の終結は (1) 経済活動の地球規模での拡大 (2) 民主主義国家の増大という新たな好機をもたらしたとし，アメリカは自国の国益拡大のために世界の問題に積極的に「関与」して指導力を発揮し，脅威を抑止するとともに好機の「拡大」に努めるべきとの考え方が示された．この基本方針の下，強い軍事力の維持と同盟国との軍事的協力関係の拡大 (国防)，外国市場を開放させ，世界の経済発展を促すことによりアメリカ経済の再活性化を図ること (経済)，さらに海外における民主主義の一層の推進と人権の擁護 (外交) の三つをアメリカの国家目標に掲げた．

再選を意識したクリントン大統領は 95 年 3 月，ニクソン平和自由センターでの演説で，アメリカの指導力の重要性を強調し，以後，旧ユーゴ紛争や中東和平，北アイルランドや朝鮮半島 (KEDO 合意) 問題に対する関与の姿勢を強めていった．ボスニア問題では，95 年夏以降，アメリカは NATO 軍としてボスニアへの空爆を実施し，セルビア勢力を交渉のテーブルに引き出すとともに，和平の仲介役としてイニシアティブを発揮しディトン合意を実現させた (95 年11 月)．さらにボスニア平和実施軍 (IFOR) に米軍 2 万人を投入することもいち早く決定した．一連の決断には，発足後の 2 年間，対外政策で一貫性を欠き，右往左往を続けている不安定な政権イメージを払拭し，自らの指導力を誇示したいというクリントンの狙いが込められていた．思惑通りボスニアに対する積極的関与の姿勢は世論から評価され，経済の順調な回復もあってクリントン政権の支持率は回復に向かった．

●中間選挙の敗北と 60 年ぶりの民主党大統領再選

米経済の立て直しには成功したが，クリントンが実現をめざした国民皆保険制度の導入には失敗する（94 年 9 月）．さらにホワイトウォーター疑惑（知事時代の 78 年，アーカンソー州ホワイトウォーター川の開発事業に絡む不動産投資への不正関与疑惑）や政治献金問題等が表面化し，94 年 11 月の中間選挙では共和党が圧勝し，40 年ぶりに両院で共和党が多数を占めることになった．勢いにのる共和党はギングリッジ下院議長ら同党保守派が「アメリカとの契約（Contract with America）」による保守革命を掲げ，議会改革や財政削減に取り組む等クリントン政権との対決色を強めた．なかでも財政赤字削減問題をめぐる政府・議会の対立から予算案が通過せず，95 年 11 月から 96 年にかけて政府機関が閉鎖される異常事態となった．予算が成立したのは半年遅れの 96 年春であった．

もっとも，この出来事は民主党よりも共和党に対する国民の不信感と反発を高める結果となった．再選をめざすクリントンは中間選挙以降，党内リベラル派の圧力を振り切り中道路線への回帰を明確にし，96 年 1 月の一般教書演説では「大きな政府からの決別」を宣言した．そのため共和党と民主党の主張が近似し，政策争点が曖昧化した．中道路線への復帰でクリントンが広範な支持層の獲得に成功したのと対照的に，右派議員の圧力で中絶反対の公約を捨て切れなかった共和党は，支持層の拡大に失敗する．

そして何よりも財政赤字の削減や景気の顕著な回復がプラスに働き，96 年 11 月の大統領選挙では，クリントン，ゴアのコンビが共和党のボブ・ドール，ジャック・ケンプ組に圧勝した．二大政党に挑んだロス・ペローの改革党も前回に続き惨敗した．第 1 期政権での外交政策のもたつきは経済回復の影に隠れ，内向きになった米国民にはさほど重大視されなかった．民主党現職大統領の再選は，1936 年のローズベルト以来 60 年ぶりであった．ただ，同時に行われた議会選挙では共和党の支配を崩せず，上院では逆に共和党の支配が強まった．

●第 2 期クリントン政権の外交：コソボ問題とパレスチナ和平

第 2 期クリントン政権では，NATO の東方拡大を懸念するロシアの説得が重要課題であったが，そうしたなかコソボ紛争が持ち上がる．ユーゴスラビア連邦セルビア領内のコソボ自治区に住む多数のアルバニア系住民がセルビアからの独立を求め，セルビア政府軍とコソボ解放線（KLA）による内戦へと発展

したのだ．セルビアのミロシェビッチ大統領がコソボ自治区への激しい攻撃と
アルバニア系住民への弾圧に出たため，それを阻止すべくクリントン政権は道
義的要請から人道的介入を決意，ソ連の反対で国連の安保理決議を得られな
かったにも拘わらずNATO軍によるセルビア空爆（アライドフォース作戦）を実
行し（99年3～6月），ユーゴスラビア軍の撤退とコソボ平和維持軍（KFOR）の
進駐を実現させた．

コソボ紛争の解決に続き，クリントン大統領はパレスチナ和平にも積極的に
関与し，オスロ合意の締結と最終的地位の合意成立に尽力した．大量破壊兵器
の拡散阻止では，湾岸戦争後の国連による検証査察に協力しないイラクに対し，
空爆を実施した．北朝鮮については融和姿勢に転じ，政権末期，現職国務長官
として初めてオルブライトが訪朝し国交正常化を目指したが（2000年10月），時
間切れに終わった．第1期に比べ，国際問題の取り組みは前向きになったが，
国内では大統領のホワイトハウス実習生との性的スキャンダルが持ち上がった．
大統領弾劾裁判が開かれ，辛うじて辞任は免れたが，クリントン大統領の指導
力は大きく傷ついた．

●安全保障政策

第1期クリントン政権のアスピン国防長官は，地域脅威の増大を強調した
ブッシュ政権の「地域防衛戦略」に一定の評価を与えながらも，その「基盤戦
力」構想が冷戦時代の発想から抜けきれていないと批判し，冷戦後の新たな安
全保障環境に対応するために必要な兵力単位を積み上げ所要国防力を算出する
手法に基づき，米軍戦力の包括的な見直し作業に着手した．その成果として93
年9月「ボトムアップレビュー（Bottom-Up Review: BUR）」と名付けられた国防
計画が発表され「ほぼ同時に発生する二つの大規模地域紛争」に対処し得るた
めの軍事力を維持する方針が示された（二正面戦略）．ボトムアップレビューでは，
アメリカが対処すべき脅威として(1)旧ソ連及びそれ以外の国の大量破壊兵器
及びその運搬手段拡散の脅威(2)米国に敵対的な地域強国による侵略行為や民
族宗教紛争といった地域的脅威(3)旧ソ連・東欧等における民主主義逆行の脅
威(4)米国の経済力弱体化によって生ずる国家安全保障上の脅威の四つを取り
上げ，特に(1)と(2)に米軍は中心的役割を果たすべきであり，二つの主要な地
域紛争（イラクのクウェート，サウジアラビア侵攻と北朝鮮の韓国侵攻）に同時対処で
きる軍事力の保持を目標に掲げた（Win-Win Strategy）．具体的には，米経済再建

に伴う国防費削減要請も勘案し，93 年時点の米軍総兵力 171 万人を 1999 年に
は 146 万人程度に削減，前方展開戦力は，在欧米軍兵力を 17 万人から 10 万人
に削減するが，アジア・太平洋地域では現状の 10 万人体制が概ね維持された．

　政権 2 期目から始まった「4 年毎の国防計画見直し（Quadrennial Defense
Review: QDR）」作業でも，ウインウイン戦略の考えが踏襲された．またクリン
トン政権は，「スターウオーズの時代は終わった」（レス・アスピン国防長官）と
レーガン政権以来の SDI の終了を宣言した（93 年 5 月 13 日）．既にブッシュ政権
も，ソ連の大量の ICBM による奇襲攻撃からアメリカを守るというレーガン時
代の構想に代わり，偶発・限定的な弾道ミサイル攻撃から米本土を守る国家ミ
サイル防衛（NMD: National Missile Defense）及び在外米軍や同盟国を守る戦域ミ
サイル防衛（TMD: Theater Missile Defense）からなる GPALS（限定的攻撃に対する
グローバル防衛）構想に重点を移していたが，クリントン政権は脅威が現実化し
つつある TMD の開発を最優先し，NMD については将来の脅威に備えて技術
開発を継続する方針を打ち出した．しかし 94 年の中間選挙で勝利した共和党
保守派がこれに異議を唱え，NMD 推進を強く主張した．議会が超党派で設置
した「アメリカに対する弾道ミサイル脅威評価委員会」は 98 年 7 月，北朝鮮
やイランといった「ならず者国家」による長距離弾道ミサイルの脅威を重視す
べきとの報告（ラムズフェルド報告）を発表したが，その翌月北朝鮮がテポドンミ
サイルを太平洋に向けて発射し，同報告の信憑性を高めた．そのためクリント
ン政権も 99 年以降，拡散懸念国に対する限定的な NMD 計画の推進を余儀な
くされ，地上配備型の NMD 開発（米本土 1 カ所に 100 基配備）に着手した．

3　ブッシュ・ジュニア政権

●大統領選挙

　2000 年の大統領選挙は，ゴア副大統領（民主党）とブッシュテキサス州知事
（共和党）の間で争われた．ブッシュ候補はブッシュ元大統領の長男である．未
曾有の大接戦の末，フロリダ州の僅か 537 票の得票差でブッシュが勝利したが，
同州の開票作業が手間どり，しかも再集計を求めてゴア陣営が提訴したため最
終確定に一月余を要する異例の事態となった．親子の大統領就任はアダムズ大
統領父子以来 170 年ぶり 2 組目，共和党の政権奪回は 8 年ぶり．同時に実施さ
れた議会選挙で共和党は下院で過半数を占め，上院も（副大統領が決定票を持ち）

事実上の多数派となり，45 年ぶりにホワイトハウスと上下両院を制することになった．

●ブッシュ・ジュニアのプロフィール

　第 43 代大統領に就任したジョージ・ウォーカー・ブッシュ（父親と同名）は，1946 年 7 月 6 日，後に第 41 代大統領となった父（当時はエール大学の学生）と母バーバーラの長男としてコネチカット州ニューヘブンに生まれた．同名の父子を区別するため，父親のブッシュ元大統領を「41」や「シニア」，長男は「43」，「ジュニア」と呼ばれた．2 歳でテキサス西部の町ミッドランドに移り，中学 1 年でヒューストンに移転，その後マサチューセッツ州アンドーバーにある全寮制男子校フィリップス・アカデミーを経てエール大学に進学．読書嫌いで学業成績も振わなかったが，クラスの人気者だった．68 年に同大学を卒業したブッシュは，テキサス州空軍のパイロットとして勤務する傍ら，カウンセラーや政治顧問等様々な職を経験する．州兵入りは徴兵義務（ベトナム戦争従軍）回避ではとの疑惑も指摘されたが，除隊後はハーバード・ビジネススクールでMBA を取得（1975 年）し，父と同じ石油業界に身を置いた．77 年夏，小学校の司書で同郷（ミッドランド）のローラ・ウェルチと出会い，3 か月後に電撃結婚する．翌年テキサス州から下院議員に出馬するが落選．86 年には供給過剰で石油価格が暴落し事業の挫折も経験している．父の大統領就任後は石油業界から身を引き，大リーグ球団テキサス・レンジャーズを買収しその共同経営責任者に納まり（89～94 年），94 年にはテキサス州知事に当選，98 年には再選を果たしている．

　2001 年 1 月 20 日，氷雨降る中で行われた大統領就任式で，ブッシュは礼節や勇気，思いやりなどアメリカ社会の伝統的価値観を重視し，倫理・宗教色の強い演説を行った．不倫問題を抱えていたクリントンとの違いを強調する狙いもあったが，信仰や宗教倫理に拘るブッシュの性格が表れていた．80 年代半ば，石油事業の挫折等から，ブッシュは一時アルコール依存症に陥った．この危機を救ったのがキリスト教だった．宗教伝道師ビリー・グレアムの教誨を受けて断酒を決意した彼は，以後，禁欲的な生活を送り，キリスト教への信仰と帰依を深めていく．彼は演説で，家族（Family），友人（Frends），それに信仰（Faith）の 3F の重要性を度々語っている．宗教用語が多用されるのも，敬虔なクリスチャンとしてのキャラクターによるものである．

　ブッシュは大統領職の先輩でもある父親よりも，理念や倫理，信仰を重視し，側近に権限を移譲する会長型の政策決定スタイルを取ったレーガン元大統領のスタンスを自らのモデルとした．そのため，重要な案件も部下に委ねることが多かった．テキサスとカリフォルニアという大きな州の知事を経験していることや，細かい政策は苦手な点等両者のバックグラウンドに共通点があった．また，ブッシュは論理よりも勘で判断するタイプで，短気で激しやすいが，他面，人当たりがよく，「誰からも好かれる性格」の持ち主で，形式張ったフォーマルなスタイルよりも，側近や閣僚達とのフランクな討議を好んだ．「大統領は，側近の皆にアクセスの権利を与えなければならないと信じている．大統領と"差し"で話ができるのは，ホワイトハウスにとって仕事の醍醐味の一つでもある」と述べるブッシュは，父親の政権でジョン・スヌヌが大統領主席補佐官だった最初の3年間，大統領との面会が厳しく制限され，都合の悪い情報が大統領に届きにくかったことを教訓としていた[7]．

●ネオコン

　ブッシュ政権には，新保守主義（ネオ・コンサーバティブ），俗に「ネオコン」と呼ばれるタカ派思考の持ち主が多数参画した．勢力均衡論に立つ従来の現実的・伝統的な保守主義者がアメリカの国益を最重視しつつも，国際協調に配慮を怠らないのとは異なり，新保守主義者は単にアメリカ一国の利益にとどまらず，新国際秩序の形成にアメリカは主導権を発揮すべきだと主張する．そして新秩序の基調をなすのはアメリカ的な民主主義や道徳律であり，それを世界に普及させることを外交の主目標に据え，その実現のためには単独行動も辞さず，それゆえアメリカの軍事力を非常に重視する．このネオコンの思考がブッシュ政権の行動選択にも影響を与え，強硬な対外介入策を繰り返す一因となった．

　ネオコンは，60年代，民主党の左傾化に反発した民主党支持者（主として進歩派知識人）が，70～80年代，対ソ強硬姿勢をとる共和党に転向する過程で形成された政治潮流である．それゆえ民主党的な理想主義を根底に持ちながらも，アメリカ的世界実現のためには強硬な対外政策の遂行も躊躇すべきでない（「アメリカは民主勢力を支援する道徳的責務があり，そのためには軍事力の行使を躊躇すべきではない」）という考え方を特徴とし，親イスラエル，親台湾派が多い[8]．アメリカの道徳的優越性に対する過剰なまでの思い入れがあり，アメリカの価値観を世界に広めるためには他国に軍事介入するのもやむなし，むしろそうするこ

とが民主国家のリーダーとしての責務であり，そのためには国際社会における既存ルールや規範にとらわれることなく，単独でも行動すべきと考えるネオコンの発想を，ジョージタウン大学のジョン・アイケンベリー教授は批判的に「新帝国主義」と呼んだが，この主義に拠れば「アメリカは世界的な基準を設定し，脅威が何であるか，武力行使を行うべきかどうかを判断し，正義が何であるかを定義するグローバルな役割を担って」おり，「アメリカの主権はより絶対的なものとみなされ，一方でワシントンが設定する国内的対外的行動上の基準に逆らう諸国の主権はますます制約されていく」[9]。

●9.11 事件

大統領選挙中，ブッシュは関与政策を掲げるクリントン政権がアメリカの国益と無関係な領域にまで対外介入を続けた結果，国内基盤の浸食と疲弊を招いたと批判し，対外関与の縮小を主張した．そして政権発足後は国益優先の姿勢を露にし，(1)京都議定書への反対と離脱(2)前政権が署名したCTBT（包括的核実験禁止条約）の批准拒否(3)生物兵器禁止条約検証議定書交渉での否定的態度，さらに(4)国際刑事裁判所設立条約への反対(5)ABM制限条約の一方的な廃棄(6)国連小型武器会議における取引規制（「小型軽量兵器密売取締協定」）の拒否等国際社会のルール作りに背を向けた単独行動主義の外交が顕著となった．そうしたなかで，世界を震撼させる大規模なテロ事件が発生した．

2001年9月11日午前8時46分（米東部時間），ボストン発ロサンゼルス行アメリカン航空11便がニューヨーク・マンハッタンの世界貿易センタービルのノースタワー90〜100階付近に激突した．続いて9時3分にはボストン発ロサンゼルス行ユナイテッド航空175便が同ビルサウスタワーに衝突，さらに9時[10]38分，ワシントンの国防省にワシントン発ロサンゼルス行きアメリカン航空77便が突っ込み，10時3分にはニューアーク発サンフランシスコ行きのユナイテッド航空93便がピッツバーグ郊外に墜落した．この事件の犠牲者は2793人（うち日本人24人），国籍は世界80か国に及んだ．

ブッシュ大統領は，単なるテロを超えた「戦争」であり，軍事報復を含むあらゆる手段を講じると事実上の宣戦布告を行った．国連安保理は同時多発テロを「国際の平和及び安全に対する脅威」と認め（安保理決議1368号），北大西洋理事会は発足以来初めて憲章第5条に基づく集団的自衛権の発動に踏み切った（12日）．パウエル国務長官がイスラム原理主義者ウサマ・ビン・ラディンが事

件の首謀者であることを確認 (13日)，ブッシュ大統領は上下両院協議で演説し「対テロ総力戦」を宣言した (20日)．ブッシュ大統領はアフガニスタンのタリバン政権に対し，ビン・ラディンを含むアルカイダ指導者を無条件で直ちに引き渡すよう最後通告を突きつけるとともに「世界のあらゆる地域の全ての国は今決断しなくてはならない．我々の側につくか，あるいはテロリストにつくかだ」と各国に対テロ報復戦への協力を呼びかけた．事件前 50％だった大統領の支持率は一挙に 90％に跳ね上がった．この政権への求心力の高まりをバックに，アメリカはアフガニスタン攻撃に踏み切る．

●アフガニスタン戦争

ビン・ラディンを支援・庇護するアフガニスタンのタリバン政権はブッシュ政権の要求を拒否，最高指導者オマルが事件へのビン・ラディン関与を否定する声明を出した．そのため 10月7日，米英両国は (国連安保理決議 1368号に基づき) 自衛権の発動としてアフガニスタンへの軍事作戦に踏み切った (不朽の自由作戦)[11]．米英両軍は爆撃機と巡航ミサイルでアルカイダの拠点やタリバン政権の軍事施設等を重点的に攻撃，19日からは特殊部隊を投入して地上作戦も開始した．これに呼応して反タリバン勢力からなる北部同盟も攻勢に出た．

当初北部同盟とタリバンの戦況は一進一退が続いたが，11月に入り北部の要衝マザリシャリフを制圧して以後，北部同盟が勢いを得てタリバンは敗走を重ね，ヘラートや首都カブールからも撤退，12月7日，タリバンの本拠である南部のカンダハルも陥落しタリバン政権は崩壊した．北部同盟のカブール制圧後，アフガニスタン再建の動きが活発化し，暫定行政機構 (内閣) が発足 (12月)．首相に該たる同機構議長には，アフガニスタン最大の民族パシュトン人のハミル・カルザイが就任した．

●悪の枢軸とブッシュドクトリン

アフガニスタンでの対テロ作戦が一区切りついたと判断したブッシュ政権は，いま一つの非対象脅威である「ならず者国家」の大量破壊兵器獲得の阻止に政策の重点を移した．問題となったのはイラクであった．湾岸戦争後，国連の査察が行われ，大量破壊兵器や関連施設の多くは破棄されたが，執拗な査察妨害や偽装工作が行われ，未だ多くの兵器が隠匿されている疑いも強かった．タリバン勢力が崩壊するやブッシュ大統領は「大量破壊兵器を開発する国も"テロ

との戦い"の対象になる」(11月26日) と述べ，対テロ戦争の次の標的がイラク
であることを示唆した．さらに02年1月の一般教書演説では，大量破壊兵器
の開発，獲得によりアメリカやその同盟国に脅威を与えようとする国として北
朝鮮，イラン，イラクの三か国を名指しし「悪の枢軸（Axis of Evil）」と非難し
た[12]．テロリズムと大量破壊兵器が結びつく危険性を強調する意図が込められて
いた．以後，ブッシュ政権は国際テロ組織撲滅に加え，大量破壊兵器（Weapons
of Mass Destruction: WND）を開発するならず者国家の打倒に戦線を拡大していく．

　実は同時多発テロ事件の前後から，ブッシュ政権内部では，アフガニスタン
だけでなくイラク攻撃も政権内部で密かに検討がなされていた．主戦派はラム
ズフェルト国防長官はじめ，ポール・ウォルフォウイッツ国防副長官や国防省
の諮問機関国防政策委員会のリチャード・パール委員長らのネオコン勢力だっ
た．イラク攻撃に消極的だったチェイニー副大統領も，同時多発テロ事件後は
ラムズフェルトらに同調する．彼らの意見は，タリバン攻撃を優先させるべし
とパウエル国務長官の反対にあい，結局退けられたが，その後のアフガン作戦
の成功から，フセイン政権も短期間で壊滅できるという自信が政権幹部の中に
強まっていった．

　02年6月，ブッシュ大統領は米陸軍士官学校卒業式での演説で，大量破壊兵
器がならず者国家やテロリストの手にわたる危険について強い調子で警告し，
冷戦時代の封じ込めや抑止政策はこれに対して有効に機能せず，アメリカはこ
の新たな脅威に対抗するため，必要があれば先制行動（preemptive action）も辞
さないとの考えを述べた．同年9月に発表された「米国の国家安全保障戦略
（The National Security Strategy of The United States of America）」でも，ならず者国
家とこれに結び付く恐れのあるテロリストが大量破壊兵器を獲得する危険性を
強調し，この「新たな脅威」からの攻撃の恐れが迫っている場合は先制攻撃も
辞さずの考えを示し，ブッシュドクトリンと名付けられた．

　テロリストやならず者国家への「先制攻撃がなぜ必要なのか」という点につ
いて先の報告書（『国家安全保障戦略』）は，国民の生命を犠牲にしても敢えて危険
を冒そうとするならず者国家の指導者には，冷戦下に機能した大量報復の抑止
が効きにくいこと，ならず者国家やテロリストは大量破壊兵器を必ずしも「最
後の手段」とは見なさず，行使できる手段の一つと認識しており，特にアメリ
カの圧倒的な通常戦力に対抗する上で有効な手段と考えていること，さらにテ
ロリストは死を恐れず，逆に殉教者となることを求める傾向があり，そもそも

彼らには報復の対象となる国家を持っていないこと等をその理由に挙げている．またブッシュ大統領は，テロリストの発見摘発を目的に，盗聴を含む強い権限をFBI等の捜査当局に付与する愛国者法を制定した（01年10月）ほか，「本土防衛のための安全保障戦略」（02年7月）を発表，11月には22の官庁を統合し米本土防衛を担当する国土安全保障省（Department of Homeland Security）が創設された．

●イラク戦争

　02年9月，ブッシュ大統領は国連総会の演説で，サダム・フセインの独裁下にあるイラクを「無法国家」と断罪し，イラクが大量破壊兵器の破棄に応じねば「行動は不可避だ」とアメリカ単独での武力行使も辞さない姿勢を鮮明にした．翌月にはCIAが「イラクの大量破壊兵器」と題した報告書を公表，イラクが国連決議に違反して大量破壊兵器の開発計画を進めており，十分な核物資を入手できれば1年以内の核兵器製造も可能とする見解を示し，米議会は大統領にイラクへの武力攻撃を認める決議を採択した（10月11日）．米英両国は10月，国連の査察権限強化と無条件の査察受け入れをイラクに迫り，イラクが拒否した場合は武力行使を容認する決議案を国連安保理に提出したが，武力行使に消極的な仏露中等が反対し，協議の結果，無条件無制限の立ち入り査察等にイラクが応じない場合は「必要な措置を検討」し，違反が継続する場合，イラクは「深刻な帰結を招くであろう」と武力行使を仄めかすに留めた決議1441が11月に採択された[13)]．

　イラクがこの決議を受け容れ，4年ぶりに国連の査察が再開された．03年1月，国連監視検証委員会（UNMOVIC）のブリクス委員長は安保理に対し，大量破壊兵器保有の決定的証拠は無いとしながらも，イラクの提出資料が不十分なため数か月の査察延長を求めた．アメリカはイラクの姿勢を国連や国際社会への侮辱と非難，2月にパウエル国務長官は安保理外相級会合に，イラクの隠蔽工作やアルカイダとの繋がりを示す新たな証拠を提出した．2月下旬米英スペイン三国は，イラクが安保理決議1441によって与えられた武装解除の「最後の機会を逸した」と事実上の武力行使容認決議案を安保理に提出した．しかし，仏露独等は査察の継続・強化を主張し，査察打ち切り，武力行使容認を求める同案への支持は広がらなかった．国連査察団は追加報告（2月），最終報告（3月）ともに査察の継続を求めたが，米英西3国首脳はアゾレス諸島で緊急会談

を行い，外交継続努力の期限を 3 月 17 日までとする事実上の最後通告を突き
つけた．安保理が分裂する中，パウエル国務長官は「武力行使容認の決議は得
られずとも先の決議 1441 でも問題はない」との立場を強調した．

　3 月 18 日，ブッシュ大統領は全米向けテレビ演説を行い，「数十年に及ぶ
（フセインの）欺瞞と残虐は今，最後の時を迎えた」と，フセイン大統領と 2 人
の息子に 48 時間以内の出国を要求，従わない場合は軍事行動に踏み切るとの
最後通告を発した．フセインがこれを拒否したため，03 年 3 月 20 日アメリカ
はイラクへの軍事攻撃に踏み切った．ブッシュドクトリンに基づく先制攻撃の
初の適用となった．ブッシュにとってフセインの打倒は，父親のやり残した仕
事でもあった．開戦劈頭，米軍はバグダッドに巡航ミサイル等で空爆を実施．
21 日に米軍地上部隊の主力第三歩兵師団がクウェート北部から国境を越えて
イラクに入り，ユーフラテス川沿いに北上を開始した．投入された地上部隊は
英豪軍等を含め 18 万 3 千人．50 万人近くを動員した湾岸戦争に比して小規模
となったが，これは軍事技術の進歩と武器の性能向上により，大兵力投入の長
期戦はもはや過去の戦争スタイルと見なすラムズフェルト国防長官の信念に拠
るものであった．地上部隊はイラク南部から二つのルートを経て首都バグダッ
ドを目指した．当初抵抗を控えていたイラク軍も，南部のナシリーアやナジャ
フ等で反撃を開始，また各地でゲリラ攻撃を行い，長く伸びた米軍の補給路を
断つ戦術に出た．激しい砂嵐にも見舞われ，一時戦闘の長期化も予想されたが，
開戦から 21 日目の 4 月 9 日，米軍はバグダッドを制圧，市の中心部ではフセ
イン大統領の銅像が引き倒され，24 年間続いたフセイン独裁政権は崩壊した．
5 月 1 日，ブッシュ大統領は原子力空母エイブラハムリンカーンの艦上から全
米に向けてテレビ演説を行い，「アメリカはより安全になった．独裁者は倒れ，
イラクは自由になった」と語り，イラク戦争の終結と勝利を宣言した．

　軍事手段を単独行使してもアメリカ的な民主主義を拡大させるという，理想
主義的ではあるが手段において極めて強引なアプローチをブッシュ政権が採っ
た背景には，① 非戦闘員をテロで殺害する卑劣な行為がトリガーとなり，冷戦
終焉以後力を得ていた孤立主義が払拭され膨張介入主義に転じたこと ② 人権
や民主主義実現のためなら軍事力の行使にも躊躇しないネオコングループが
9.11 事件以後政権内部で大きな力を持ったこと ③ 冷戦後アメリカは唯一の超
大国となり，特に軍事力では圧倒的に優越した地位にあること ④ 政権幹部が
民主国家の拡大が戦争回避に繋がるとの「民主主義平和論」の影響を受けたこ

と ⑤ 民主的価値や伝統的倫理観を重んじる米社会の伝統，特に建国以来のキリスト教的選民意識（American Exceptionalism）の存在が関わっていた[14].

　イラク戦争後もブッシュ政権は，核開発を続けるイランの政治体制変革を含めたアフリカ〜中東の民主化（中東民主化）や，コーカサス〜中央アジアの民主政権樹立に関心を強め（拡大民主化構想），カラー革命に支援を与えた．ブッシュ政権が一方で単独行動主義に走り国際社会のルール作りに背を向け，他方では自らの理念を他国に押しつけ強圧・傲慢な行動に出ることには，中露のみならずヨーロッパ諸国からも強い批判が呈された．

●アフガン・イラクの苦境

　アメリカは同時多発テロへの報復と非対象脅威の排除，それにアメリカ的民主主義拡大による平和の実現を目的に，アフガニスタン戦争やイラク戦争に踏み切った．だが言うまでもないが，アメリカ流の民主主義だけが民主主義ではない．異なる文化，異なる環境下にある他国に自らのシステムを強引に押しつけても，巧く機能するわけがない．またアメリカは暴力による敵対者の排除にのみ関心を集中させ，当該地域民族に対する調査・研究を怠り，戦後処理，再建のための具体的な構想も持ち合わせていなかった．

　そもそもアフガニスタンやイラクの政権が短期間に崩壊したのは，圧倒的破壊力を持つ米軍との直接戦闘を避け，地下に潜伏して各地で抵抗を続ける戦術的撤退であった．そのため米軍の戦後統治にはタリバンやフセイン残党による執拗な非正規戦争が待ち受けていた．アフガニスタンではアルカイダ，タリバン掃討作戦を展開し，東部の山岳地帯に彼らを追い込んだが，テロリストらは国境を超えてパキスタン北西部の部族地域に逃げ込み追跡をかわした．この地域はパキスタン政府の監督も届かないエリアだ．その後，アメリカの関心がイラク戦争に移り十分な兵力の拠出が難しくなったため，ビン・ラディン容疑者の発見には至らず，逆にタリバンの反撃や自爆テロが相次ぎアフガニスタンの治安は悪化，国家再建は遠のいた．

　一方，イラクでは，フセイン政権崩壊後，イラク国軍と警察の武装解除が実施された．開戦に際し国連や他の常任理事国と対立したブッシュ政権は，イラクの戦後統治や復興，民主政権樹立等については国連の関与を求め，安保理決議を根拠に多国籍軍が編成された．しかし，アメリカはイラクの戦後処理と復興について明確な構想を準備していなかった．地下に潜ったフセイン派残党

（スンニ派）による反米テロが各地で多発し，米兵の犠牲が相次いだ．人口では優るがフセイン時代には抑圧されてきたシーア派とスンニ派の対立も激化した．さらにアルカイダはじめ国際テロ組織の流入や隣国イラン（シーア派）による介入も加わった．宗派対立だけでなく，石油産出地域を抱える北部居住のクルド族とアラブ人との利害絡みの民族対立も先鋭化する．そのためイラクの復興・再建のめどは立たず，14 万人の米兵投入を強いられアメリカの負担は増大した．しかもブッシュ政権が開戦の名目としたイラクによる「大量破壊兵器の保有」や「フセイン政権とアルカイダの連携」，「9.11 事件への関与」がいずれも根拠のなかったことが戦後明らかになった[15]．そのうえ，アフガニスタンやイラクで拘束した捕虜をキューバのグアンタナモ基地に長期間隔離し，裁判も受けさせず拷問を加えて尋問を行ったことが，人権侵害として問題となった．

　対テロ戦争は内政にも影響を与えた．「小さい政府」を標榜するブッシュ政権は当初，大型減税の実施と財政規律維持の両立を目指したが，同時多発テロ発生後は対テロ対策費の増大や景気対策の必要に迫られた．その結果，連邦政府の財政は 2001 年度に 1590 億ドルの赤字を計上，5 年ぶりに赤字に転落した．以後，戦費拡大が続き，赤字幅はさらに拡大していった．対テロ戦争の行き詰まりからイラク戦勝の高揚感は忽ち影を潜め，ブッシュ大統領の支持率は低落していった．

●第 2 期ブッシュ・ジュニア政権

　それでもブッシュ大統領は 04 年秋，ケリー民主党候補をかろうじて抑え，大統領再選を果たした．第 2 期政権では，イラク戦争に反対し，政権内部の孤立化が目立ったパウエル国務長官が辞任し，ライス大統領補佐官がその後任になった．05 年 1 月の第 2 期政権発足に際し，ライスは上院外交委員会での国務長官指名承認審議において，1 期目にブッシュが「悪の枢軸」と呼んだ北朝鮮，イランに加えてベラルーシ，ミャンマー，ジンバブエ，キューバの 6 か国を「圧政国家（outpost of tyranny）」と非難し，民主化実現のための政権転覆の必要性を訴えた．ブッシュ大統領自身も圧政から人々を解放することは米外交の使命と位置づけ，自由と民主化拡大の戦いを続ける姿勢を明らかにした．

　しかし，アフガニスタンやイラクの状況は深刻さを増していた．アフガニスタンには米軍に加えて，NATO が指揮する ISAF（国際治安支援部隊）が 6 万人まで増派されたが治安は改善せず，現地の反米感情は高まり，タリバンが勢力

を盛り返した．開戦から3年を経たイラクでは正式政府が発足（06年5月）したが，宗派対立やテロ攻撃は収まらず，米兵の戦死者は3千人を突破，主戦派のラムズフェルド国防長官は更迭された（06年11月）．苦境に立たされたブッシュ大統領は治安回復のため米軍のさらなる増派を決断，その後アルカイダとスンニ派を分断する作戦が功を奏し，07年後半以降イラクの治安状態は改善に向かうが，開戦以来の市民の犠牲は10万人を越えた．中東和平に関しては，イラク戦争後，「ロードマップ」を推進しようとしたが進展はなく，イランの核問題も膠着が続いた．偽ドル偽造や不正資金洗浄を行う北朝鮮には金融制裁を加えたものの譲歩は得られず，治績を残そうと焦ったブッシュ政権は，自ら「悪の枢軸」と罵った北朝鮮のテロ支援国家指定を解除し（08年10月），核開発の断念と関係正常化をめざした．しかし，検証方法を巡り忽ち協議は中断に陥った．

　内政では，ハリケーン・カトリーナ（05年）の災害対応の失敗や財政赤字の拡大，不動産バブル崩壊によるサブプライムローンの焦げ付き（07年），リーマンブラザーズの経営破綻がもたらした金融危機（08年）等深刻な経済不況に見舞われた．06年の中間選挙は，民主党が12年ぶりに上下両院で過半数を制し勝利を収めた．政権の求心力は急速に衰え，大統領の支持率は20％を割るまでに低下した．

●安全保障政策

　大統領選挙で国防力の強化を唱えたブッシュは，就任後に提出した02年度予算教書で国防費を増額し，同年5月の海軍兵学校卒業式での演説では，将来の脅威に対処するために軍事技術革命（Revolution in Military Affaires: RMA）を駆使した戦力構築の必要性を強調した．軍事技術の発達で軍隊の戦略・戦術機動力や輸送能力は大幅に向上し，戦場の広域化が実現，また通信技術の発達により，リアルタイムで遠隔地の戦況を把握できるようになった．この軍事革命の成果を最大限取り入れ，限られた予算の枠内で新たな国防戦力を構築することがブッシュ政権の基本方針とされ，RMAの信奉者ラムズフェルド国防長官は就任直後から国防戦略の見直し作業に取り組んだ．

　ところがその最中に同時多発テロ事件が発生，新たな事態を踏まえ，事件直後の01年10月に発表されたブッシュ政権最初の「4年毎の国防計画見直し」（QDR01）では，テロやミサイル脅威からの米本土防衛が最優先課題とされた．

中東と朝鮮半島でほぼ同時に起こる大規模な地域紛争に備える「二正面同時対処」能力は下方修正（1か所で決定的な勝利を得て，もう1か所では敵の軍隊を排除する対処能力の保持）された．また将来の脅威に備え「変革（トランスフォーメーション）」の必要性が強調され，後に在韓米軍や在日米軍の配備変更計画として具体化していった．

　選挙中からミサイル防衛推進を宣言していたブッシュ大統領は，01年2月の一般教書演説でもミサイル防衛網の建設を確認，同年5月の国防大学（ワシントン）での演説では「現在の切迫した脅威は，旧ソ連時代のような数千発の弾道ミサイルではなく，テロや脅迫を生業とした無責任国家の手にある少数のミサイルである」とし，アメリカのみならず同盟国も含む地球規模でのミサイル防衛（MD）システムを新戦略の柱とする考えを明らかにした．ブッシュ政権が打ち出した新ミサイル防衛構想（MD）は，従来のTMD（戦域弾道ミサイル防衛）とNMD（米本土ミサイル防衛）の区分をなくし一本化するとともに，(1)上昇(2)中間(3)最終の3段階それぞれにおいて地上，海上，空中及び宇宙配備の防御兵器によりあらゆる射程の弾道ミサイルを迎撃しようとするものである．

　さらにブッシュ大統領はこの演説の中で「過去の不信と相互脆弱性に基礎をおいた関係を乗り越えなければならない」と述べ，冷戦時代のMAD（相互確証破壊）戦略を放棄し，米ソ間で締結されたABM制限条約（1972年）から離脱する意向を示した．フランス等NATO諸国から懸念が示されたが，ブッシュ大統領はABM条約の一方的離脱をロシアやベラルーシ等に通告し（02年6月ABM条約失効），ミサイル防衛を積極的に推進していく構えを堅持した（01年12月）．また「核態勢見直し（NPR: Nuclear Posture Review）」を発表し（02年1月），従来の核の3本柱（ICBM, SLBM, 戦略爆撃機）を見直し，核戦力，ミサイル防衛力，将来の脅威に即応する国防基盤力を新たな国防の3本柱に据えた．これは攻撃核戦力（戦略核）に大きく依存する従来の抑止体系を改め，核戦力への依存引き下げをミサイル防衛と通常兵力近代化で補完し，多様な脅威への対応をめざすものであった．

●ABM条約破棄と米露関係の悪化

　ロシアのプーチン大統領は「アメリカのミサイル防衛はロシアの戦略核能力を減殺し，核均衡を崩す」とミサイル防衛構想に反対を続け，両国の交渉は難航したが，02年5月のブッシュ大統領訪露の際，両国は戦略兵器削減に関する

条約（モスクワ条約）及び米露の新たな戦略的関係を再確認した米露共同宣言に署名した．モスクワ条約では，今後10年間で配備済み戦略核弾頭数を双方とも1700〜2200発に削減することが規定された．共同宣言では，ミサイル防衛の信頼性と透明性を増し，研究開発等の協力の可能性を検討する旨が言及され，両国が早期警戒システムのデータ交換のための共同センター設立やミサイル防衛の共同演習，技術研究での協力に加え，NATOロシア理事会の枠内で欧州ミサイル防衛の分野でも協力する可能性を探ることがうたわれた．

　アメリカはミサイル防衛と核戦略削減をリンクさせたわけだが，財政的に戦略核戦力の維持が困難なロシアは，アメリカの戦略核を削減させることで対米パリティを維持し核大国の威信も守れるため，強硬な反対姿勢を貫けなかった．その後，ブッシュ政権は「イランのミサイル脅威から欧州を守るため」東欧へのミサイル防衛システム配備を計画し，迎撃ミサイル基地をポーランド，レーダー基地をチェコに設置する準備を進めた．しかしイランにICBM製造能力は無く，真の狙いは自国の核戦力無力化にあるとロシアが反発し，米露関係は悪化した．

4　オバマ政権

●初の黒人大統領誕生

　イラク戦争への不信と景気後退の中で，アメリカは2008年の大統領選挙を迎えた．共和党はジョン・マケイン上院議員，民主党では，現状の変革（チェンジ）を訴え，ヒラリー・クリントン上院議員との接戦に打ち勝ったバラク・オバマ上院議員が大統領候補の指名を獲得した．当初，民主党の予備選挙は労組や中高年等大票田を支持母体とするヒラリーの圧勝が予想されたが，オバマは低階層や若者の支持を取り付けて肉薄した．早い段階から本命視されていたヒラリーに対し，オバマには新鮮で未知数の魅力があった．さらに巧みな演説がカリスマ的な人気を生み，これが勝敗を決した．

　選挙戦では，元軍人で安全保障問題の専門家であるマケイン候補がブッシュ大統領のイラク増派を支持したのに対し，オバマ候補は「イラクからの米軍撤退」を公約に掲げイラク戦争に反対した．その一方でアフガニスタンへの米軍派遣を主張し，保守派への浸透も図った．また外交経験を持たないオバマは，副大統領候補に外交通のバイデンを指名した．演説の上手さに加え，「変革」

を求めるオバマ候補はネット，携帯端末の活用で選挙資金の獲得や若者等新規有権者の発掘に成功した．さらに，選挙戦の最中にリーマンショックが発生．経済・金融危機が深刻化し，国民の関心はマケインが得意とする外交・安全保障問題ではなく経済問題に傾斜した．米国経済の強さを説くマケインに対し，オバマは金融危機の収束と中低所得者対策に焦点を絞った政策を打ち出し，支持率の差を広げていった．11 月の大統領選挙ではオバマ候補がマケイン候補に圧勝し，米国史上初のアフリカ系の大統領が誕生した．

　人種別にみると，白人男性の 55％，白人女性の 51％がマケインに投票した一方，黒人の男女の 96％はオバマに票を投じた．ヒスパニックも，男性の 65％，女性の 70％がオバマに投票．アフリカ系（黒人）やヒスパニックの強い支持を得ての当選であった．大統領選と同時に実施された連邦議会選挙でも，民主党は上下両院で過半数を維持，現有議席を増やして躍進した．大統領選挙直後の調査では，ブッシュの不支持率が第 2 次大戦後最高の 76％に上った．

●オバマのプロフィール

　バラク・フセイン・オバマ・ジュニアは，1961 年 8 月 4 日，ハワイで生まれた．ケニア人留学生のバラク・フセイン・オバマを父，カンザス州出身の米国白人スタンリー・アン・ダンハムを母とする混血の黒人で，父親は大学を卒業すると 1 歳のオバマを残して帰国し両親は離婚，それ以後，オバマが父と再会を果たしたのは一度だけであった．オバマが 6 歳の時に母親がインドネシア人留学生と再婚し，オバマもインドネシアのジャカルタに移り住んだ．実父に捨てられた思いや黒人としての出自に加え，文化の異なるインドネシアでの慣れない生活やいじめの体験から，オバマは人種問題を意識するようになった[16]．息子の将来を案じた母親は，彼にアメリカでの一流教育を受けさせようと考えた．1971 年，オバマは祖父母の住むハワイに単身戻り名門プナホスクールに入学，次いでロサンゼルスのオクシデンタルカレッジに進学するが，この時期のオバマは改革派を気取り討論に明け暮れる毎日で，酒や違法ドラッグにも手を出すナンパ学生だった．

　しかし，母の諭しを受けたオバマは心機一転コロンビア大学に転じ，学業に専念する．公民権運動に啓発され，常に「弱者の味方たれ」と説いた母アンの思想がオバマの信条形成に大きな影響を与えた．83 年にコロンビア大学を卒業したオバマは，シカゴ南部の貧民街で地域活動家として活躍．90 年にはハー

バード大学法科大学院に進み，権威ある法律専門誌「ハーバードローレ
ビュー」初の黒人編集長に選ばれた．弁護士となったオバマは所属事務所の先
輩ミシェルと結婚，96年に35歳でイリノイ州議会議員，04年に連邦上院議員
に当選，それから僅か3年後，1回生議員としての大統領選出馬であった．オ
バマは，内政面では中低所得者重視，外交・安全保障では国際協調と対話に軸
足を置き，前政権の富裕層優遇や単独行動主義路線からの転換を目指した．

●国際協調の外交政策

　前政権の単独行動主義や長期化する対テロ戦争，それに軍事力偏重の姿勢を
問題視したオバマ大統領は，① 国際協調の回復 ② 対テロ・対外戦争の終結，
それに ③ 核兵器の廃絶を外交目標に掲げた．なかでもオバマが重視したのは，
ブッシュ政権で悪化した諸外国との関係再構築であった[17]．大統領就任演説で
「イスラム世界に対し，私たちは共通の利益と相互の尊敬に基づき，新たな道
を模索する[18]」と述べたオバマは，その後も「イスラム世界に注意深く耳を傾け，
誤解を解き，共通の土壌を探る」(09年4月，アンカラでの演説)，カイロでの演説
(09年6月) では「イスラムへの偏見と闘うことは米大統領の責任」と述べ，イ
スラム諸国・教徒との和解や協力を探る姿勢を強調した．イラク戦争をめぐり
悪化した欧州など同盟諸国との関係修復にも意欲を見せた．ライバルである
中・露との協力，さらにイランや北朝鮮，キューバ等敵対国とも「対話の用意
あり」と関係改善の意志が示された．

　国際協調や軍縮を重視する外交姿勢から，オバマはカーター元大統領に似て
理想主義者のように見える．しかし，巧みな演説から受ける印象とは異なり，
現実の彼はクールで現実主義的な一面を持ち合わせており，高々と掲げた理想
と実際に遂行されたオバマ外交との間には大きな乖離が存在した．確かに同盟
関係に安定性は取り戻したが，イスラム世界との和解や敵対勢力との対話進展
に大統領が強い指導力を発揮したり，具体的なビジョンを提示することはな
かった．中東民主化の動きに対しても，終始オーバーコミットメントを恐れ積
極的な関与を避け通した．中東和平問題では，イスラエルの入植地建設に反対
する等新たな姿勢も見せたが，イスラエルとパレスチナの直接対話は再開直後
に頓挫し，以後進展は得られなかった．

●対テロ戦争の終結努力

　同時多発テロ事件をきっかけにアメリカはイラクとアフガニスタンで戦争を始めたが，二つの戦争で米兵の死者は 6 千人を超えたにも拘わらず治安は安定せず，戦費も累計で 1 兆ドルに達した．米経済の回復が遅れるなか，財政難と米国内に広がる厭戦意識を憂慮したオバマ大統領は，対テロ戦争の縮小撤退を決意する．

　イラクについては，2010 年 8 月にイラクでの戦闘任務を終了し，11 年 12 月には全ての米兵のイラクからの撤退が完了，オバマは「イラク戦争の終結」を宣言した．一方アフガニスタンからの米軍撤退を可能とするには，タリバン掃討作戦で有利な戦況を作り出すことが必要と考えたオバマ大統領は，「出口戦略」として，大統領就任直後の 09 年 2 月に 1 万 7 千人の増派を決定，3 月にも 4 千人の追加派遣を発表し 2 万人以上の増派に踏み切った．12 月には米軍撤退計画（11 年 7 月〜）を初めて明らかにしたうえでさらに 3 万人の追加派兵を実施．その結果，ブッシュ政権末期（09 年 1 月）3 万 4 千人だった米軍の規模は，一挙に 3 倍の 10 万人に膨れあがった．

　アフガニスタン戦争の開始から 10 年目を迎えた 2011 年 5 月，米軍特殊部隊はパキスタンに潜伏中のウサマ・ビン・ラディンの殺害に成功する．「対テロ戦争の目的は達した」ことを強調したオバマ大統領は翌月，7 月から米軍撤退を開始し，治安権限をアフガニスタン政府に引き渡したうえで，14 年末（後に16 年末）までに全ての戦闘部隊を撤収させる考えを明らかにした．またオバマ大統領は，拷問や無期限の拘束等人権や法を無視し，単独行動主義の象徴でもあったグアンタナモ収容所や併設された軍事特別法廷の閉鎖を選挙公約に掲げ，大統領就任後は 1 年以内の閉鎖を命じた．だが移転先の調整が難航，また捕虜からビン・ラディン捜索に関わる重要証言を引き出す必要から，結局これら施設は存続された．

●核廃絶の取り組み

　さらに核廃絶に向けた努力を外交目標に掲げたオバマ大統領は，09 年 4 月，訪問先のプラハで演説し，「核兵器のない平和で安全な世界」をめざす決意を語るとともに，「アメリカは，核兵器を使用した唯一の核保有国として行動する道義的責任がある」とし，「冷戦思考に終止符を打つため，アメリカの安全保障戦略の中での核兵器の役割を減らし，同じ行動を他の国にも求める」と

語った．そして，核軍縮に消極的な前政権が反対した包括的核実験禁止条約（CTBT）[19] の批准作業促進やカットオフ条約（核兵器用核分裂物質の生産禁止をめざす条約）の成立に尽力すること，さらに国際的な核安全保障サミットを開催する意向を表明した．オバマ大統領には，テロリストへの拡散懸念があった．冷戦時代の相互核抑止論は，核保有国の間には通用してもテロリストには通用しない．地球上に多数の核兵器が存在する限り，それを手に入れ実際に使用することを企むテロリストの危険は解消しないからだ．2010 年 4 月，核保有国を含む世界 47 か国首脳がワシントンに集い，「核安全保障サミット」が開催された．核テロを国際安全保障の脅威と位置づけること，4 年以内に核物質の管理体制を確立することなどを明記した共同声明が採択された．以後，同サミットは 2 年毎に開催され（12 年：ソウル，14 年：ハーグ，16 年：ワシントン），オランダ・ハーグの第 3 回サミットで，日本は研究用の高濃縮ウランとプルトニウムをアメリカに引き渡すことを表明している．

　テロリストへの拡散防止に加えて，② 大国間の核軍備管理の強化や ③ イランや北朝鮮の核開発阻止も重要な課題であった．②については，米露間では第 1 次戦略兵器削減条約（START1）が 09 年 12 月に失効したが，翌 10 年 4 月にオバマ大統領とメドヴェージェフ大統領の間で新核軍縮条約（新 START）が締結された（2011 年発効）．世界の核兵器の 9 割以上は米露 2 国が保有するが，同条約では 2018 年 2 月までに，米露が配備する戦略核弾頭数の上限を 1550 発，戦略核ミサイル（ICBM，SLBM）や戦略爆撃機といった運搬手段総数の上限を 700（未配備も含めた総数は 800）とするほか，互いの配備状況を査察することなどが定められた．その一方，イランや北朝鮮の核開発阻止は果たせず，核廃絶の成果は限定的なものに終わった．アメリカの CTBT 批准も未だに実現していない．「核なき世界」の実現を目標に掲げたオバマ大統領に，09 年のノーベル平和賞が授与された．

●アジア太平洋への回帰：対テロから対中シフトへ

　中国を「戦略的競争相手」と呼び，ブッシュ政権は安全保障面で警戒感を緩めなかったが，08 年の大統領選挙でオバマ候補は中国を「敵でも友人でもない競争相手」と呼んだ．後に国務長官に就任するクリントン候補も中国を「最も重要な二国間関係」と位置づけるなどオバマ政権は中国に対し冷静で協調的な立場を示した．政権発足後は前政権が立ち上げた「米中戦略経済対話」をより

包括的な協議の場（「米中戦略・経済対話」）へと格上げし，09 年 7 月にその初回
会合が開かれた．しかし対話重視のオバマ政権に対し，経済や軍事等あらゆる
分野で中国の頑なな姿勢が目立つようになる．2010 年の ASEAN 地域フォー
ラムでは，南シナ海の領有権を巡る中国とフィリピン，ベトナムの対立を背景
にクリントン国務長官が「南シナ海の航行の自由は米国の国益」と発言，中国
の楊外相がこれに猛然と反発したのは両国関係の転機を象徴する出来事であっ
た．

　中国の攻勢的な海洋進出や軍備の増強を警戒するオバマ政権は，対テロ戦争
後の安全保障の重点をアジア太平洋に移す方針を打ち出した．オバマ大統領自
身もアメリカは「アジア太平洋でのプレゼンスを最優先させる」と宣言，11 年
11 月にはオーストラリア北部への海兵隊駐留を発表した．グアムの戦略拠点
化やインド，フィリピン，ベトナム，ミャンマーとの関係強化に乗り出すとと
もに，中国の A2/AD 戦略に対抗し，統合エアシーバトル構想の具体化を急い
だ．北朝鮮政策では，あくまで交渉による問題解決を基本とし，また北の恫喝
や挑発行動には安易に譲歩しない姿勢を堅持したが，6 者協議は開催できず，
金正恩体制になっても問題解決の糸口は摑めなかった．

●内政：医療保険制度改革

　オバマ政権が直面した最大の課題は，08 年 9 月に起きた証券大手リーマン
ブラザーズの破綻が引き金となった経済危機への対応であった．オバマが対テ
ロ戦争の終結を急いだのは，軍事費の増大がアメリカ経済の再生を妨げる大き
な要因となっていたためでもある．選挙期間中，雇用創出と環境・エネルギー
政策を結びつけたグリーンニューディール政策を公約に掲げたオバマは，就任
後最初の施政方針演説で，再生可能エネルギーの開発に年間 1500 億ドルを投
資（10 年間）し 500 万人の雇用創出をめざすこと等の方針を示した．そしてそ
れらを内容とする総額 7870 億ドルの大型景気対策法案を成立させる（09 年 2
月）等積極的な財政出動に踏み切り，中所得者への減税や金融規制強化等の課
題にも取り組んだ．しかし景気や雇用の回復には容易に結びつかず，失業率は
高止まりで推移し，製造業の衰退に伴うミドルクラスの崩壊で生じた経済格差
の拡大（貧困層の増大）・固定化が深刻な社会問題となった．

　そうした背景もあり，オバマは医療保険制度改革を内政の最重要課題と位置
づけ，2010 年には医療保険への加入を義務付けるオバマケア制度を実現させた．

アメリカの医療保険は国民皆保険ではなく，公的保険制度は高齢者向け（メディケア）と低所得者層向け（メディケイド）のみで，残りは民間保険会社に委ねられていた．そのため無保険者が人口の15％に当たる4600万人にも上っている．オバマ政権の施策はこうした無保険層の救済を目指すものである．もっともアメリカでは，公的保険制度は市場への過剰な介入であり，保険サービスの内容を市民が自由に選べる権利を制約するとの批判も根強く，共和党はその実施に抵抗した．また保険加入の義務付けは合衆国憲法に違反すると，共和党系知事（全米20州）が改革無効を求める訴訟を最高裁に提起している．

　2010年の中間選挙では，民主党は上院では議席を減らしたが過半数は維持した．だが下院で歴史的大敗を喫し，共和党が4年ぶりに多数派となった．共和党を押し上げたのは，「小さい政府」を掲げる保守系草の根運動「ティーパーティ」の勢力拡大であり，中高年白人層のオバマ政権に対する不満の受け皿となった．景気や雇用情勢改善の遅れが民主党の敗因であったが，議会共和党とオバマ政権との激しい対立も問題となった．必ずしも全国民の総意とはいえない医療保険制度の改革を優先したオバマは，法案成立に際し議会共和党との対立姿勢を貫き，超党派での合意形成のための指導力発揮に欠けた．以後，議会共和党の激しい抵抗を招き，各種政策の実現が阻まれてしまった．

●熱気の失せた大統領再選

　大統領就任前，オバマが国政に関与したのは僅か3年余りに過ぎず，しかも外交問題は未経験であった．その4年間の事跡を総括すれば，同盟国との関係改善や対テロ戦争の幕引き役を果たしたが，政権発足当初軍縮問題に見せた積極姿勢も米露軍縮（新START）を除いて後が続かず，中東和平やイラン・北朝鮮の核開発問題はいずれも進展なく，アラブの春でもイニシアティブを発揮しなかった．

　そのような状況の中で2012年の大統領選挙を迎えたが，選挙では景気回復と所得格差拡大の是正が争点になった．再選を目指すオバマ大統領は中間所得層の減税，富裕層の増税等「公平な経済」の実現を公約に掲げ，共和党穏健派のロムニー候補に勝利した．しかし4年前の大統領選当時の熱気，熱狂は完全に消え失せ，獲得選挙人数ではロムニーに大差をつけたものの得票率はわずか2％の僅差であった．選挙戦終盤に景気回復の兆しが見え始めたことや有力な対抗馬の不在，それに移民票に支えられての辛勝であった．WASPの影響力が

後退し，ヒスパニック等非白人の声が社会や政治を大きく左右することが12年の選挙で示された．

5　第2期オバマ政権：Gゼロ世界と高まる衰退論議

●消極的関与の中東政策

オバマ大統領は，米国内での厭戦世論の強まりや国際問題に対する消極姿勢を考慮し，2期目に於いても米軍による海外での本格的な軍事行動を極力回避するという基本方針を維持した．2013年9月，オバマ大統領はテレビ演説の中で「アメリカはもはや世界の警察官では無い」と述べた．対外問題への関与や同盟国へのコミットメントの縮小を公言するようなこの言葉は，オバマ外交の特徴を物語ると同時に，アメリカの影響力の後退を自ら認めるものであった．国際問題の解決に対するアメリカの消極姿勢が明らかになるに伴い，中東やウクライナ，アジア等各地の情勢は流動不安定化し，世界は混迷と緊張の度合いを高めていった．

まず南アジアでは，アフガニスタン及びパキスタン北西部での対タリバン掃討作戦でオバマ政権は，人的被害を軽減するためCIA主導による無人機での爆撃作戦を強化させつつ，米地上部隊の撤退を進めた．しかし，誤爆や民間人殺害問題が表面化．またタリバンの復活を食い止められず，14年12月に米軍等の戦闘任務は完了させたが，16年末に先延ばしした全面撤退は断念せざるを得なくなった．

中東では，2011年のリビア内戦ではカダフィ政権に対する空爆作戦に米軍も参加したが，英国などNATO軍の一翼を担う形での限定的な関与に留めた．また11年3月に騒乱状態となり，同年秋には内戦が本格化したシリアに関しても，オバマ大統領は消極的な姿勢を貫いた．オバマ政権は自国民の虐殺を続けるアサド政権の退陣を要求したが，ロシアの拒否権行使で国連安保理の決議が出せないことや海外での軍事介入に対する国内世論の反発の強さを顧慮し，シリア内戦に対しては不介入の方針を堅持した．直接的な軍事介入ばかりでなく，反政府軍に対する軍事支援にもオバマ大統領は消極的だった．12年夏の段階で，クリントン国務長官やペトレアスCIA長官などは反政府軍への兵器供与を容認する考えであったが，オバマ大統領はこれを却下した．当時シリアではアルカイダ系のヌスラ戦線（現シリア征服戦線）が急速に台頭してきたことも

あり，兵器が彼らの手に渡ることを危惧したからだ．だがアメリカが早い段階でシリア内戦の収束に向けて強いイニシアティブを取らなかったことが，事態を悪化させる原因となった．

　さらにオバマ大統領は，アサド政権の化学兵器使用問題でも失態を演じた．オバマ大統領はシリア内戦が発生して以降，米単独での軍事介入は一貫して否定してきたが，唯一アサド政権に警告していたのが「大量破壊兵器の使用」であった．オバマ大統領は 2012 年夏の段階でアサド政権に対し，大量破壊兵器使用を「レッドライン（越えてはならない一線）」と明言し，それが行われたら必ず介入すると断言していた．大量破壊兵器の使用を黙認すれば，今後地域紛争での大量破壊兵器の使用に歯止めがかからなくなるとの判断からである．ところが 13 年秋，アサド政権はこの警告を無視してサリンを使用していたことが明らかになった．オバマ大統領は公言どおり，アサド政権に懲罰的打撃を与えるための米軍による爆撃作戦の準備に着手した．しかし，米国内の世論や議会から反対論が寄せられ，また行動を共にするとしていた英国のキャメロン政権も議会の反対に遭って軍事介入を断念する．

　こうした状況を前にオバマ大統領は軍事介入に躊躇し，議会の反対を口実に介入中止に姿勢を転じた．折からロシアのプーチン大統領がアサド政権の化学兵器廃棄構想を提案し，アサド政権が応じたことから，オバマ大統領もロシア提案の支持に回った．こうして焦点はアサド政権の存否から化学兵器廃棄の問題にすり替えられた．以後，土壇場で介入を取り止めたアメリカに代わり，ロシアがシリア問題の主導権を握る．そして化学兵器を廃棄したことでアサド政権の正統性が担保され，その打倒は難しくなってしまった．オバマの判断ミスがアサド政権を生き延びさせ，その勢いを盛り返させてしまったのだ．

　オバマ大統領の一連の消極的な対応の結果，アメリカの国際政治における影響力や同盟国へのコミットメントに対する信憑性は大きく揺らいだ．また内戦を放置し続けたことでシリアの情勢はさらに悪化し，結果的にイスラム国の台頭を許すことにもなった．イスラムの各過激派はアメリカや西欧諸国を敵視しており，その台頭を許せば対欧米テロの温床になることは明らかであった．それにも拘わらずオバマ大統領は，対外軍事関与を厭う国内世論にいわば迎合した対応と，シリアや中東問題がアメリカや世界の安全保障に差し迫った脅威ではないとの誤判断から事態を放置したのである．その結果，中東情勢はさらに混迷を深めることになった．

●イラク限定空爆とイスラム国掃討作戦

オバマ大統領がシリア情勢に強い危機感を覚えたのは，2013年夏頃からシリアでの活動を活発化させた「イラクとジャームのイスラム国（ISIS）」が2014年に入り勢力を増し，シリア北部と東部での支配地を大きく広げた時だった．オバマ政権が迅速にシリア問題に対処しなかったため内戦が泥沼化し，イスラム過激派の台頭を誘引したことが明らかになったのだ．ここに至って初めて，オバマ政権もISISを放置できないと判断，増え続けるシリア難民の問題を解決するためにもISIS打倒へと動き始める．

オバマ政権はISISに対抗するためシリア反政府組織への支援に乗り出し，ヨルダン北部にCIAや軍特殊部隊を派遣し，自由シリア軍系兵士への本格的な訓練を始めるとともに，対戦車ミサイルTOWの供与も開始した．しかし，ISISに対する過小評価から，支援は限定的だった．また反政府組織の戦力は主にシリア南部の戦線に投入されたため，アサド政権軍には打撃を与えたが，北部や東部でのISISとの戦闘では，反政府組織間の連携の拙さも加わり効果に乏しく，ISISのシリアでの勢力拡大を阻止できなかった．

他方，勢いに乗るISISは，2013年末頃からイラク西部でも活動を活発化させ，14年1月の蜂起でアンバル県の広い範囲を制圧する．イラクのマリキ政権は同年5月，アメリカに対しISISに対する攻撃を要請したが，完全撤退を果たしたイラクに再び軍事介入することは世論の支持を得られないとしてオバマ大統領は応じなかった．そのオバマ政権を驚愕させたのが，14年6月10日のモスル陥落と，それに続くISIS（直後にイスラム国に改称）のバグダッドおよびアルビル近郊への進撃だった．慌てたオバマ大統領は，空爆実施に方針を転換する．14年8月8日，米軍による空爆が開始されたが，それは湾岸戦争やイラク戦争などとは比較にならない小規模なものにとどまった．米軍の関与は空爆が中心で，地上戦においてイスラム国を撃退するのは，イラク政府軍やシーア派民兵，クルド人が組織するペシュメルガの役割とされた．しかし，こうした戦力だけではイスラム国を打ち負かすことはできず，戦況は一進一退の状況が続いた．

●有志連合とのシリア空爆

米軍の空爆に対抗するため，イスラム国は空爆の標的になりやすい戦車や野砲などの重火器をシリアに移送するとともに，部隊の一部もシリアに転戦させた．イラク政府軍から鹵獲した武器等で戦力が強化されたシリアのイスラム国

は，その後，シリアでの活動をさらに活発化させ，シリアの北部，東部を支配し，文字通りイスラム国が出現する恐れが現実のものとなりつつあった．

　いまやイラクでの限定空爆だけでイスラム国を倒せないことは明らかであった．さりとて，シリア内戦への軍事介入は，アサド政権が要請してこないし，アサド政権を支持するロシアの拒否権行使のため，国連安保理の決議が出ることも望めない．アメリカの世論も介入に消極的だ．オバマ大統領がシリアへの介入を躊躇するなか，14年8月と9月にイスラム国がアメリカ人ジャーナリストの斬首処刑画像を公開し，イスラム国批判の米世論が強まった．オバマ大統領はこのジャーナリスト処刑をアメリカへのテロ攻撃と見なし，自衛権の行使を名目にシリアへの軍事介入を決意する．ただ，イラクへの軍事介入に加わっている欧州諸国がシリア介入には消極的なため，アメリカはサウジアラビア，カタール，UAE，バーレーン，ヨルダン5か国との有志連合という枠組みの下で，14年9月にシリア空爆を開始した．その後，15年にロシアが参戦，次いでパリ同時多発テロ事件を受けて仏独英などヨーロッパ諸国も有志連合に加わるようになったが，地上部隊の投入は無く，イラクと同様，シリアでも戦局は膠着状況が続いた．

　イラクからの米軍撤退がイラク国内の宗派対立を増幅させ，イスラム国に力を与えた．またシリア内戦への介入の遅れがイスラム国をさらに増大させた．米軍部の意見を容れてイラクからの米軍撤退の時期を慎重に考慮し，逆に閣僚らの具申を受けてより早い段階からシリア内戦に関与しイスラム国の増殖阻止に手を打っておけば，ここまで中東情勢は混迷しなかったであろう．パレスチナ問題にも指導力は発揮されず，和平交渉は2014年に決裂したままだ．アメリカの中東における影響力の低下を前にして，イスラエルはイランの核開発を独自に阻止する動きを見せ，スンニ派の大国サウジアラビアはシーア派勢力の拡大を防ぐため各地域のスンニ派武装勢力を支援，梃子入れし，イエメンには自らの軍隊を投入するなど各国は自律的な動きを強めはじめ，中東の紛争と対立の構図は一層複雑危険化することになった．

●悪化する米露関係，抑えの効かない対中関係

　国際問題に対するオバマ政権の腰の引けた対応ぶりを見透かしたプーチン大統領は，ウクライナ問題で強硬な姿勢を示し，アメリカはじめ国際社会の強い非難にも拘わらずクリミアをロシアに併合した．またウクライナ東部も親露派

武装勢力の支配下に置かれている. ジョージア領であった南オセチアとアブハジアに続きウクライナも取り込み, 旧ソ連圏の一角を次々とロシアの勢力圏に吸収していくプーチン政権の動きを, アメリカは抑えることができなかった. シリア問題でも, オバマ政権はアサド政権を支援するプーチン大統領に主導権を奪われ, アサド政権の打倒も内戦の鎮静化にも失敗した. ロシアの強圧的な姿勢を厳しく批判したオバマ政権は対露経済制裁を発動したが, これにロシアが強く反発, 軍事力の強化や中国接近の動きを強め, さらにはサイバー攻撃によってクリントン大統領候補のメールを流出させ米大統領選挙にも介入するなど冷戦の再来のような状況へと米露関係は悪化した.

　対中関係でも, 影響力を落としたアメリカの劣位が目立った. 中国の台頭に備えるべく, アジアへのリバランス政策を打ち出したオバマ政権だが, 南シナ海における防空識別圏の設定や南シナ海島嶼の占拠など中国の攻勢的な行動は収まらず, その膨張を押さえ込むことは出来なかった. 米海軍は2005年末以降, 数回にわたり, 中国が実効支配を続ける西沙（パラセル）諸島や南沙（スプラトリー）諸島の海域にイージス型駆逐艦を派遣するなど中国の無人島占拠やその基地化を牽制したが, 中国による人工島の建設や軍事基地化の動きはいまも続いている.

　またオバマ政権は北朝鮮に対し, 核開発放棄の姿勢を見せない限り一切の交渉にも挑発にも応じないとの「戦略的忍耐」の政策を維持したが, イランに比べ同政権の北朝鮮問題に対する関心は低く, 核ミサイル脅威の除去に本格的に動こうとはしなかった. そのため, オバマ大統領の任期中, 北朝鮮の核開発阻止を協議する6者協議は一度も開かれず, その間, 北朝鮮は核実験やミサイルの発射を再三強行し, 米本土に到達できる核弾頭搭載ミサイルの保有が現実の脅威となった.

●安全保障政策

　オバマ政権が2010年に発表したアメリカの軍事・外交政策の指針となる「国家安全保障戦略」（NSS）では, 国際問題に対する外交的な関与を重視することを強調し, ブッシュ前政権の一国主義から国際協調主義へ転換する方針が示された. 15年に発表された政権で二度目となる「国家安全保障戦略」でも, 軍事力行使を抑制する必要性を説いた. 新たに盛り込まれたイスラム国の脅威に対しても, アメリカが主導して掃討作戦を進める決意を示したものの, 「米国

の力には限界がある」と認め，アメリカ単独の軍事行動ではなく，同盟・友好国との連携を重視してテロ掃討にあたる方針を強調した．

　アジア政策については，「アメリカは引き続き太平洋地域の大国であ」るとし，アジア重視政策を進める考えを改めて示し，日米同盟の強化等アジア太平洋地域のリバランス（再均衡）を政策の重点項目に挙げた．中国に対しては，軍事力の拡大や攻勢的な姿勢に警戒感をにじませながらも，一方で，「米国は平和で繁栄する中国の台頭を歓迎する」とし，対決姿勢を抑えたものとなった．このNSS を受けて作成される「4 年毎の国防計画見直し（QDR）」をみると，10 年 2月に発表された QDR では，2 地域の紛争に備える二正面作戦の見直しが示された．次いで 14 年 3 月の QDR では，アジア太平洋に戦略の重心を移す「リバランス（再均衡）」政策の継続を表明．中国の海洋進出を念頭に 2020 年までに太平洋に配備する米海軍艦船の割合を現在の 50％から 60％に引き上げる方針を示した．

　また 14 年 11 月にヘーゲル国防長官は，「国防イノベーション構想」を発表，中露の軍備強化が米軍事力への明白な挑戦となっていることに警鐘を鳴らし，「第 3 の相殺（オフセット）戦略」と総称する全省的な改革の必要性を訴えた．同戦略は，米軍に対する接近阻止・領域拒否（A2/AD）が拡大する戦略環境の下，通常戦力による抑止力強化によって米軍の作戦アクセスを確保するため，無人機や無人潜水艦，レールガン，敵の戦闘管理ネットワークを無力化するシステム等先端軍事技術の優位性を維持するとともに，人間と機械の協同及び戦闘チーム化を重視するものである．一方，今後 5 〜10 年の核政策の指針となる「核態勢見直し（NPR）」（10 年 4 月）では，核テロリズムや核拡散が切迫した脅威になっていると指摘，また中露との戦略的安定性確保の重要性に触れたほか，核兵器の役割低減をうたうプラハ演説を踏まえ，NPT を遵守する非核保有国には核の攻撃や脅しをかけない方針（消極的安全保障）を初めて示し，新たな核弾頭の開発をしないことも明記された．

　ところで，新核軍縮条約の調印に際し，アメリカのミサイル防衛システムを警戒するロシアは「MD が強化されれば条約脱退の根拠になる」との声明を発表した．ロシアの反対を考慮したオバマ政権は，前政権の欧州ミサイル防衛システム計画を見直し（09 年 9 月），脅威の対象をイランの ICBM から短・中距離ミサイルに改めるとともに，移動式迎撃ミサイルを段階的に配備するものとした．

56

● "核兵器のない世界" は遠く

2期8年にわたるオバマ政権を振り返れば，就任当時高い理想を掲げ，国内外から大きな期待が寄せられたが，それに見合うだけの功績を挙げることは出来なかった．外交では，アラブの春とその後の中東北アフリカ諸国における内戦や政治的混乱の回避，民主化支援に指導力を発揮せず，逆にイラクからの米軍撤退とその後のイラク，シリア問題への消去姿勢からイスラム国の台頭跳梁を許した．イランの核開発には一定の歯止めをかけたが，それに伴いスンニ派の大国サウジアラビアやイスラエルとの関係は冷え込むなどアメリカの中東における影響力を大きく後退させ，入れ替わるようにロシアがアサド政権との緊密な関係を梃子にこの地域で存在感を高めることに成功した．対露関係ではクリミア併合，ウクライナ東部への介入を阻止出来ず，アジアでは南シナ海や東シナ海で領土的野心を露わにした中国の覇権膨張的行動を抑制することにも失敗した．

アメリカの影響力の低下が指摘されるなか，軍事力を行使しても地域の安定を確保しようとする姿勢が窺えず，国際紛争から距離を置くことが多かったオバマ政権の非関与の姿勢は，アメリカの提供する核の傘の信憑性や対外コミットメントへの不安・不信感を同盟国に生み出した．さらに，オバマ大統領が就任当初に掲げた"核兵器のない世界"の実現も程遠いのが現状だ．世界にはなお1万6千発近い核弾頭が存在し，このうち9割以上を米露の2か国が保有している．核廃絶を進めるには，何より両核大国が率先して核軍縮を進める必要がある．オバマ大統領は2013年，戦略核弾頭の配備上限をさらに1/3削減して千発程度にするようロシアに提案し，同時に射程が短い戦術核の削減も協議したいと呼びかけた．しかし，プーチン大統領はアメリカが欧州で配備を進めるミサイル防衛（MD）計画に強く反発し，新たな交渉に応じなかった．さらにウクライナ危機後は米露関係そのものが大きく冷え込み，核軍縮どころではなくなってしまった．

一方，オバマ政権はイランの核開発に歯止めをかけることにはひとまず成功したが，北朝鮮の核・ミサイル開発を抑えることは出来ず，アメリカのCTBT批准も未だに実現していない．任期も残り僅かとなった2016年，オバマは自ら歴史的な広島訪問を行ったほか，アメリカの核兵器先制不使用を宣言しようとした．しかし同盟諸国だけでなく政権内部からも反発が強く，核実験の自制を求める安保理決議の採択でお茶を濁した．オバマにとってはいずれも「核兵

器なき世界」に向けた決意表明であり，自らの政権の存在証明ではあったが，政治的デモンストレーション以上の効果は得られなかった．皮肉にも，雄弁に語りかける抜群の能力を持つ大統領でありながら，消極的で守りの外交姿勢に終始したオバマは，アメリカが世界で果たすべき役割について積極的で肯定的なビジョンを示せず，またアメリカが世界のために行動できる能力があることも証明できなかった．

6　トランプ大統領とアメリカ政治の行方

●よもやのヒラリー・クリントン敗北

オバマ政権8年の後を受けて，民主党では前国務長官で女性初の大統領をめざすヒラリー・クリントンとアメリカでは珍しい社会主義者のバーニー・サンダースが2016年の大統領選挙に名乗りを上げた．当初ヒラリーの楽勝かと思われたが，貧困層対策を訴え続けたサンダースが若者の熱烈な支持をバックに肉薄し，最後までヒラリーを脅かし続けた．

　苦戦の末7月の党大会で何とか民主党の大統領候補に選ばれたヒラリー・ローダム・クリントンは，1947年10月26日，イリノイ州シカゴで，衣料品店を営むヒュー・ローダムとドロシー・ローダム夫妻の間に生まれた[21]．早くから政治に関心を持ち，1964年の大統領選挙では共和党のバリー・ゴールドウォーター候補の応援活動に参画．メイン南高校を卒業後，1965年にマサチューセッツ州の名門女子大であるウェルズリー大学に入学．大学でも当初は共和党を支持し，ニューヨーク州知事ネルソン・ロックフェラーの下で働くなど共和党と関わりを持つ一方，1968年の大統領予備選挙ではベトナム戦争への介入に反対する民主党のユージン・マッカーシー候補を支持している．同大学を優秀な成績で卒業，卒業生総代として批判的なスピーチを行い話題となった．

　1969年，ヒラリーはエール大学のロー・スクールに進み，そこで後に大統領となるビル・クリントンと出会う．1972年の大統領選では，ビルが参加していた民主党のジョージ・マクガヴァン大統領候補の選挙運動に加わった．1973年にロースクールを卒業，翌年には下院司法委員会によるニクソン大統領の弾劾調査団に参加している．調査団解散後はビルのいるアーカンソー州に移り1975年に彼と結婚．1978年にビルが32歳の若さでアーカンソー州知事に当選

するとアーカンソー州のファーストレディ（1983～92 年）となるが，弁護士とし
ての活動も続けた．

　夫のビルが大統領に当選すると，ヒラリーは翌 1993 年から 8 年間，アメリ
カ合衆国のファーストレディとなった（1993～2001 年）．ビルから医療保険改革
問題特別専門委員会の委員長に任命され，国民皆保険の実現を目指し健康保険
制度の導入をめざすが，民主党内の支持も得られず挫折．ビルはヒラリーとの
コンビを「ひとつ分のお値段で，ふたつ分のお買い得」と宣伝するなど彼女を
自身の「最大のアドバイザー」と位置づけたが，政治に口出しするファースト
レディとして，「共同大統領（co-President）」や「ビラリー（Billary）」等と揶揄批
判もされた．2001 年にニューヨーク州初の女性上院議員となり，06 年に再選．
2 年後の 2008 年には民主党候補として大統領予備選挙に出馬した．

　当初は高い知名度と人気で他の候補を圧倒していたが，2008 年 1 月にアイ
オワ州で行われた民主党予備選の開幕戦ではオバマとエドワーズに敗れ 3 番手
に終わった．その後ニューハンプシャー州で行われた予備選挙ではオバマ候補
に僅差ながら勝利し，復活の兆しを見せるが，スーパー・チューズデー後は次
第にオバマ陣営の勢いに押されて劣勢となった．撤退を拒否したヒラリーは最
後まで選挙戦を続けるが，結局 8 月の民主党大会で敗北を認め，オバマ支持を
表明した．

　2009 年の第 1 期オバマ政権発足に伴い国務長官に就任，世界各地を飛び回
りそつなく職務をこなしたが，アフガニスタン・パキスタン問題ではリチャー
ド・ホルブルック，中東和平ではジョージ・ミッチェルと，困難な案件は外交
に精通したベテランが大統領と直接協議できる特別代表や特使に任命されたこ
ともあり，ヒラリーが外交政策の策定で強い指導力を発揮することはなかった．
2012 年 9 月，リビアのベンガジにあったアメリカ領事館で，クリストファー・
スティーブンス駐リビア大使ら国務省および CIA の職員 4 人が武装勢力に
よって殺害されたが，この事件に関し，当時国務長官として在外公館の安全確
保に責任を負っていた彼女の過失責任が共和党から追及された．下院特別委員
会が 2016 年 6 月に発表した最終報告書では，米政府の対応のまずさが指摘さ
れたが，ヒラリーの決定的過失となる証拠は示せなかった．また国務長官在任
中，規則に違反して職務に関するメールでのやり取りを，政府公用のメールア
ドレスを用いず私用アドレスで送受信していたことが発覚．「不注意だったが
違法性はない」として FBI は刑事訴追を見送ったが，情報管理の甘さには大統

領としての適任性を疑う声が上がった．2013 年に国務省を去ると，2015 年 4 月に二度目の大統領選挙出馬を表明し，7 月の党大会で民主党の大統領候補に選ばれた．ヒラリーの公約これまでの経歴と実績を強調，女性の社会進出を阻む "ガラスの天井" を打ち破ると主張した．

　一方，共和党では，当初本命と見做されていたジェブ・ブッシュ候補が早々と脱落し混戦となり，テッド・クルーズやマルコ・ルビオ等有力視された他の候補者の支持も伸び悩む中，誰も予想しなかった実業家のトランプ候補に人気が集中した．共和党の大統領候補となったドナルド・トランプは，イスラム教徒の入国禁止，麻薬や不法移民排除のためメキシコとの国境に壁を作る，日本の安保ただ乗りを批判する等同盟国は応分の負担をすべきだと述べ，日本や韓国の核武装も容認する考えを示した．また日本や中国の経済活動を批判，外国に奪われた労働機会をアメリカに取り戻そうと訴え，アメリカ人労働者への雇用機会の回復や大幅減税，TPP からの離脱等保護貿易主義を唱えた．さらにオバマケアの廃止やパリ協定からの離脱，イラン核合意の見直しなどを公約に掲げ，オバマ政権 8 年の政治的遺産（レガシー）をことごとく否定した．トランプは人種差別や人権侵害，女性蔑視の発言を連発，彼の事実関係を無視した暴言や極論をメディアが強く批判し，大統領に相応しくない人物として共和党の大統領経験者や有力議員からも支援を拒否され苦しい戦いを強いられた．

　そのため世論調査や事前の選挙予測では，終始クリントンの優勢が伝えられた．だが選挙戦終盤，同時多発テロ追悼式典でクリントンが体調不良を訴えて途中退席し，俄に健康不安が高まった．また私用メール問題で FBI が捜査の再開を公表したことで潮目が代わってしまった．トランプが猛迫する中，11 月 8 日の大統領選挙は，過半数（270）を大きく上回る 306 人の代議員を獲得したトランプが事前の予想を覆し勝利した．よもやの敗北を喫したクリントンは，都市部のホワイトカラーやインテリ層，それに黒人の支持を取り付けたが，ともすれば "上から目線" になりがちで，庶民的なイメージに欠けていた．大企業からの献金寄付や労働組合からの組織的支援を受けているクリントンは，リベラルを唱えながらも大衆からは既存の支配階層の代弁者と見做された．またホワイトウォーター事件等過去の疑惑やメール問題に加え，国務長官として自らが TPP を積極的に推進しながら，選挙対策上必要とあらば手のひらを返して廃止を平然と主張するヒラリーの行動が，信用の出来ない人物との印象を大衆に与えてしまったのだ．女性初の大統領に野心と執念をたぎらせながら，08 年

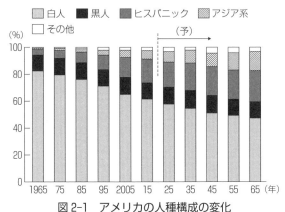

図2-1 アメリカの人種構成の変化
(出所) 米ビュー・リサーチ・センター.

に続きまたもヒラリー・クリントンは"ガラスの天井"を突き破ることが出来なかった.

　一方, 不況や移民に職を奪われた白人労働者のオバマ政権への不満や, ヒスパニックの増大により WASP 中心だったアメリカの国柄が代わってしまうことへの白人層の不安と反発の気持ちを代弁してくれる人物として, トランプが選ばれたといえる. ヒラリーはオバマ政権の"継承"を説いたが, ポリティカルコレクトネスは行き過ぎだと受けとめている白人の富裕層や労働者階級の多くは, ヒスパニック等を優遇し主流派の WASP に冷たいオバマの政治にうんざりしており, メディアの批判に曝される変人ながらも"変革"を叫ぶトランプに票を投じた. ヒラリー・クリントンが訴えたオバマ政治の継続よりも, 白人中心の古き良きアメリカへの回帰をめざす変革を, 米市民は選んだのである[22]. SNS を活かしたトランプの選挙戦術も功を奏した. ヒラリーのように潤沢な資金を選挙に投じられなかったトランプは, 過激な発言に大手メディアが反応してくれることで無料の宣伝効果を獲得, さらに自身のツイッターなどで一層過激な本音トークとメディア批判を繰返すことで, 本来は富裕層に属しながら, エスタブリッシュメントに反発する庶民と同じ側に立つ候補者として多くの賛同者を集めることに成功した. メディアが彼を叩けば叩くほど, 既存メディアよりも本音が出やすいソーシャルメディアを駆使し, エリート主義に対抗するポピュリズム(大衆迎合主義)を味方に取り込んでいったのである.

● トランプのプロフィール

　ドナルド・ジョン・トランプは，ドイツ系移民の父親フレッド・トランプと
スコットランド系移民の母親メアリーの5人兄妹の次男として1946年6月14
日，ニューヨークのクイーンズで生まれた．父親はクイーンズやブルックリン
で中流世帯向けの集合住宅を扱う不動産事業を手がけていた．厳格な父親から
勤労の精神と富の力を教え込まれたが，生活は裕福であった．13歳の時，軍隊
式教育の学校に入学させられ，フォーダム大学を経て不動産学科のあるペンシ
ルバニア大学ウォートン校（ビジネススクール）を1968年に卒業，トランプはペ
ンシルベニア大学在学中から，父フレッドの経営する不動産会社を手伝い，卒
業と同時に正式な社員になっている．

　不動産事業を父親から引き継いだトランプは待望のマンハッタンに進出，老
朽化したコモドアホテルを買い取りグランドハイアットホテルとして開業，大
成功を収める（76年）．またターミナル駅周辺の地域開発を手がけたほか，1983
年にはマンハッタンにトランプタワーを建設，88年には名門プラザホテルを
買収し，不動産王の異名を取る．トランプは，ホテル，カジノ，ゴルフコース
等建設した不動産の多くに自らの名前を冠するようになる．80年代末から90
年代にかけて，民間航空会社トランプシャトルの創業やカジノに手を伸ばすが，
不動産ブームの終焉と豪華すぎたカジノ経営が祟り90億ドルとも言われる多
額の債務を背負い，破綻の危機に追い込まれた．しかし，資産の切り売りなど
で苦境を凌ぎ復活，また2004年にはテレビ番組アプレンティスのホスト役と
してメディアに登場，「おまえはクビだ」のセリフは流行語となった．メディ
アを利用して安上がりな宣伝効果を得るスタイルはこの頃身に付いたと言われ
ている．

　トランプは早くも1980年代半ば，周囲に「いつか大統領になる」と政界進
出の夢を語っており，2000年には共和党から改革党に鞍替えし大統領選に出
馬するが敗退，翌年民主党に参加．2011年には無所属になり大統領選に備えた
が結局不出馬．その後共和党に戻り，2015年6月16日，2016年の大統領選挙
に共和党から出馬することを発表した．格差の拡大や移民の増大による白人と
非白人の対立等アメリカが二つに揺れる中，政治経験が一切ないトランプは逆
にそれを利用して既存政治の大胆な変革を訴えた．不況で中流階層から脱落し
た白人労働者階層にターゲットを絞ったトランプは，減税と保護主義経済によ
る雇用の拡大を約し，自国産業を保護し中国やメキシコから雇用を取り戻すと

主張した．また既得権益を握るワシントンエスタブリッシュメント等エリート層に対する彼らの反発やヒスパニック移民等非白人の増大に対する危惧を背景に，メキシコなど中南米からの不法移民が白人の雇用を奪い犯罪を持ち込んでいるとして，国境の壁建設など排他的な移民政策を公約に掲げ，大統領選挙に勝利した．就任時70歳のトランプは，歴代大統領の中で最高齢で，議員や知事など公職経験のない大統領としては，元軍人のアイゼンハワー以来であった．旧ユーゴスラビア（現スロベニア）出身の移民で，元モデルのメラニア夫人及び二人の前妻との間に5人の子供がいる．

●トランプ政権の政治と外交

　2017年1月，大統領に就任したトランプは，外交では「アメリカ第一主義」を掲げ，保護主義，排外主義的な政策を打ち出した．また国際協調や多国間主義を否定し，アメリカの国力を背景に指導者同士の二国間交渉で相手国から譲歩を迫るディール外交の手法を好んだ．政策決定のスタイルは，ホワイトハウスの中枢を大統領の長女やその夫，選挙戦以来のトランプ陣営の幹部などいわば身内で固める一方，大統領補佐官や国務・国防長官など政権の中枢に位置する幹部が次々に辞任，あるいは解任される事態が相次いだほか，各省庁の高級幹部の人選や議会の承認が大幅に遅れ，ともすればトランプ大統領個人の思い付きや専門家のアドバイスを無視した素人判断に傾斜し，安定した政権運営の実現が困難になった．さらに大統領選挙にロシア政府がサイバー攻撃で介入した問題で，トランプ陣営の幹部とロシアが密かに癒着していたのではないかとの疑惑が表面化し，大統領側近のフリン大統領補佐官が辞任に追い込まれた．またトランプ大統領が捜査に当たっていたFBIのコミー長官を解任，さらに捜査妨害をした疑いも浮上した（ロシアゲート事件）．捜査にあたったモラー特別検察官はトランプ陣営幹部を起訴したが，大統領自身の容疑は灰色に終わった．

　さてトランプ政権の主な政策を見ると，大統領就任直後の17年1月，環太平洋パートナーシップ（TPP）からの離脱を表明，また北米自由貿易協定（NAFTA）の見直しを求め，二国間で通商交渉を行う考えを示した．交渉の結果，自動車の課税撤廃などの条件を厳しくする保護主義的な条項を盛り込んだ新協定（USMCA）が成立（18年11月署名）．中国に対しては18年3月以降4次にわたり制裁関税を課し，米中貿易戦争を開始した．またイスラム諸国からの移民や難民の入国を一時禁じる大統領令に署名した．18年6月には，アメリカ経済を

縮小させるとして地球温暖化対策の国際ルールであるパリ協定から離脱を表明. さらにトランプ政権はユネスコや国連人権理事会からの脱退も表明し，自国中心主義を露わにした.

●安全保障政策

「強いアメリカの再生（Make America great again）」を公約に掲げたトランプ大統領は，2017 年 12 月に「国家安全保障戦略」を発表した. 中露をアメリカの国益や国際秩序に挑む「修正主義勢力」と断じ，「強国同士の競争が再び戻ってきた」との危機感を表明. 国防予算の拡大などを通じて「米軍の力を再建する」と明記した. また「関与政策によって信頼関係を築けるとの前提に基づいた過去 20 年の対中政策は見直しが必要」との認識を示した. 2018 年 2 月には中期的な核戦略の指針となる「核態勢見直し（NPR）」を発表し，過去 10 年間アメリカが核兵器の削減に努めてきたにも拘らず他の核保有国は数量を増大させ，核兵器の重要性を上げており「世界はかつてのような大国間競争の時代に戻った」とし，中露への対抗姿勢を示した. そして潜水艦発射弾道ミサイル（SLBM）用の新型の小型核兵器の開発に着手するとともに，核兵器使用の条件を緩和させ柔軟性を高める考えを示した. 破壊力の大きい核兵器だけでは使用が難しいため核抑止の信憑性低下を招くことを懸念し，報復可能性を高めることで抑止の維持を狙うものである.

次いで 18 年 5 月には，米英仏独立中露の 6 か国とイランが結んだ核合意からの離脱を表明し，合意によって解除していた経済制裁は猶予期間を経たのちすべて再発動された. さらに同年 10 月，旧ソ連との間で 1987 年に結んだ中距離核戦力（INF）全廃条約を破棄する方針を一方的に宣言した. ロシアが条約を順守していないこと，またこの条約に拘束されない中国がアジアで中距離核戦力を増強させていることに対処する必要が強まったためである.

アメリカの国防体制を強化する一方で，トランプ大統領は NATO 諸国や日本，韓国などの同盟国に対してはアメリカへの依存の高さを問題視し，国防費の増額や米製兵器の購入など負担の拡大を強く求めている. またトランプ大統領は，膨大な経費を必要とするとして，アフガニスタンや中東など海外に駐留する米軍の規模縮小に積極的である.

●高まる対中脅威認識

　トランプ大統領は，2016 年の大統領選挙戦当時から米中間の貿易不均衡や元の切り上げ問題などを取り上げ中国を為替操作国と痛罵するなどその経済政策を厳しく批判した．2018 年 3 月には，中国の鉄鋼やアルミニウム製品に関税を付加して輸入を規制．同年 7 ～ 9 月には，知的財産権の侵害等を理由に中国に対して 3 次にわたり制裁関税を課し，アメリカの中国からの輸入総額の約半分にあたる 2500 億ドルが対象とされた．

　当初トランプ大統領の中国に対する関心や発言が専ら経済問題に集中したことから，米中間の貿易不均衡が解消されれば両国の対立は改善に向かうとの誤解があった．しかし，それが浅薄な捉え方であることは，アメリカの支配層や政府全体の動きを眺めれば明らかである．例えば 18 年 8 月に成立した国防権限法は，中国について「軍の近代化や強引な投資を通じて，国際秩序を覆そうとしている」と指摘したうえで，国防費を過去 9 年間で最大とすることや外国の対米投資を安全保障の観点から制限すること，中国のリムパック（環太平洋合同軍事演習）への参加禁止，さらに台湾への武器供与を推進する方針などが盛り込まれた．

　注目すべきことは，この法案が議会超党派の圧倒的多数で可決されたことである．既に対中脅威問題はトランプ大統領の個人的な経済的関心の域を超えて，米支配層の共通認識となっている．政府も議会も中国の行動を深刻視し，もはや事態を黙認し続けることはできないと判断，経済に留まらず中国の行動全体がアメリカの安全保障に対する重大な脅威であり，習近平体制下の中国は〝アメリカの主敵〟であると結論付けたのである．

　トランプ政権の中国に対する対決姿勢を方向付けたのが，2017 年 12 月に策定された「国家安全保障戦略」である．国家安全保障戦略は，中国の自由主義化をもたらすとの信念に基づきこれまでアメリカは関与政策を採ってきたが，「我々の希望に反し，中国は他の主権国家を犠牲にその力を広げてきた」と指摘，クリミア半島を編入したロシアと並んで，中国を南シナ海の軍事拠点化を進めるなど戦後国際秩序の変更を試みる「修正主義勢力」と規定した．また「アメリカは不正や違反行為，経済的侵略を，これ以上看過しない」と述べ，中国が巨額の価値を持つ知的財産権を盗み取っていることを非難，一連の中国の行動は政治，経済，軍事などあらゆる面でアメリカと戦略的に競合するもので，その脅威に勝ち抜くためアメリカはその国力を結集させる必要があると強調して

いる.

　これを受け, 翌年 1 月に公表された「国家防衛戦略」では, アメリカの備えるべき脅威が"対テロ戦争"から中露との"大国間競争"に回帰したと述べ, 中でも最も警戒すべきはロシアではなく中国だと断定した. さらに経済的, 軍事的台頭を続ける中国は, 挙国一致の長期的戦略の下でそのパワーを拡大し続けており, インド太平洋地域の覇権を追求, アメリカに代わって将来におけるグローバルな卓越性 (global preeminence) を獲得しようと目論んでいると指摘するなど中国の脅威を強く打ち出した.

●ペンス演説の衝撃：米中対決の時代へ

　こうしたトランプ政権の対中脅威認識をより鮮明にさせたのが, マイク・ペンス副大統領が 2018 年 10 月 4 日にワシントンのハドソン研究所で行った対中政策に関する演説である. 40 分にわたる演説でペンス副大統領は, 具体的なエピソードを交え中国を痛烈に非難した. ペンス副大統領の中国批判は, 政治, 経済から軍事, 台湾や尖閣諸島, 南シナ海など西太平洋の安全保障問題, 中国の人権弾圧や"監視国家化の恐怖"まで実に多方面に及び, 中国がアメリカの内政に干渉し, 大統領を代えようとしているとまで痛罵した.

　それまでも米政府関係者や議員らが様々な場面で中国の政策を個別に批判することはあった. しかし, 極めて包括的な対中批判を, しかも副大統領という政権最高幹部が行うのは極めて異例な事態であった. 1946 年 3 月, 英国のチャーチル前首相はミズーリ州フルトンで,「いまやバルト海のシュテッティンからアドリア海のトリエステまで欧州大陸を横切る鉄のカーテンが降ろされた」と演説し, 米ソ冷戦の幕開けを宣した. ペンス演説は, この「鉄のカーテン」演説を彷彿させるもので, まさに来るべき「米中戦争」の幕明けを世界に告げるものとなった.

　ペンス演説が"米中戦争"時代の幕開け宣言とすれば, アメリカの中国敵視政策が本気であることを内外に知らしめたのが, 18 年 12 月のカナダによる中国通信機器大手ファーウェイ (華為技術) CFO の逮捕劇であった. カナダ司法省はアメリカの要請を受け, 対イラン制裁に違反した容疑でファーウェイの孟晩舟・最高財務責任者 (CFO) をバンクーバーで逮捕した. 孟氏はファーウェイの取締役会副会長で, 創業者任正非氏の娘である. これに先立ち同年 4 月, 米商務省は, 中国通信機器大手 ZTE (中興通訊) がイランや北朝鮮に違法に通

信機器を輸出したとして，同社への米企業による部品輸出などを7年間禁止する処分を発表，さらに12億ドルの罰金を課した．ZTEの収益は大きく落ち込んだが，ファーウェイの売り上げ規模はZTEの5倍に上っており，CEO逮捕が中国に与えるダメージは遥かに大きいものがある．

　孟氏が逮捕された12月1日は，米中首脳会談の当日であり，この逮捕劇がアメリカの中国に対する圧力であることは明らかであった．米当局は2016年からファーウェイの内定捜査を続けていたが，中国を代表する国際企業の経営者逮捕に踏み切ったことは，アメリカの中国に対する宣戦布告に他ならない．しかも，ファーウェイを槍玉に挙げたことは，経済摩擦を巡る米中対立の中でも，ハイテク分野の争いが最も重大であることを物語っている．2019年は米中が国交を正常化させて40年目にあたったが，この節目の年に，米中両大国は全面的な対決の時代に突入したのである．

●大統領弾劾と再選に向けた戦い

　18年11月の中間選挙では，上院は大統領与党の共和党が多数を維持したが，下院は民主党が過半数を獲得し，議会はねじれ状態となった．そのため大統領の議会運営は厳しくなり，同年12月に下院が提出した予算案にトランプ大統領が主張する国境の壁建設の予算が計上されず，大統領が署名を拒否したため，一時政府機関が閉鎖に追い込まれる事態となった．議会との対立はウクライナ疑惑問題でも先鋭化し，アメリカ史上三度目となる大統領弾劾の事態となった．

　ウクライナ疑惑とは，19年7月，トランプ大統領がウクライナのゼレンスキー大統領と電話会談した際，バイデン前副大統領とその息子に関する疑惑の調査を求めたとされるもので，20年の大統領選挙でライバルの候補者に打撃を与えるという私的な理由で大統領権限を乱用し，外国に依頼して選挙戦に介入させようとしたことを民主党は批判し，19年9月に下院で弾劾調査を開始した．しかし政権与党の共和党が多数を占める上院の弾劾裁判では出席議員の3分の2以上の賛成が得られず，20年2月，罷免は阻止された．

　2019年6月，トランプ大統領はフロリダ州オーランドでの集会で，「2期目に向けた大統領選挙戦を開始する」と宣言した．減税と規制緩和を柱とする経済政策で株価は最高値を記録，失業率も歴史的低水準を維持するなどトランプ大統領は好調な経済を強調するとともに，引き続き排他的な移民政策など「アメリカ第一」主義を訴え再選を目指している．

7　21世紀アメリカの使命と責務

●国際指導力の回復と衰退論の克服

　冷戦終焉直後，唯一の超大国となったアメリカだが，その後の相次ぐ対テロ戦争や経済不況により国際政治における影響力は後退し，世界の多極化が進んだ．そのためイアン・ブレマーがいう「Gゼロ」時代，つまり世界の秩序と安定に不可欠なリーダー国家不在の世界到来か？　と囁かれている．主導国無き時代，地域紛争は拡大混迷化し，台頭著しい中国が新たな覇権国家としてアメリカの支配に挑戦し，その地位を奪いかねないとの危惧も呈されている．そのような中，トランプ大統領の登場でパクスアメリカーナに終止符が打たれ，世界は真のGゼロ世界に突入したとブレマーは警鐘を鳴らしている．

　確かに世界経済の構造変化に伴いアメリカの相対的な影響力が依然に比べて低下した．そのため国際秩序が不安定化していることは事実だ．特にオバマ政権下でアメリカの存在感は実態上に希薄化し，さらに自国中心主義をとるトランプ政権の出現でアメリカ衰退論には拍車がかかった．しかし，そのことと覇権国家の交代とは別問題である．米外交は失態を重ねたが，アメリカそのものが衰退しているわけではないのだ．グロスとしての経済力や局地的な軍事力を除けば，社会・政治システムの圧倒的な優位や同盟のネットワーク，情報力など現在の国力を冷静かつ総合的に比較すれば，アメリカは他の国々の追随を許さない．

　アメリカの1人当たり国民所得は，世界第2位の経済大国となった中国の8倍以上，世界最大の財・サービス，それに食糧の輸出国であり，さらにエネルギー革命（シェールガス開発）によって世界最大の産油国の座を占め，エネルギーの完全自給も可能になりつつある．しかもソフト・ハードのイノベーション能力の高さは図抜けており，世界全体の開発費の3割以上がアメリカで支出されている．急速に高齢化が進むヨーロッパやアジアと異なり，有利な人口動態を維持している．軍事や経済の力は突出しているものの，信頼の出来る同盟国を持たず，富の不平等分配や政治参加の否定等国内の経済・政治システムに重大な問題を抱える共産党独裁国家の中国が，新たな覇権国家としてアメリカにとって代わることは絶対にあり得ない．新型コロナウィルスの対処に失敗し，しかもその事実を糊塗しようとして被害を拡散させ，世界中を混乱に陥れた事

件は，中国の脆弱性を如実に示す事例となった．

　いまアメリカの大統領がなすべきは，拡大した米国内の亀裂の修復に努めるとともに"アメリカファースト"一点張りの路線を見直し，内向き孤立化が進む国内世論を啓蒙し，アメリカの果たすべき世界的な役割を国民に自覚させること，また同盟諸国との協力関係を強めつつ国際問題の解決に積極的に取り組み，世界国家としてのアメリカの指導力を回復し，その存在感をアピールすることである[23]．

●必要な構造改革の取り組み

　元来，アメリカは暴力に対する親和性の高い国であるが，9.11事件以後は"対テロ戦争"の名の下に軍事力を極度に重視し，力でテロや反米勢力を押さえ込もうとしてきた．しかし，そのような政策は明らかに行き詰りを見せている．本来，テロとは，特定の政治的目的達成のために行われる暴力行為である．従ってテロに対処するには，テロリストの拘束・排除・殲滅だけでなく，その行為の裏に潜む政治構造や社会矛盾等にメスを入れない限り，問題の根源的な解決は望めない．しかし，そうしたアプローチがアメリカには不足していた．イスラム過激派の行動は，一般のイスラム社会からも支持されていない．それにも拘わらず文明の衝突論を是認するかの如くイスラム敵視の政策を採れば，逆に過激派の増殖を招き，イスラム世界の反米意識を煽るばかりで何ら問題の本質解決には繋がらないのだ．

　そもそもイスラム過激派のテロが増大するようになったのは，イデオロギー対立の終焉という時代背景やイスラム世界の欧米に対する反発が影響してはいるが，それが原因の全てではない．その背後には，イスラム世界自身が抱える様々な問題も潜んでいる．具体的には，貧困や格差の拡大，若者の失業，社会的疎外，政治的腐敗，民主主義の欠落などの問題が指摘できるが，その中でも経済的貧困が深く関わっていることは間違いない．貧困がイスラム原理主義を拡大させた事例として知られるのは，アフガニスタンにおけるタリバンの成り立ちからも明らかである．

　イスラム世界の出生率の高さも，過激派の伸長と関わっている．イスラム諸国では人口に占める若者（15〜25歳）の比率が高く，比較的高い教育を受け，また勤労意欲があるにも拘わらず，国家の近代化や社会開発の遅れから仕事を得ることができない青年が大勢いる．過激派組織はそうした社会の現状や国家の

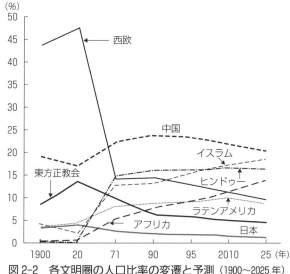

図 2-2　各文明圏の人口比率の変遷と予測（1900〜2025 年）
（出所）『朝日新聞』2001 年 8 月 20 日を基に作成.

体制に向けられた若者の不満や反発心に付け込み，暴力によるジハードの正当
性や殉教の尊さを説くことで，自爆テロリストを育成するなど若者を過激派組
織に引き寄せていくのだ.

　経済以外にも，原因はある．豊かな中東の産油国でも過激派思想は拡大して
いる．それは，イスラム世界には，メディアが政府の宣伝機関と化すなど報道
や言論の自由を認めず抑圧的な姿勢を取り続ける権威主義的な体制が多い．腐
敗が蔓延し，縁故主義が蔓延っていることも過激派台頭の背景にある．政治的
自由の否定やコネがなければ就職先も見つけられない社会構造が，多くの青年
層の失業と相俟って政府への不満や反発となって爆発するのだ．西欧諸国に住
むイスラム移民の若者（第 2 〜 3 世代）の場合は，社会からの孤立や差別，アイ
デンティティの喪失が過激思想に傾斜する契機となることが多い.

　アメリカが暴力には暴力で対抗する対テロ戦争を続けても，若者に希望を与
えられない政治体制や経済システム，社会構造を変えない限り，テロリストは
後を絶たない．国際テロを鎮静化させるには，力で抑え込む暴力的手段に依存
するだけではなく，ムスリム世界のなかで多数を占める穏健イスラム勢力との
融和・共生の途を探り，共に手を携えながら貧困や失業の改善等イスラム社会

が抱える問題の解決に取り組む姿勢が必要だ[24].

　冷戦時代のアメリカは，共産主義勢力との戦いに勝ち抜くため，一方で中東の民主化を唱えながらも，他方で国際秩序の安定や親米的であることを理由に，政治腐敗や民衆弾圧を続ける権威抑圧主義的な政権であっても支援し，民主化を求める勢力との接触を避けてきた．民衆の不満が高まるにも拘わらずイランのパーレビ王制やエジプトのムバラク政権を支え，あるいはホメイニ政権に対抗する必要が生じると，フセイン独裁政権さえをも支援してきた．さらにアフガニスタンではソ連の影響力を封じるためにイスラム過激派に接近し，大量の武器や資金を提供してきた．アメリカのこのような場当たり的な政策も過激派を拡大させる結果となった．こうしたことへの反省も必要である．

●多極化世界とアメリカの使命

　現代の世界はイスラム問題以外にも多くの困難な課題を抱えている．その解決にアメリカの関与が必要不可欠なことは論を俟たない．その際アメリカは自らの腕力（軍事力）や先端技術を過信し，それに頼り切る愚を犯してはならず[25]，中国との関係では"トゥキュディディスの罠"[26]に陥ってはならない．そのソフトとハードの両面を有機一体的に機能させてこそ，アメリカは国際社会で比類無き役割を果たすことが出来るのだ．多極化が進む世界構造の中でアメリカが担うべき役割・発揮すべきソフトパワーとは，様々な利害を有する諸国家を束ね，問題解決への指針と道筋を示し，各国の諸力をその方向に慫慂し導くことにある[27]．アメリカ一国の力の行使に留まらず，多角的な国際パートナーシップにより，諸外国の力と行動に連帯性・方向性・凝集性を付与するための取り組みが求められ，そのような多国間協調の枠組み構築のためにこそ，アメリカのリーダーシップが発揮されねばならない[28]．その際，長期的な視点を忘れず，辛抱強く，現実的かつ包括的なアプローチによって問題解決にあたる姿勢が必要だ．そうした力量と指導力をこの国が発揮してはじめて世界の民主化と平和の維持が現実のものとなり，アメリカは大国と呼ばれるに相応しい国柄となり得るのである．

　建国以来，移民の新しい血がこの国の活力の根源となっていたが，これまでの国柄が大きく変化しつつあるなかで，アメリカが引き続き世界大国としての地位とその役割を果たしていくことができるかどうかが注目されよう．

注

1）1960 年代の民主党の左傾化とそれに伴う党内分裂の反動として，80 年代初頭から民主党の右傾化が進んだ．「ネオ・リベラル」と呼ばれたこの党内右派グループは，「保守・リベラル」の枠を越えた新たな政治（第三の道）をめざし 1985 年に「民主党指導評議会（DLC）」を設立したが，クリントンはこの DLC 会長を努め（90〜91 年），ネオ・リベラルの中心人物になっていた．ネオ・リベラルの特徴は，経済では生産性の向上や競争力強化を重視し，労組依存の路線を否定した．社会福祉政策でも政府の過剰介入には批判的で，共和党穏健派と近い立場まで右に寄った．その一方，妊娠中絶や同性愛者の権利等の社会問題では従来のリベラルの立場を維持した．菅原出『日本人が知らないホワイトハウスの内戦』（ビジネス社，2003 年）103 頁．

2）木下玲子『ファースト・チーム』（集英社，1993 年）90 頁．クリントンがローズベルト，ケネディを自らの導き手と言う時，そこには 1930 年代の FDR のニューディール，1960 年代の JFK のニュー・フロンティアという，ほぼ 30 年周期の大きな政治変革を意識し，JFK に続く次の 30 年にあたる 1990 年代を担うという歴史的使命への格別な思いが込められていた．またそうした象徴的メッセージを国民に送ることは，クリントン＝ケネディのイメージを売り込むとともに，「国民再結集」に向けて「今が変化の時」であるとの自覚を米国民に持たせる試みと見て取ることができる．

3）ビル・クリントン『マイライフ：クリントンの回想（上）』楡井浩一訳（朝日新聞社，2004 年）75〜6 頁．クリントンの幼少時代は，ジョナサン・ポーティス，チャールズ・F. アレン『ビル・クリントン』森山太郎訳（講談社，1992 年）第 1 章等参照．

4）母親のバージニアが，その頃の思い出を地元の新聞『アカンソー・デモクラット』にこう語っている．「彼は，ケネディと一緒に撮った写真を持って帰ってきた．あの時ほど彼が興奮したのを見たことがない」．持田直武『ビル・クリントンのすべて』（日本放送出版協会，1992 年）41 頁，ビル・クリントン，前掲書，103 頁．

5）1986 年にケネバンクポートの浜辺を歩きながら，グレアムはジュニアに尋ねた．「あなたは神とともに正しいところにいますか？」ジュニアは，この 5 年間，自分たち家族は毎週ミッドランドのメソディスト教会に礼拝に出ているし，ときには日曜学校で教えたこともあると答えた．グレアムは足を止めるとジュニアの肩に手を置き，厳しい口調で言った．「あなたは私の問いに答えていない．主イエス・キリストを通じてのみ得られる，神との平安，理解が，あなたの心にはありますか？」ブッシュは項垂れ，子供時代から教会に通ってきたが，自分は「常に正しい道を歩いておらず」，自分の人生には何かが欠けているという感覚にいつも悩まされてきたと告白した．……グレアムが新しい弟子に与えた影響は「ひと粒のからしの種を植えたようなものだった．それはゆっくりと時間をかけて成長していき，私は変わり始めた」とジュニアは後に語っている．J. H. ハットフィールド『幸運なる二世　ジョージ・ブッシュの真実』二宮寿子他訳（青山出版社，2001 年）112〜4 頁．

6）2000 年の大統領選挙の際，ブッシュの総投票数に占めるキリスト教右派票の割合は 14％だったが，04 年の再選時には 31％を記録し，福音派等キリスト教右派がイラク・対テロ政策を支持していること，また同政権への影響力を高めていることが窺える．仲

井武『現代世界を動かすもの』(岩波書店, 2006年) 22頁. もっとも, ブッシュ個人は
メソジスト教会に通う等プロテスタント主流派に位置し, キリスト教右派には属してい
ない. 河野博子『アメリカの原理主義』(集英社, 2006年) 209頁.

7) Bob Woodward, *Bush at War*, p. 255. 「私は伝統的なピラミッド型の組織ではなく,
フラットな組織を望んでいた. 各部門の責任者が, 首席補佐官に統括されるのではなく,
直接私に報告を行うシステムの方がいいと思っていた. 私は多くの異なる人々から情報
を得ることを望んでおり, また, やる気のあるスタッフが直接ボスに報告できないと,
フラストレーションがたまることを知っていた. こうした問題は父の政権内部で経験し
ていた. 政権の主要メンバーが, フィルターを通さないと大統領に情報が伝わらない,
ということで欲求不満に陥っていたことがあった. 私は同じようなことを繰り返したく
なかった.」「(父親の政権を通じて学んだ) 重要なことは, 二種類の人たちで自分の回り
を固めることだった. まず第一に, 頭の切れる有能で忠実なスタッフを自分の回りに揃
えること, そして第二に腹で思っていることを率直に言ってくれて, 少しくらい波が荒
くなったからといって, 決して舟を見捨てようとしない信念をもった友人たちを, 回り
に揃えることだった」
ジョージ・W. ブッシュ『ジョージ・ブッシュ 私はアメリカを変える』藤井厳喜訳
(扶桑社, 2000年) 123, 204〜5頁.

8) 1997年に設立された保守系シンクタンク「アメリカ新世紀プロジェクト (PNAC:
Project for the New American Century)」がネオコンの拠点. 設立者は「ネオコン
サーバティブの父」と呼ばれたアービング・クリストルの息子で, 保守系雑誌「ウイー
クリースタンダード」の編集長をしているウイリアム・クリストルとロバート・ケーガ
ン. PNAC の発想は, 強いアメリカは世界平和にとって好ましく, アメリカは国際問題
に対し軍事, 外交, そして道徳原則それぞれの面で強いリーダーシップを発揮すべしと
いうもので, 早くからイラク攻撃や国防費の増額, ミサイル防衛推進を主張していた.
PNAC 設立にはチェイニー副大統領やラムズフェルド国防長官らも名を連ねており,
ブッシュ政権内部で影響力を持つネオコンの代表としては, 国防長官の諮問機関国防政
策委員会の議長でイラク戦争の最中に辞任したリチャード・パール委員長 (2003年3
月末辞任) やウオルフォウイッツ国防副長官, リビー副大統領首席補佐官らの名前が挙
げられる. ネオコンについては松尾文夫「ブッシュ政権と新帝国主義者」『国際問題』
2003年2月号, 菅原出『日本人が知らないホワイトハウスの内戦』(ビジネス社, 2003
年) 第1, 5章, David Frum, Richard Perle, *An Endto Evil* (New York, Random
House, 2003). イスラエル (ユダヤ) の強国化によりキリストの再臨が実現すると信じ
るキリスト教右派 (福音急進派, 原理主義者) もイスラエル支持者で, ネオコンと宗教
右派が結びつくことになる.

9)「テロを支援している体制を民主的な政府と交代させることだ. ……この戦略は, 他
国の内政には基本的に関与しないという従来の外交アプローチからの大胆な転換である.
民主諸国の政策決定者にとっては, ほぼ一貫して, 非民主的体制がその支配下にある
人々の人権を尊重しているか否かよりも, その体制の支配者が『我々の敵か味方か』の
方が重要だった. だが, この新しい戦略は, 他国の内政に目をつむるのではなく, テロ

を育む土壌は圧政であり，開かれた社会を築くことがその沼地の水はけをよくする最善の方法だという考えに基づいて組み立てられていた.」ナタン・シャランスキー『なぜ，民主主義を世界に広げるのか』藤井清美他訳（ダイヤモンド社，2005 年）44 頁.

10)　当日，ブッシュ大統領は教育改革を強調するためにエマ・E.ブッカー小学校を訪問していた.「生徒達に教科書を開くようにと先生が命じた. 後ろに人が立っているのを，私は感じた. アンディ・カードが，顔をくっつけるよう『二機目がもう一つのタワーに激突しました.』アンディがマサチューセッツの訛りで，単語を一つずつ丁寧に発音した.『アメリカが攻撃されています』」ジョージ・W.ブッシュ『決断のとき（上）』伏見威蕃訳（日本経済新聞社，2011 年）196〜7 頁.

11)　この軍事作戦には 17 か国が合計 1 万 7 千人の兵員を派遣，うち英加豪 EU 諸国から派遣された約 6 千人がアフガニスタン国内で米軍とともに戦闘作戦に従事した. アフガニスタン戦争とブッシュ政権については，ボブ・ウッドワード『ブッシュの戦争』伏見威蕃訳（日本経済新聞社，2003 年）等参照.

12)　White House, The President's State of the Union Address〔http://www.whitehouse. gov/news/releases/2002/01/2020129-11.html〕. スピーチライターのディビッド・フラムが書き上げた演説送稿の原案では「憎しみの枢軸（Aixs of Hatred）」という表現が用いられ，その対象国はイラクだけであった. その後，対イラク戦争計画が表面化しないようイランが付け加えられ，表現も「悪の枢軸」と修正，最後に北朝鮮も対象国に追加された. David Frum, *The Right Man: The Surprise Presidency of George W. Bush* (NewYork, Random House, 2003).

13)　United Nations, Security Council, S/RES/1441（2002）. 安保理決議 1441 は，一連の国連決議違反を指摘し，この決議履行がイラクにとって武装解除義務を履行する「最後の機会」であると強調したうえで，イラクに対して以下の手順で WMD の完全な武装解除を要求している. ① 7 日以内，11 月 15 日までに決議受諾回答を行う ② 30 日以内，12 月 8 日までに WMD 開発計画に関する完全な情報開示を実施する. 国連査察団は 45 日以内，12 月 23 日までに査察を開始する. イラクは無条件，無制限の査察を受け入れる ③ 査察団は査察開始後 60 日以内，2003 年 2 月下旬までに安保理に査察結果を報告する. この決議は，査察を行う国連監視検証査察委員会（UNMOVIC）と国際原子力機関（IAEA）の責任者に，イラクの査察に対する妨害，武装解除義務の不履行があった場合には，安保理へ報告するよう求めている. 報告があった場合には安保理は対応を協議するとしており，イラクに対し，決議不履行は深刻な結果に直面することになると警告している. しかしながら決議 1441 は，イラクによる決議不履行が判明したとしても，アメリカを含む国連加盟国に対して WMD の武装解除のために自動的に「必要なあらゆる措置を取る」ことを容認したものではない. つまり，決議違反を理由にイラクに対する自動的な武力行使を容認したものではなかった.

14)　「ブッシュを戦争へと駆り立てた最大の動機は，自由を広めることで中東を変革するという，ポスト 9.11 的な遠大な理想主義だった. この理想主義の基盤にあるのは，強制的な民主主義という考え方だ. つまり，武力によって強制的に民主主義を移植する. イラク社会は民主主義を受け入れる準備が整っているので，最低限のコストで民主化を達

成出来るだろう．……イラクに民主主義が根づいたら，中東の他の国々で自由を求める人達も，イラクの例に触発されるだろう．このような民主主義のドミノ効果が起これば，隣国イランも影響を受けるかもしれない．……イランでも民主化運動が成功すれば，現在中東で最大の不安定要因であるイランとイラクの問題が一気に片付くことになる．……自由な国は平和を好み，互いに戦争をすることはない．つまり，中東の民主化は，平和な 21 世紀の世界を築く足掛かりとなる．」スコット・マクレラン，前掲書，157 頁．

15) 戦後，イラクから大量破壊兵器は発見されなかった．04 年 7 月，米上院情報特別委員会が報告書を発表し，フセイン政権とアルカイダの関係，大量破壊兵器に関するブッシュ政権の説明を否定し，その主張に根拠がなかったと声明し，この直後にテネット CIA 長官は辞任した．また 04 年 10 月に発表されたイラクの大量破壊兵器を捜索していた米調査団（団長：チャールズ・ドルファー）の最終報告書では，イラクに生物・化学兵器の備蓄はなく，前者の開発は 1995 年に中止し，後者は 91 年に廃棄したこと，核開発計画も 91 年の湾岸戦争後断念していたこと，但しフセイン政権に開発再開の意図はあったこと等が明らかにされた．『朝日新聞』2004 年 10 月 7 日．開戦前，イラクが核兵器開発のためにニジェールからウランを密かに購入しているとの噂があった．事実調査のため CIA は元ガボン大使ジョセフ・ウィルソンに調査を依頼したが，彼の調査結果は，情報には根拠がないというものであった．だがブッシュ政権はこの結果を無視し，03 年の一般教書演説で噂が事実であるかに盛り込み，イラク開戦に踏み切った．03 年 7 月，ウィルソンが『ニューヨークタイムズ』に，イラク侵攻を正当化するためにブッシュ政権が情報操作をしたと暴露し，批判する記事を発表すると，報復として政権中枢はウィルソンの妻が実は CIA の工作員であることを有力なジャーナリストに漏洩した．これは情報部員身分保護法に反する行為であり，捜査の結果，漏洩元としてルイス・リビー副大統領補佐官が起訴され実刑判決を受けた．他にも漏洩元としてカール・ローヴ大統領次席補佐官の名前も浮上した．『朝日新聞』2005 年 10 月 29 日朝・夕刊，『ニューズウィーク』2005 年 7 月 27 日号等．フセイン政権が生物兵器の移動工場を保有していたとの情報が，「カーブボール」というコードネームのイラク人亡命者の捏造だったことも戦後判明している．『読売新聞』2005 年 4 月 1 日．

16) ナフタリ・ベンデビッド編『オバマの真実』松島恵之訳（朝日新聞出版，2009 年）26～31 頁．

17) 09 年 7 月，クリントン国務長官は外交問題評議会での演説で「如何なる国も単独で現下の世界問題に対処する事は出来ず，他方，ほとんどの国が大量破壊兵器やテロ等同じ問題を抱えており，アメリカはそのスマートパワーを活かし，各国を招集し，結びつけ，問題解決の国際連携パートーナーシップ構築を主導する」と対話と多国間協調を柱とするオバマ政権の外交方針を語った．http://japan2.usembassy.gov/j/p/tpj-20090715-74.html

18) バラク・オバマ『チェンジ』棚橋志行訳（ダイヤモンド社，2009 年）294 頁．

19) 包括的核実験禁止条約（CTBT）は地下を含む全ての核実験を禁止する条約で，1996 年に国連総会で採択された（署名は 181 か国）が未発効である．発効には特定 44 か国の批准が必要とされ，米中等 6 か国は署名済みだが未批准，北朝鮮，インド，パキスタ

ンは未署名.

20) ピュー研究所が 2013 年 12 月に実施した世論調査では，回答したアメリカ人の過半数
が，アメリカは「国際的に自分のことだけに構っていればよく，他国には自分で出来る
だけのことをやらせておけばよい」という意見を選び，反対は 38％に留まった．これは，
過去 50 年間で初めてのことだった．また 8 割の人が，アメリカは「あまり国際的に考
えるのではなく，もっと国内の問題に集中すべきだ」という意見を支持した．イアン・
ブレマー『スーパーパワー』奥村準訳（日本経済新聞社，2015 年）34 頁.

21) ヒラリー・クリントンのプロフィールは，ヒラリー・ロダム・クリントン『リビン
グ・ヒストリー』酒井洋子訳（早川書房，2003 年），リチャード・コーザー『ヒラ
リー・クリントン』鳥居千代香訳（東洋書林，1999 年），ノーマン・キング『ヒラ
リー・R・クリントンの歩み』武者圭子訳（小学館，1993 年），ジュディス・ウォー
ナー『ヒラリー・クリントン』河合伸訳（朝日新聞社，1993 年），ゲイル・シーヒー『ヒ
ラリーとビルの物語』櫻井よしこ訳（飛鳥新社，2000 年）等参照．家庭や子育てをテー
マにヒラリー自らが執筆した『村中みんなで』繁多進他訳（あすなろ書房，1996 年）は，
グラミー賞を受賞している.

22) アメリカの全人口に占める白人の比率は 1965 年の 84％から，2015 年には 62％まで
低下した．50 年ごろには 50％を割り込む見通しだ．ヒスパニック（中南米系）やアジア
系の台頭にいら立ち，移民への寛容さを失う白人は少なくない．また白人と非白人の分
断だけではなく，貧富の格差の分断も進んでいる．中流から転落した白人労働者層が集
中するのが，中西部から東部にかけての「ラストベルト（さびついた工業地帯）」だ．ト
ランプは選挙戦最終盤，ラストベルトでの遊説を重視した．その結果，激戦州のオハイ
オ州を制しただけでなく，共和党候補としては，民主党地盤の東部ペンシルベニア州で
1988 年以来，中西部ウィスコンシン州では 84 年以来の勝利を収めた．CNN が約 2 万 5
千人の有権者を対象に行った出口調査では，現状に不満を持つ有権者がトランプに投票
したことが浮き彫りになった．政府に対して，「不満」か「怒り」を感じている人は
69％に上り，その 58％がトランプ氏に投票した．この傾向は，勝敗のカギを握るとされ
たラストベルトでより強く出ている．また，白人の 58％がトランプに投票し，37％のク
リントン氏を上回った．逆に，非白人でトランプに投票した人が 21％，クリントンは
74％だった．大学を卒業していない白人に限ると，トランプに投票した人は 67％に上っ
た．大統領に求める資質については，経験や判断より「変化をもたらすこと」が 39％で
最多．そのうち 83％がトランプに投じた.

23) アメリカが覇権国家の座を維持するためには，① 国内において開かれた動的社会を
創造し維持すること ② かかる社会の経済活力を世界貿易に振り向けること ③ 世界中で
通商を保護し，世界の地政学的重要地域において勢力均衡を維持すること ④ 平時に
あっては世界秩序を他の勢力に（潜在的な競争相手にも）開放し，戦時にあっては世界
秩序をもってそのその敵に対抗すること ⑤ 自由な価値観と制度を世界に広く行き渡ら
せること，の 5 条件を満たし海洋大国（シーパワー）であり続ける必要がある．ウォル
ター・ラッセル・ミード『神と黄金』寺下滝郎訳（青灯社，2014 年）231〜2 頁.

24)「イスラム原理主義は本質的に反動的であり，そのことは短期的には魅力的となり，

長期的には弱点となる．それはイスラム世界の最も孤立した未開の部分で最も力を発揮する．ソ連に蹂躙されたアフガニスタンや，サウジアラビアのワッハーブ派の本拠地がいい例だ．しかし，イスラムの若い世代が，外敵に対して憤慨し，内なる支配者の偽善に対して怒りを覚えたとしても，テレビや映画の魅力に影響されないはずはない．近代社会からの絶縁は，ごく限られた少数の狂信者しか惹きつけないだろう．近代化がもたらす恩恵を失うことを望まない多くの者にとっては，原理主義は長期的選択肢にはなり得ない．……確かに原理主義は反西洋の外国人嫌いの感情を糧とし，それを政治的な活力の源泉にしてきた．だが注目すべきなのは，シーア派のイランとイスラエル占領下の南レバノンという極めて特殊な条件を別にすれば，強い反西欧の反動主義的原理主義者が権力を握ったのは，僅かにソ連の侵攻を受けたアフガニスタンとスーダンの南部一帯だけである．もしもアメリカが注意を怠れば，イラクの一部でも同様のことが起こる可能性はある．」ズビグニュー・ブレジンスキー『孤独な帝国アメリカ』堀内一郎訳（朝日新聞社，2005 年）80〜81 頁．

25) 「『パワーへの報酬』が小さく，『制度への報酬』が多いタイプに属す（立憲型）政治秩序は安定的な秩序となる傾向が見られる……．行為主体，あるいは幾つかの行為主体からなるグループが恣意的ないしは無差別に支配を行い，パワーを行使する能力に制約を加える形で政治秩序が組み立てられる場合を想定しよう．この場合には，他の行為主体，あるいは他の行為主体グループは，政治秩序がその時点で作り出すルールと結果により積極的に従う」「逆説的に響くかもしれないが，主導国が自国のパワーを信頼できる形で抑制し，コミットメントを行う能力を一種のパワーと考えることは有益である．主導国は，特定の戦後制度コミットメントの中に他国を固定化したいと望む．主導国は自国のパワーを使い，他国を威嚇することもできるが，それは，主導国にとって，正統的な秩序を構築するチャンスをすべて失うことになる．主導国が自らを拘束し，自国パワーの行使を制度化し，その制度の中で行動することを相手側に提示することは，相手国の制度的協力を手に入れる手段となり，取引材料となる．」G. ジョン・アイケンベリー『アフターヴィクトリー』鈴木康雄訳（NTT 出版，2004 年）288，278 頁．

26) トゥキュディデスの罠とは，古代ギリシャの歴史家トゥキュディデスの仮説で，「新たな覇権国の台頭とそれに対する既存の覇権国の不安（fear）が戦争を不可避にする」というものである．古代ギリシアの歴史家トゥキュディデスは著書『戦史』のなかで，内陸指向国家スパルタが，新興都市国家アテネの興隆に不安を抱きペロポンネソス戦争（紀元前 431〜前 404 年）に至った経緯を実証的に叙述した．ハーバード大学ベルファーセンターのグラハム・アリソン教授によれば，過去 500 年にわたる新興国とその挑戦を受ける覇権国との関係を示す 16 の事例中 12 件が戦争に至ったこと，また戦争を回避できた事例でも，覇権国が国際システムやルールの改変などの大きな代償を強いられる等戦争回避は不可能ではないが，トゥキュディデスの罠から逃れるには大変な努力が必要と分析している．

27) 「アメリカが担うべき新たな役割は，伝統的な超大国の役割とは大きく異なる．協議と協力と妥協が必要となるし，課題の設定や，争点の定義や，連合の形成を通じて力は発揮されるだろう．新時代を牽引する力はそのようにもたらされるのだ．アメリカが

行った意思決定を，残りの国々が黙って有り難く受け入れる，と言うような上意下達式のヒエラルキーはもう成立しない．参加者が激増する新しい世界では，仲裁者としての役割が極めて重要になる．現在の社会でも，独立心の高い重役達を優しく導ける会と油は，大きな影響力を発揮できるのである．」ファリード・ザカリア『アメリカ後の世界』楡井浩一訳（徳間書店，2008 年）306 頁.

28)「アメリカがその引き際を超えて一極時代を長引かせようとするのは，行き過ぎた失敗であり，……そうではなく，時代を先取りし，現在進行中で速度を速めているグローバルな変化をリードするよう務めるべきである．重要な問題は，一極が継続する期間ではなく，未来の多極的世界がなすすべもなく生まれるか，あるいは計画によって作られるかである．前者の場合，多極は新たな不安と対立を伴って復活する可能性が高いが，後者であれば，アメリカは少なくとも適切に対応できる合理的な機会を手にする．多極世界への回復は必ず，地政学的な断層の復活を意味する．従って，アメリカにとって主要な課題は，こうした断層線によって生じる戦略的帰結を最小化し，相互理解を進め，それらが生む競争的衝動を消し去るために野心を抑制する方法を見つけることである．」チャールズ・カプチャン『アメリカ時代の終わり（下）』坪内淳訳（日本放送出版協会，2003 年）171～2 頁.

第3章
アジア：中華覇権と21世紀アジア秩序

　ヨーロッパでは冷戦後，大規模な国家間紛争が生起する蓋然性は大きく低下し，代わってテロや周辺地域の民族紛争が脅威と認識されるようになった．しかし日本を含む東アジアでは未だに冷戦構造が残り，朝鮮半島では同じ民族の分断・対立状況は変わらず，中台間の緊張も続いている．経済成長から取り残された北朝鮮は核兵器やミサイルによる恫喝外交を繰り返し，対照的にめざましい経済成長を遂げた中国も急速な軍備拡大を背景に領土問題等で強硬な姿勢を示し，周辺諸国の不安を高めている．南アジアを見れば，対テロ戦争が続くアフガニスタンの治安は改善せず，ともに核保有国であるインドとパキスタンはカシミールの領有権争いに加え，地域覇権の獲得を巡り軍備競争に鎬を削っている．冷戦後のアジアは経済済成長めざましい躍進の地域であると同時に，多くの対立要因を抱える不安定な地域でもある．

1　中国の政治：共産党独裁の政治システム

　中国は権力主義的な政治観，言い換えれば，伝統的，現実主義（リアリズム）の国際政治観を信奉する国である．多元的政治観が強調する相互依存や国際協調よりも国家主権の至高性や国益の概念が重視され，軍事力を軸とした国家安全保障が最重要課題に位置づけられる．その地政環境から，国家の威信や栄光，面子を重んじる大陸国家型の外交スタイルをも特徴とする．海南島での米軍機領空侵犯事件（01年）やコソボ紛争の際に起きた米軍機の中国大使館誤爆事件（99年），尖閣問題（10〜12年）等で見せた中国のヒステリックな反応はその一例だ．

　中国は複数政党制の体裁を採るが，実際は中国共産党と8つの付属党派しか認めておらず，その実態は中国共産党の一党独裁体制であり，国民には結党の自由もない．共産党の政治手法は非開放的秘密主義的で，密室でのトップダウンで政策が決定され，世論や民意が政治・外交に反映され難い．逆に大衆を動

員し，党の決定や方針の宣伝・流布，さらには他国への威嚇目的で，上から作り出された世論を外交政策の道具に利用することも多い．

　国家機関は，立法機関の全国人民代表大会（一院制），行政機関に国務院（日本の内閣に相当．総理が首相，部が省にあたる），司法機関に最高人民法院が存在するが，全人代に権限が集中し，三権分立の相互抑制システムは採られていない（民主集中制）．もっとも，実際に国政を動かしているのは中国共産党であり，全人代も党決定の追認機関に過ぎないのが実態だ．

　共産党は5年に1回，全国代表大会を開き，党の重要事項を審議するほか，中央委員の選出などを行う．その中央委員及び委員候補によって中央委員会が組織され，共産党の最高ポストである総書記（かつては党主席）や政治局員，政治局常務委員，中央軍事委員等が選出される．これら党中央のなかでも中央政治局常務委員会が党の最高指導集団をなし，総書記を含む常務委員（7～9人程度）は国務院，全人代，軍など中枢機構のトップに就き，国を動かしている．中国共産党は国家の政治機構だけでなく，軍隊，地方行政組織やメディア，大学，企業等社会のあらゆる所に存在し，組織化されている．各「単位」には党の支部が置かれ，党書記が最高位を占める．省長や市長よりも当該省・市の党書記が優位する構造だ．

　巨大組織である共産党（党員数8000万人）には，「太子党」と「団派」の二大派閥が存在する．太子党とは，親が党や軍の幹部であったことから高位に就いた子弟（2世）の集団で，太子とはプリンスを意味する．太子党閥の代表が習近平で，彼の父親は元副首相である．また妻の殺人事件容疑などで2012年に失脚した薄熙来重慶市共産党書記も，党長老だった薄一波を父親に持つ共産党エリートで太子党のメンバーである．これに対し団派とは，共産党の青年組織である共産主義青年団に参加し，そこでの活躍が評価されて共産党に入党し，以後，党官僚として実績を重ね昇進したグループで，胡錦濤や温家宝，李克強等は団派である．共青団は共産党の予備軍的存在で，6000万人近い団員を擁する一大勢力だ．このほか，上海グループといわれる地縁閥もある（元政治局常務委員の曽慶紅，周永康等）．中央に人脈を持たない江沢民が，かつて責任者を務めていた上海時代の部下を登用したことから生まれた属人的グループで，政策・路線面の凝集性は弱い．中国では権力の継承や政治論議のルールが確立しておらず，常に凄まじい権力闘争が展開され，対外政策に影響を及ぼすこともある．

　長い支配と隷従の時代を乗り越え，大国への道を邁進する中国には，若いが

粗野なナショナリズムが溢れている．日本に追いつき追い抜きつつある現況や，共産党支配の正当化を目的に，日本の戦争責任問題や抗日運動等を殊更重視した愛国教育が実施された事情も加わり，排日あるいは日本を強く意識したナショナリズムとなりやすく，近年の日中関係悪化の原因にもなっている．大国化した一方，中国および中国人の意識の中には，自分たちの国が先進国に搾取され，不利益を強いられた国との自己認識が残っている．こうした被害者意識が対外的に甘えの意識を生み出している．また，閉鎖的な社会主義体制をとってきたことから国際社会への参入経験が浅い事情も加わって，国際秩序や国際ルールを無視する姿勢（海賊版の横行等）が横行し，挑発・攻撃的な対外行動や発言となって顕現する．

2　中国政治の展開

●鄧小平時代：改革開放路線と天安門事件

1978 年 12 月の中国共産党第 11 期中央委員会第 3 回全体会議（3 中全会）で，階級闘争を重視する毛沢東路線を否定し，経済を中心とした「四つの近代化」を最優先課題とすることが決定された．この 3 中全会路線を踏まえ，前年に復権を果たした鄧小平は，企業自主権の拡大や利潤請負制等市場経済原理の導入による国内経済の改革及び外資の積極導入等対外開放政策に着手した（改革開放路線）．

1950 年代後半以降，ソ連と激しく対立し，70 年代にはアメリカや日本との関係を改善し米日中の連携で対ソ牽制を図った中国だが，80 年代に入るとそれまでの抗ソ一辺倒の「反ソ反覇権」外交から「全方位独立自主」外交に方針を転換させた（82 年の第 12 回共産党大会）．これを受けソ連は関係改善に前向きな姿勢を示し，ゴルバチョフ政権は制限主権論（ブレジネフドクトリン）を否定，また中国が指摘する 3 大障害の除去にも応じた．その結果，1989 年 5 月，北京でのゴルバチョフ・鄧小平の首脳会談で両国の外交関係は回復された．ソ連との対立を解消し，また香港の返還も実現（84 年）する等国際関係を安定化し，軍備負担の軽減と経済への専念を可能としたことで，鄧小平の改革開放路線は順調な発展を見せた．

しかし，経済改革が進み事実上の資本主義化が進展するにつれて，中国では一党独裁の政治体制に変革を求める声が強まった．しかも 80 年代後半には

20％を越える激しいインフレが中国を襲い，党幹部の汚職等改革の矛盾も表面化した．そのため改革派知識人や学生は民主化の推進や特権廃止を求めて過激な行動に出始めた．そのような折り，胡耀邦（民主化に理解を示し失脚）の死去（89 年 4 月）は民主派知識人や学生に深い悲しみを与えた．党中央は胡耀邦の追悼集会を催したが，彼の名誉回復がなされなかったことに憤激した学生は授業ボイコットに入り，民主化を声高に叫んだ．鄧小平はこれを「動乱」と捉え即時中止を求めたが，反発を強めた学生等は 5 月初め，10 万人規模の民主化デモを展開，さらにゴルバチョフ訪中にあわせて天安門広場でハンガー・ストライキに入った．5 月 18 日，趙紫陽がハンスト学生を訪問し同情的な姿勢を見せたこともあり，民主化要求運動は忽ち百万人規模に膨れ上がった．事態を憂慮した党指導部は北京市に戒厳令を敷いたが，学生たちは座り込みを続け，「民主の女神像」を建てる等気勢をあげた．広場からの退去を命じる当局の指示に学生等が従わなかったため，6 月 4 日未明，党中央は武力をもって民主化運動を弾圧する方針を固め，戦車や装甲車を投入し一挙に天安門広場を制圧した（天安門事件）．経済改革と政治の民主化を同時並行的に進めたソ連とは対照的に，経済の開放は進めても政治改革は認めず人権を抑圧する姿勢は国際社会の強い非難を招き，中国は国際的孤立を強いられた．

　鄧小平は，武力弾圧に反対した趙紫陽総書記を解任し，弾圧に理解を示し，上海で学生デモを速やかに鎮圧した江沢民上海市党委員会書記を自らの後任に据えた．江沢民はエンジニア出身のテクノクラートで党中央での活動歴が浅く，党常務委員を飛び越えての大抜擢であった．89 年 11 月の党第 13 期 5 中全会で鄧小平は党中央軍事委員会主席を辞任（後任は江沢民），形式上全ての要職から離れた．事件後，改革派知識人の多くは海外に亡命し，国際世論をバックに中国の民主化を訴え続けている．

●江沢民時代

　隠然たる鄧小平の影響力を支えに，92 年 10 月，中国共産党第 14 回全国代表大会において江沢民総書記は国家中央軍事委員会主席に再選された．93 年の第 8 期全人代第 1 回会議では，軍の中心的存在楊尚昆に代わり国家主席にも就任，党，軍，政府の最高ポストを全て占め，江沢民体制は完成を迎えた．第 14回全国代表大会で江沢民は，共産党一党支配体制の堅持を前提に，経済を市場メカニズムに委ねる「社会主義市場経済論」を打ち出し，鄧小平路線を継承し

た．武昌，上海等南方を視察し，鄧小平も改革開放の加速を呼びかけた（92年：南巡講話）．こうした取り組みの結果，中国経済は目覚ましい躍進を遂げた．国内総生産（GDP）は79年から2001年までの23年間，平均9.4％の高い伸びを維持する等90年代には高度成長路線を実現した．

　江沢民は，共産党の指導力の維持強化を目的に，「三つの代表」論（中国共産党は先進的生産力・先進的文化・最も広範な人民の利益を代表する）を提唱し，02年にはマルクス・レーニン主義，毛沢東思想，鄧小平理論と並ぶ党の指導思想として党規約に追加させた．この理論の提唱によって中国共産党は，それまでの階級政党から国民政党への脱皮を図ろうとしたのだが，「三つの代表」論が提唱された背景には，中国共産党の従来の立党理念と中国の社会的現実とのギャップがあった．

　本来ならば共産党は，農民など労働者階級の敵とされる資本家階級の消滅をはかるべき立場であるが，現実の中国においては市場経済の担い手である私営企業の経営者・資本家たちこそが，経済発展を至上命題とする中国の要であり，中国共産党が連携しなければならない重要な相手となっているからだ．それゆえ江沢民は私営企業家（企業資産を私的に所有し，従業員8人以上の企業を所有する経営者）の共産党入党を認め，中国の資本主義化を推し進めた．それまで中国は従業員を搾取しているとして彼らの入党を認めていなかったが，私企業の数は2000年末には170万社を越え，従業員数は2400万人に達し，資本家の存在を無視できなくなったためである．また念願のWTO加盟も実現した（2001年）．

●胡錦濤時代：格差拡大と和諧

　02年11月の第16回共産党全国代表大会で江沢民や朱鎔基，李鵬ら第3世代の指導者が引退し，総書記に選出された胡錦濤を中心とする新指導体制が発足した．翌年3月の全人代で胡錦濤は国家主席，温家宝が首相に就任した．胡錦濤は1942年に浙江省で生まれ，清華大学を出て64年に共産党に入党した．以後，甘粛省やチベット自治区で党務をこなし，92年に政治局常務委員に大抜擢された．さらに国家副主席（98年），軍事委員会副主席（99年）となり江沢民の最有力後継者の座を確保した．鄧小平というカリスマ性の高い指導者によって始められた改革開放路線は江沢民によって制度化され，さらに第4世代の胡錦濤にレールが引き継がれた．

　21世紀を迎えても中国は年率10％前後の成長を維持し，2009年にはドイツ

を抜いて世界最大の輸出国，2010 年には GDP で日本を抜き，アメリカに次ぐ
世界第 2 の経済大国に躍り出た．経済成長とそれに伴う国民の自信をバックに，
胡錦濤政権は 08 年の北京オリンピック，10 年の上海万国博覧会を成功させた．
安価な人件費が支える「世界の工場」から富裕層の成長と拡大による「世界の
市場」へと変貌を遂げたが，急激な成長の歪みとして経済的な格差が拡大した．
また高度成長至上主義は環境汚染や公害，食品問題等の弊害も生み出した．こ
の問題を解決するため，胡錦濤政権は鄧小平時代の先富論（先に豊かになれる条
件を整えた地域（沿岸部）から豊かになり，その影響で他の地域が豊かになればよいとする
考え：1985 年）に代わり，各階層間で調和のとれた社会発展を目指す「和諧社
会」の建設をスローガンに掲げ（2004 年：第 16 期 4 中全会），さらに「人を基本と
し，全面的で均衡のとれた持続可能な発展の堅持」をめざす「科学的発展観」
を党規約に明記した（2007 年：中国共産党第 17 回党大会）．

　しかし，中国の経済成長には早くも翳りが出始めた．経済の規模（GDP）では
日本を追い抜いたが，中国経済の起点があまりに低かったため，発展の水準を
示す一人当たりの GDP で見れば未だに先進国の約 10 分の 1 だ．日本との比較
では，経済規模は 2 倍以上だが，1 人当たり国民所得は 6 分の 1 程度に過ぎな
い．経済が低成長期に入った状況の中で，格差の是正と全体のかさ上げ・豊か
さの浸透を如何に両立させるか，困難な課題が次期政権に引き継がれた．

●習近平体制

　2012 年秋に開催された第 18 回全国代表大会（18 全大会）で，習近平が中国共
産党総書記及び党中央軍事委員会首主に就任し，胡錦濤からの権力移譲が行わ
れた．太子党グループの代表格である習は 1953 年北京生まれ．父は共産党の
長老で副首相を務めた習仲勲．妻は人民解放軍所属の国民的な人気歌手，彭麗
媛少将．文化大革命中は陝西省に下放されて農業に従事．清華大卒業後，アモ
イ市副市長，福建省長，そして長らく浙江省党委書記を務めた後，上海市党委
書記から 07 年の改選で政治局常務委員に登用され，ポスト胡錦濤の座を着実
に築いてきた．13 年の全国人民代表大会では国家主席及び国家中央軍事委員
会主席に選出され，党，軍，国家のトップとして名実ともに中国の最高指導者
となった．

　習近平は総書記就任直後から共産党官僚の汚職不正摘発を強化する一方，就
任会見で「中華民族の偉大な復興」を国家目標に掲げ，民族主義的な強国化路

線を目指している．一昔前まで，中国で台頭しているナショナリズムは強国の自信に基づくというよりも，屈辱や歴史体験，教育に由来する被害妄想の面が強かった．しかし経済成長を果たした現在，鄧小平が唱えた「韜光養晦」（能力を隠し低姿勢を保ち当分は経済発展に専念すべし）の教えを超越し，中国は国力に見合った発言力を持ち，また軍事力の強化・行使により増大する海外の権益を自分の手で守り抜くべきとの考え方が中国の官僚や軍部の間で強まっている．習近平政権は，一方では平和発展を唱えながらも，実際にはこうした脱韜光養晦の動きを追認加速し，大国としての地位を確立させるとともに覇権主義的な動きを強めている．

　しかし国内に目を転じれば，経済成長が鈍化した現在の中国はこれまで以上に多くの矛盾や構造的な問題を抱えており，世界秩序を維持し得る安定した大国というには程遠いのが現状だ．まず問題となっているのが，経済の失速や成長の鈍化である．中国は08年のリーマンショック後に4兆元（約70兆円）の巨額な財政出動を行い，いち早く景気回復を実現させた．だが過剰な設備投資を生み出し，地方政府の債務は膨れあがり，資金調達先である非正規銀行（影の銀行）の不透明な融資や貸し出しが巨額化した．やがて不動産価格の下落で影の銀行の貸し出しが焦げ付き，膨大な不良債権が発生し金融システムに混乱を与えた．さらに15年6月には株バブルが崩壊し，政府の買い支え策も効果無く，その後人民元切り下げ問題が起り，世界経済を不安定化させた．また人件費の高騰などで経済成長のペースも落ち込んでいる．90年代から20年間にわたり平均2桁の経済成長を維持してきた中国経済も，12年以降は成長率が6〜7％台に落ちた．2012年の国内総生産（GDP）伸び率は7.8％で，13年ぶりに8％を下回った．さらに2015年には6.9％と25年ぶりに経済成長率が7％を切る事態となった．しかも政府はさらなる減速を見込み，2019年の目標は6.0〜6.5％とされたが，その達成も危ぶまれている．

　習近平指導部はこのような低成長を「ニューノーマル」と呼んで景気の減速をある程度受容れ，高度成長から安定成長に軸足を移すとともに，外需，外資依存から脱却，中間層の育成による個人消費の拡大，成長を促すなど産業構造の転換を進めようとしている（投資から消費主導経済への転換）．しかし，次頁に挙げるような諸問題を抱えており，その克服は容易ではない．国力の向上と社会問題の深刻化が併存する複雑な状況は，国民心理を不安定化させる．中国指導部が国民の不満を解消できず，怒りの矛先を国外に転じる政策をとれば，中国

民衆の排他攻撃的なナショナリズムが暴発する危険性も高まってくる. 改革・[1] 開放路線が行き詰まり，しかも政経分離システムそのものの限界が迫りつつあるなか，山積した難問を引き継いだ習近平体制には，内政・外交の両面で極めて難しい舵取りが求められているのだ.

　山積する問題を政治的に解決するため，政権発足以来習近平への権力の集中が進んでいる. 16年10月に開かれた6中総会（第18期中央委員会第6回総会）で習近平総書記は，別格の指導者を意味する「核心」と位置づけられた. これまで核心と呼ばれたのは毛沢東以外には鄧小平と江沢民だけで，江沢民の場合は後ろ盾だった鄧小平の指名があったからに過ぎない. さらに17年秋の共産党大会で党トップの総書記に再任された習近平は，2期目の実質的なスタートとなる18年3月の全人代で，憲法を改正し「2期10年まで」と決まっていた国家主席の任期制限を撤廃したほか，憲法前文に「習近平の新時代の中国の特色ある社会主義思想」と自身の名の入った政治理念を明記させた. さらに政治局常務委員を引退した盟友の王岐山を国家副主席に据えるなど自らに近い人物を要職に据え，その支配力を一層強固なものとした. 改革開放後の中国は，文化大革命の反省から特定の指導者に過度に権力が集中しないよう集団指導体制をとってきた. 習近平の強力なリーダーシップが中国が抱える幾多の難問解決に必要なことは確かだが，その反面，彼の権力強化は独裁再来への危惧や後継者の育成等中国政治に新たな不安を生み出している.

3　共産党支配の動揺：社会主義体制と資本主義経済化の矛盾

●中国社会の抱える構造的問題

　改革開放路線はめざましい経済発展をもたらし，中国の経済力は他の民主主義国を圧倒する規模に成長した. ソ連の崩壊を目の当たりにした中国は，政治と経済を徹底的に分離すること，そして経済強国になることが社会主義体制を維持するために不可欠なことを教訓として学んだのだ. 経済の成長は，国家権力が産業・金融・財政・貿易・労働等全ての面で強力な指導・統制力を行使する「国家経済（資本）主義」を導入した成果であり，私企業と国家が分離する欧米の自由主義経済よりも効率的なシステムとしてこれを途上国の発展モデルと評価する声もある. また国内市場が巨大なため，今後開発が内陸部にも及べば外資導入型から内需主導型の発展パターンに転換できる可能性も高い.

　しかし，そのためにはグローバルスタンダードの受容（関税引下げや非関税障壁の撤廃，貿易許可制の廃止）や，「人治」主義から「法治」国家への脱皮は喫緊不可避の課題だ．国際標準受入れのための行財政システム改革だけでなく，経済のグローバル化は中国が固執する国家主権の絶対性や内政不干渉原則の維持を困難とさせる．また仮にアメリカを凌ぐほどの経済大国になれたとしても，国民一人当たりの所得は依然アメリカや日本，EU 諸国よりも遙かに低いままであろう．さらに，市場経済化と競争原理の導入による失業者の増加や急激なインフレ，所得格差や社会的不公正の是正等解決すべき問題を数多く抱えている．

　習近平政権は 13 年の党中央委員会第 3 回全体会議（3 中全会）で「改革の全面深化」をうたい，社会や経済の構造改革を進める決意を強調した．しかし，例えば経済分野では，抵抗勢力の代表である国有企業の改革は進んでいない．改革開放が進められるなか，余剰人員を抱え赤字経営を続けていた国営企業を立て直すため，中国政府は 1994 年に国営企業の株式会社化に着手．国が所有し，会社に経営権をゆだねる形態から「国有企業」に改称するとともに，朱鎔基首相の下で 90 年代後半から大胆な民営化を進め，24 万社あった国有企業は 2008 年には半減した．だがその後，バブル経済のなかで，国有銀行から借り入れできない地方政府が，土地開発のため非正規金融から資金を調達する国有系企業を乱立させたことなどから改革が後退，再び増加しつつある国有企業が市場を独占，改革に強く抵抗し，経済構造改革や金融システム刷新の妨げになっている．経済以外にも，食糧やエネルギーの逼迫，環境汚染等克服すべき課題は多い．人口問題も深刻だ．2015 年に一人っ子政策は廃止されたが男女の出生構成は歪になり，生産年齢人口は既に 2012 年から減少に転じるなど急激な少子高齢化がこの国を襲う．

●格差の拡大

　経済活動の自由化に伴い，地域間の格差，都市と農村の所得格差，都市内部の階層格差（業種間格差）等各方面で格差が拡大している．地域格差とは，経済発展が専ら東部沿岸地帯と東北地方の一部のみに集中しているため，これら地域と開発の遅れている内陸・西部との不均衡拡大問題である．GDP で見ると，国土面積の 1 割強に過ぎない東部が GDP 全体の 58％を占めるのに対し，面積が 5 割の西部は 14％しか生産しておらず，インフラや交通運輸の立ち遅れも問題である．“都市と農村の格差”も顕著だ．中国では全人口の 70％以上を農

民が占めるが，農村部の所得は都市の 1/3 程度に過ぎず，それが地方政府の重税となって彼らに跳ね返ってくる．09 年には都住住民と農民の所得格差は 3.3 倍と過去最大になった．農民の教育水準も低いままだ．

　また農業の資本化に伴い，農村には大量の失業者が発生したが，彼らの多くが出稼ぎ労働者（農民工）として都市へ流入している．労働者を必要とする都市部に貧困で職を持たない農民が出て行くのは自然だが，共産党政権下の中国では人口抑制と政権の安定を確保するため，農村戸籍と都市戸籍（城市戸口）は区分され，都市・農村間の移住は厳しく制限されてきた．しかし資本経済化がこの枠を崩壊させ，戸籍を無視して都市に流れる農民が増え続け，その数は 2 億 5 千万人に達している．こうした非合法流動人口の増加は劣悪な雇用環境や都市部での犯罪増加，治安の悪化，暴力団の拡大（黒社会の復活）といった社会問題を生み出している[2]．

●社会モラルの低下

　さらに共産党独裁の下で，党員・官僚の不正取引や贈収賄，権限の濫用が目立ち，国民の不満が高まっている．腐敗汚職体質に対処するため，1993 年以来中国共産党と政府は「幹部の腐敗汚職」に対する闘争を最優先にし，摘発キャンペーンを繰り広げる等社会秩序の維持と綱紀の粛清に腐心しているが効果は上がっていない．しかも経済の自由化や海外との交流増大で中央に対する地方の発言力が強まり，党や中央政府による集権的管理も効き難くなっている（地域主義の台頭）．

　改革開放政策がもたらす社会の多様化や腐敗汚職体質の蔓延，社会モラルの低下を防ぐため，江沢民政権は「社会主義精神文明の建設強化に関する若干の重要問題についての決議」（精神文明決議）を採択（96 年）し，愛国主義と中国的社会主義を中心とする“モラルと思想の強化”を打ち出した．国民の愛国心を刺激し，党と国民に一体感を持たせ，国内政治の安定と団結（凝集力の維持）を実現しようとしたのだ．中国の大衆が対日歴史問題等で見せる強硬排外姿勢も，愛国主義教育の導入と深く関わっている．

　しかし，共産党幹部の腐敗不正は後を絶たず，国民の批判は高まる一方だ．汚職や規律違反などで処分される共産党員・公職者は例年数十万人に上り，2018 年には 62 万人を超えた．しかもこの数字は氷山の一角に過ぎない．そのため習近平政権は，党員の風紀粛正を担当する党中央規律検査委員会を中心に，

「虎（大物）も蠅（小物）も一緒に叩く」のスローガンの下で共産党官僚の反腐敗・汚職摘発キャンペーンを展開．13年には重慶市の党委員会書記だった薄熙来が収賄などの罪に問われ無期懲役の判決を受けたほか，14年には軍制服組の最高位まで登り詰めた徐才厚前中央軍事委員会副主席の党籍を剥奪し訴追，さらに胡錦濤政権当時，党最高指導部メンバーで公安・司法分野のトップだった周永康前党政治局常務委員の摘発に踏み切った．党政治局常務委員の経験者が汚職容疑で逮捕されるのは1949年の中国建国後初の出来事である．国有石油大手を通じて巨額の不正利益を得ていた石油閥のドン周永康を摘発することで国民の批判を解消するとともに，大物幹部の粛清で，習近平指導部の政治的求心力を高める狙いも込められていた．

●社会管理の強化と矛盾の拡大

中国共産党は社会管理を強化する方針を打ち出し，党宣伝部門による言論監視が続いてきたが，習近平政権になってその傾向が一層強まっている．16年2月，新華社通信や人民日報などを視察した際，習近平は「国営メディアは党と政府の宣伝の陣地であり，党の一族でなければならない」と訓示．メディアも競うように「絶対忠誠」（中央テレビ）を誓うなど党とメディアの双方に言論の自由を抑圧する姿勢が目立つ．またインターネットやSNS管理の徹底，20年の新型コロナウィルス感染拡大の際に赤裸々になった情報の統制や隠蔽，捏造，さらにAIの活用による行動監視など市民の思想と行動を厳しく規制し，共産党に反対する動きを封じ込めることで社会の不満が抗議行動や暴動などに転化する事態を防ごうとしている．

しかし，中央の権力でネット社会の統制や海外から入り込む情報を排除することは不可能である．貧富の格差拡大や官僚腐敗等への不満から中国各地で発生する暴動や抗議運動は2006年に9万件を超え11年には18万件と5年間で倍増しており，社会の不安定化が進んでいる．最近は農村部だけでなく都市部でも暴動事件が頻発しており，2011年に温州で起きた高速鉄道事故を巡っては，メディアからも政府批判の声が上がった．格差拡大への対処が遅れる一方，言論や政治的自由の抑圧に，豊かさを手にした富裕・中間層の不満は増大している．そのうえ，既に経済成長のピークは過ぎ，党幹部の間では経済運営（成長優先か分配の公平確保か）を巡る意見の対立や，タブーとされるイデオロギー・革命路線への回帰を求める声も公然化するなど一枚岩の構造に軋みが目立つ．

　資本主義的手法の導入による経済成長の実現と非民主独裁の政治体制堅持という鄧小平以来の政経分離政策は行き詰まりの様相を深めており，急速な富の拡大・偏在と民主主義の否定がもたらす矛盾と不満は，限界域に近づいている．ナショナリズムに訴え，外に不満の捌け口を求めても，国内の矛盾，つまり平等なはずの社会主義国家でありながら格差は拡大を続け，一部特権階級の腐敗は横行し，他方，民衆は言論の自由を抑圧され不正や不公平を訴えることもままならぬ状況が解決されねば，経済発展はおろか中国社会の秩序や安定そのものが危殆に瀕する．現在の中国の 1 人当たり国民所得は 80 年代の台湾や韓国に概ね匹敵するが，その時期に両国は独裁から民主化へと移行し始めた．しかし今の中国にはそうした兆しは全く見えない．政治改革を怠れば，国内の矛盾から 13 億の民が生み出すエネルギーは，共産党一党独裁体制を揺るがすだけに留まらず，東アジア，ひいては世界の政治・経済そして安全保障に深刻な影響を及ぼすことになろう．

　民主化を巡って，14 年 9 月には香港でも混乱が起きた．中国への返還の際，高度の自治が約された香港であるが，中国政府は 2017 年の香港行政長官選挙に向けて，1 人 1 票の選挙権を認める一方，民主派の立候補を阻む仕組みを導入しようとしたため，学生らがこれに反発して繁華街を占拠，市民も参加する数万人規模の大規模な反政府デモが起り，政府や金融機関が機能停止に陥った（雨傘革命）．さらに 19 年 2 月，香港政府が犯罪容疑者の中国本土への引き渡しを可能にする逃亡犯条例の改正案を発表すると，香港の高度な自治を保障した一国二制度が形骸化すると市民が反発，6 月には参加者が 100 万人を超える大規模なデモに発展した．香港政府トップの林鄭月娥（キャリー・ラム）行政長官は改正案の撤回に応じたが，デモ隊は民主的な普通選挙の実施などの要求を掲げ政府に対する抗議活動を続けており，収束の道筋は見えない．中国政府が一国二制度を逸脱する動きを見せたことは，台湾の中国に対する警戒心を高めることにもなった．

●少数民族問題

　中国には，チベット族，ウィグル族，回族，満州族など 55 の少数民族が住んでおり，5 つの自治区（チベット自治区，新疆ウィグル自治区，内モンゴル自治区，寧夏回族自治区，広西チワン自治区）が設けられているが，中国共産党は少数民族の支配を「核心的利益」と位置づけ，その自由を抑圧し，分離独立運動を徹底的に

弾圧し続けており，近年，各自治区で暴動が相次いでいる．

2008 年 3 月には，チベット自治区のラサで独立を求める大規模なデモが行われ，暴動へ発展した．中国の治安部隊が鎮圧したが，北京オリンピックを控えていたこともあり，国内外で中国政府に対する激しい抗議運動が繰り広げられた．チベットは 1950 年以降，中国によって武力で併合された．59 年のチベット蜂起の際にはチベット仏教の最高指導者ダライ・ラマ 14 世がインドに亡命した．ダライ・ラマ 14 世はチベットに高度の自治を求めているが中国はこれを拒絶，独自に最高指導者（パンチェン・ラマ）を擁立してダライ・ラマに対抗している[3]．

翌 09 年 7 月には，新疆ウィグル自治区のウルムチで暴動が発生した．前月，広東省で漢族によるウィグル族工員殺害事件が起こり，ウルムチのウィグル族青年らが抗議のデモ行進をしたところ，治安部隊と衝突したことが発端であった．当局の発表でも死者は 200 人近くに上り，胡錦濤国家主席は予定していた G8 サミット出席を取り止め急遽帰国し対応策に追われた．13 年 10 月には，ウィグル族と思われるグループの運転する車両が北京の天安門前広場に突入し，観光客ら 40 人以上を殺傷する事件が発生した．それ以後も，ウィグル族が関与した爆発や武装グループの襲撃事件等が中国各地で多発している．

新疆ウィグル自治区では豊かな漢族と貧しいウィグル族の生活格差が拡大しており，しかも中央の方針で漢族の自治区への移住者が急増し，民族間の憎悪やウィグル人の独立志向が高まっている．ウィグル人や自治区に住むトルコ系住民の多くはイスラム教徒であり，しかもウィグル自治区はイスラム教徒を多く抱える中央アジア諸国と隣接している．ウィグルの独立運動がイスラム国家樹立の動きと連動することを中国は恐れているのだ．そのため中国は規制を強化しており，18 年 8 月に開かれた国連人種差別撤回委員会報告によれば，100万人以上のウィグル人を再教育施設と名付けた隔離施設に強制収容するなど露骨な人種差別政策を続けている．2011 年 5 月には，内モンゴル自治区でも大規模なデモが起きている．炭鉱労働者の車に遊牧民が轢き殺されたことが発端で，インターネットサイトや携帯メールを通じて抗議のデモが拡散していった．無秩序な鉱山開発が草原や遊牧民の生活環境を破壊していることが事件の背景にあった．

ロシアと違い，中国は抱える少数民族の種類は多いが，規模は全人口の 8 ％程度に留まっている．もっとも，各地で漢族支配への反発が強まり国家の統一

にひびが入ることを共産党中央は恐れており，強権の発動で押さえ込む方針を
堅持している．97年に採択された国防法では，外国の侵略のみならず国家の分
裂や政府転覆を企図する武装反乱もその対象とされた．09年には国内の治安
維持に当たる武装警察部隊の任務などを定めた人民武装警察法が採択されてい
る．武装警察部隊は人民解放軍から派生した軍事組織で，行政区域毎に配置さ
れ，その総数は約70万人に上り，テロ対策にも当たっている．民族分離運動
に神経を尖らせる中国は，台湾問題と同様に，自治区の支配は本質的な国益を
なす「核心的利益」として，他国の関与に強く反発している．

4　強まる大国外交路線

●厳しさ増す米中関係

　天安門事件以降，中国は持続的な経済発展を実現するため，安定した国際関
係の構築やアメリカはじめ主要国との良好な外交関係の維持に努めてきた．そ
の成果として中国の国力は飛躍的に向上したが，近年では，国際社会における
地位向上とそれに伴う国内でのナショナリズムや権利主張の高まりを背景に，
大国外交への志向を強めている．
　冷戦後，中国はロシアと連携し，米一極世界の阻止，牽制に動くようになっ
たが，アメリカの資本や技術を最大限自国の発展に取り込む必要から，なお対
米関係を最も重要な二国間関係と位置づけ，アメリカとの全面衝突は巧みに回
避し続けてきた．だがその間，中国は一貫して軍事力の増強を続け，威圧的な
手段で南シナ海や尖閣諸島等周辺地域への膨張政策を繰り返すようになった．
また北朝鮮の核開発阻止に対する姿勢は曖昧で，中東問題でも，アメリカと対
立するイランやシリア寄りの立場を堅持している．伝統の遠交近攻策に拠り，
近隣諸国には覇権的な恫喝外交を打ち出す一方で，中国はアフリカなど途上国
との関係強化にも動いている．[4] そして2010年にGDPで日本を抜き去り世界第
二位の経済大国となり，いまや政治，軍事，経済のあらゆる面でアジアトップ
の座を掌中に収めたと判断した中国は，それまでの地域大国から世界大国への
飛躍を目指し，より対等な関係をアメリカに対して求めるようになった．
　こうした中国の対外政策の変化が顕著となったのが，2013年の習近平政権
の誕生である．習近平は国家主席就任直後の同年6月，次いで2015年9月に
も訪米してオバマ大統領と首脳会談を行い，米中が「新型大国関係」を築くべ

きであると強調した．「新型大国関係」とは，米中が互いの核心的利益を尊重しつつ協力分野を増やし，個別の対立を両国関係の全体には影響させない趣旨だと，中国は説明する．しかし，真の狙いは大国中国の存在をアメリカに受け容れさせ，米中二国による世界支配の構想に同意を取り付けることにあった．

　こうした中国の動きを警戒して，オバマ政権は対テロ戦争の幕引きを急ぎ，アフガン，イラクから太平洋重視に戦略の重点をシフトさせる「リバランス」政策を打ち出し，グアムに攻撃型原子力潜水艦，B-2爆撃機，無人偵察機等の配備を進め，外交面ではインドや東南アジア等中国周辺国との関係強化に力を注いだが，南シナ海での一方的な島嶼の占拠など中国の横暴な行動に正面から対峙する姿勢を見せることはなかった．アメリカにとって中国は最大の国債引き受け国であり，投資先でもある．それ故中国をアメリカの「対等なパートナー」（フレッド・バーグステン）と位置づけ，米中の経済協力関係を重視する立場がなお力を得ていたからである（G2・Chimerica論）．

　冷戦後のアメリカの対中政策の基本は，「関与」と「抑止（ヘッジ）」であった．「関与」を通じて中国を国際社会に取り込み，国際社会の一員として国際ルールを受容遵守し，また国際社会の重要なプレーヤーとしての自覚と責任を促し「責任ある利害共有者（responsible stakeholder）」に育て上げるが，中国の軍備増強や意図の不透明性を考慮し，不測の事態に対処できるよう軍事的な「抑止」力を維持するというものだ．関与政策の前提には，中国経済が豊かになれば，自ずから政治の自由化や民主化が進むとの期待感があった．しかしオバマ政権の後半期，関与の戦略は誤りであったとする見解が主流となった．中国国内では人権活動家や改革派への弾圧が強まり，また反腐敗闘争の名の下に次々と政敵を粛清し，習近平の専制独裁体制が進んだ．対外面においても，南シナ海で不法占拠を続ける島嶼の軍事基地化や防空識別圏の一方的な設定など，中国による覇権的な行動はエスカレートするばかりだ．さらに習近平国家主席は，中国がアメリカを凌ぎ世界一の覇権大国となることを国家目標として公言し始める．しかもこの目標を達成するため，中国はサイバー攻撃や産業スパイを大量にアメリカに送り込み米企業の最先端技術や知的財産，さらには国家機密を盗取するなど手段を択ばぬ違法な手口によりアメリカの国益に重大な損害を与えている．そのような状況の中で誕生したトランプ政権は，中国との対決姿勢を前面に押し出すようになったのである[5]．

　確かに米中両国の間には経済的な相互利益の関係が働いており，即全面対決

の事態に至る可能性は低い．しかし，利害や価値観を共有する関係にはなく，政治システムの違い（自由民主主義の開放体制VS一党独裁の閉鎖体制）は相互に抜き難い不信感を生んでいる．中国がアメリカに対し排除敵視の政策や覇権主義的な動きを見せれば，米中関係はさらに対立の様相を深めていくであろう．

●中台関係

中国は，「台湾は中国の一部であり，台湾問題は中国の内政問題である」との原則を堅持し（「一つの中国」論），外国勢力の干渉や台湾独立の動きに強く反対し，武力による台湾解放の選択肢も放棄していない．2005年には「反国家分裂法」を制定し，「如何なる名目，如何なる方式であれ台湾を中国から切り離す事実を作り，台湾の中国からの分離をもたらしかねない重大な事変が発生し，または平和統一の可能性が完全に失われたとき」には，中国は武力行使を含むあらゆる措置をとることを明文化した．もっとも，反国家分裂法の制定や軍備強化の強面政策と並行して，中国は長年の敵対勢力である国民党との関係改善や三通の拡大，パンダ外交等のソフト戦略で台湾世論の取り込みと独立志向の民進党の孤立化に努めている．さらに中台の経済交流を深化拡大させ，台湾経済の大陸依存を高めさせてその自立を阻み，台湾の大陸への吸収統一を狙っている．台湾の側も，国民党の馬英九政権は中国との間で「一つの中国」の原則を確認したとされる「92コンセンサス」を堅持し，大陸との交流拡大を積極的に進めてきた．

しかし，国民党による大陸傾斜の政策によって中国に呑み込まれることへの不安や危惧が本省人を中心に台湾では高まった．また若い世代には，「一つの中国，一つの台湾」と考える台湾アイデンティティも強まっている．そうしたなか，14年3月には，国民党政権が中国とサービス業を開放しあうサービス貿易協定の審議を強引に進めたことに学生らが反発し，立法院にたて籠もる事態となった（ひまわり学生運動）．同年11月の統一地方選挙では国民党が惨敗し，馬英九国民党主席は辞任．さらに16年1月の総統選挙でも，国民党主席の朱立倫候補が台湾独立志向の野党民進党主席の蔡英文候補に大敗し，8年ぶりに政権交代が実現，台湾初の女性総統が誕生した．蔡英文総統は対中強硬姿勢を明確にし，20年1月の総統選挙では対中融和路線をとる最大野党・国民党の韓国瑜・高雄市長と野党・親民党の宋楚瑜主席を破り再選を果たした．香港で続く抗議デモを受けて台湾でも中国への警戒感が強まったことが影響したため

である.

　こうした状況に焦りを見せる習近平政権は，台湾政策を加速強権化している．国際機関から台湾を締め出し，あるいは台湾を国家承認している国に莫大な経済支援を約束し，その見返りに台湾との国交断行を迫るなど台湾の孤立化に動いている．16 年に独立志向の強い民主進歩党の蔡英文政権が発足して以降，中国の圧力で台湾はパナマやドミニカ，エルサルバドルなど 5 カ国と断交に追い込まれ，外交関係を結ぶ国は 17 か国に減ってしまった．また習近平はカソリックとの和解を進め，欧州で唯一外交関係を残すバチカンを台湾から引き離そうと躍起だ．さらに武力による統一も公言化し始めている．2019 年 1 月 2 日，習近平主席は台湾問題について演説し，台湾との「再統一」を確実にするための選択肢として軍事力の行使を排除しないと言明した．習主席は「両岸の双方が一つの中国に属することは法的事実であり，いかなる人物や勢力によっても変えることはできない」と蔡英文総統や台湾独立推進派に警告を発し，中国は「武器の使用は放棄せず，あらゆる必要な措置をとる選択肢を残す」と述べ，「外部勢力の干渉や台独（台湾独立）分子」に対しては武力行使を辞さない姿勢を強調した．また「台湾問題は中国の内政で，中国の核心的利益と民族感情に関わることであり，如何なる外部の干渉も許さない」とアメリカを牽制している．習主席はこれまで再三中台統一への強い意欲を示してきたが，敢えて年頭に「武力使用」に言及することで決意の強さを新ためてアピールしたといえる．台湾海峡周辺での中国軍の行動も活発化している．仮に台湾の独立を許しあるいは黙認すれば，内モンゴル，新疆ウイグル，チベットの各自治区でも燎原の火の如く激しい独立運動が持ち上がるのは必定であり，中国としては何としても台湾の独立を阻まねばならないのだ．

　中国が台湾を軍事制圧するには，台湾本島への着上陸侵攻作戦が必要で，台湾海峡周辺の制空，制海権の確保が不可欠だ．中国は総兵力の約 1/3，海軍力の半分を台湾に振り向けており，最新鋭戦闘機や揚陸艦の増強，対艦攻撃力の強化を急ぐなど台湾侵攻能力を急速に高めている．18 年 6 月に公表された「中国の軍事力に関する年次報告書」（米国防省）によれば，敵前上陸などを担う陸戦隊について，現状の約 1 万人規模（2 個旅団）を 2020 年までに 3 万人規模超（7 個旅団）に拡大させる計画が判明した．陸戦隊には新たに「遠征作戦」などの任務も付与され，アフリカや中東への展開に加え，尖閣諸島や台湾の軍事制圧を視野に入れての兵力増大の可能性がある．現時点では，台湾を短期間に制

圧するだけの戦力は有しておらず，米軍の介入も予想されるため，直ちに武力侵攻に踏み切る蓋然性はさほど高くない．しかし，習近平政権の焦りを見ると，恫喝の域を越えて武力行使に訴える可能性は年毎に高まっている．なかでもアメリカのアジアへの関与・関心が低下したと中国が判断したり，世界の関心が他の地域に集まっている時などは，その行動に十分な監視と警戒が必要である．

●一帯一路とAIIB

習近平国家主席は2014年，上海で開いたアジア信頼醸成措置会議で，アジアの安全保障はアジアの構成国で守らなければならないという「アジアの安全保障観」を提唱し，中国がアジア，ユーラシアの国際秩序構築に主導権を発揮する決意を語った．また習近平政権は，中国と欧州を結ぶ巨大な経済圏構想を提唱している．中国を起点に中央アジアから欧州までを陸路で結ぶ「シルクロード経済ベルト」と，中国沿海からインド洋を経てアラビア半島までを結ぶ海上交通路「21世紀の海上シルクロード」の二つの構想を柱とし，周辺国とのインフラ整備を進めようとするもので，中国では「一帯一路」と呼ばれている．既に中国は「真珠の首飾り」構想を掲げ，パキスタンやスリランカとの経済的・戦略的な関係を強化し，南アジア〜インド洋地域への進出を活発化させており[8]，一帯一路はそれをユーラシア規模に拡大させたものと言える．

一帯一路構想を実現すべく，2013年末に中国は400億ドル規模の「シルクロード基金」を設立，15年3月には構想の「行動計画」を発表した．さらに，各国政府が出資する新たな国際機関を作り，アジアを中心としたインフラ建設等に資金を提供するアジアインフラ投資銀行（AIIB）の構想を掲げた．AIIBにはアジアや欧州の57か国が参加（日米は不参加）を表明し，2016年に発足に漕ぎ着けている．同様の組織としては既に世界銀行やアジア開発銀行などが存在するが，途上国のインフラ整備を進めるには莫大な金額が必要となる．そのため既存組織からの融資だけでは賄いきれない資金ニーズに対応することがAIIB創設の狙いである．また世界銀行やIMFを中心とする戦後の国際金融秩序が欧米主導であることから，それに対抗する機関を自ら立ち上げ欧米を牽制するとともに，自国の経済力を背景に将来的には中国を軸とした新たな金融秩序の構築を目指す意図も込められている．

アジア，ユーラシアにとどまらず，一帯一路の名の下に中国はアフリカや中南米，南太平洋諸国にも積極的な外交を展開し，存在感を高めている．さらに

18 年には「氷のシルクロード」建設を掲げ，北極海での資源開発権を主張し始めている．こうした中でも特にアフリカ外交には従来から力を入れている．中国の歴代外相 1991 年から 23 年連続して，毎年の最初の訪問地にアフリカを選んでおり，習主席も就任後初の外遊先に南アフリカ等 3 か国を歴訪している．中国は改革開放政策の以前から途上国と深い関係を保ち，それを梃子に欧米主導の国際秩序とは一線を画した独自の外交路線を採ってきたが，エネルギー消費の増大が顕著となった 2000 年前後から，ODA の拡大や首脳外交の展開等さらなる関係の強化に努めてきた．こうした戦略的な動きの延長上に位置するのが一帯一路構想であり，自国経済の成長に不可欠な原材料・エネルギー資源の確保や中国製品の市場開拓に加え，政治的影響力の拡大浸透，さらに国際会議や国際機関での発言力増大を狙ったものである．

　もっとも，資源獲得のためなら人権抑圧国家や独裁政権とも手を結ぶ中国の資源外交（ダルフール問題で非難を受ける産油国スーダンへの融資等）は国際社会から強い批判を浴びている．また返済計画を無視した莫大な資金を貸し付ける一方，債務不履行に陥った国には港湾施設の独占や長期使用を強いるほか，大量の中国人労働者の流入や環境破壊の拡大などの問題も生み出し，受け入れ国との摩擦が目立っている．

5　不透明な軍備増強と海軍力の拡張

●中国の軍事力

　経済の発展に伴い中国は急速な軍備増強を続けており，軍事費は毎年 10%近い伸び（19 年度は 7.5%）を示し，公表国防費は過去 10 年間で 2.5 倍，過去 30年間で 48 倍に膨らんでいる（日本の防衛関係費は，過去 10 年間で 1.06 倍）．しかも予算の内訳を明らかにしておらず，実際の軍事費は公表額の 2 倍に近く，武器輸出で得た外貨も軍事産業に再投資されている．近代化計画の将来像は明確にされておらず，軍事や安全保障に関する意志決定のプロセスも不透明である（高い不透明性）．

　中国の軍事力は，人民解放軍と人民武装警察部隊，民兵から構成され，党（＝国家）中央軍事委員会の指揮を受ける．党の軍隊である人民解放軍は，陸・海・空軍とロケット軍からなり，総兵力は 200 万人．陸上戦力（100 万人）が中心だが，人員削減と近代化を急いでいる．核・ミサイル分野では，固体燃料推

進方式への更新や移動型 ICBM
（DF-31/A），射程約 8 千キロとみ
られる SLBM（JL2）搭載のジン級
原子力潜水艦（SSBN），空母など
洋上の艦艇を攻撃する対艦弾道ミ
サイル（ASBM）の DF-21 やグア
ムも射程に収める DF-26，巡航
ミサイルの配備，弾道ミサイル防
衛能力の開発，空軍ではステルス
戦闘機（J-20 や J-31）や大型輸送機
（Y-20）の開発が進められているが，
特に増強著しいのが海軍力で，潜
水艦戦力や防空・対艦攻撃力の高
い水上艦艇，揚陸艦の整備を進め
ている．2012 年には，旧ソ連製の
空母ワリヤーグを改造した中国初
の空母遼寧が部隊配備され，16
年 12 月に初めて太平洋へ進出，

図3-1　中国海軍の活動

（出所）　U.S. Department of Defense (2010). *Military and Security Developments Involving the People's Republic of China*, p. 23 を基に作成.

初の国産空母も 17 年 4 月に進水，18 年 5 月に初の海上試験を実施しており，
就役も近いと見られている．

　差し迫った脅威が無いにも拘わらず，中国が海軍力を中心に軍備強化を急ぐ
理由の一つは，米軍の中国近海・西太平洋への接近を阻み，台湾の武力解放を
可能とすることにある（「接近拒否・領域拒否（A2/AD）」戦略）[9]．米空母を破壊出来
る対艦弾道ミサイル（ASBM）の開発・配備を急いでいるのはそのためだ．中国
は沖縄，台湾，フィリピンを結ぶラインを第 1 列島線，その外側の小笠原諸島，
マリアナ，インドネシアに至るラインを第 2 列島線と定義し，第 1 列島線の内
側で制海権を握るとともに，第 2 列島線内のシーコントロール確保を目標に，
今後も海軍力の増強を続けると予想される[10]．

　海軍を増強するもう一つの理由は，資源の確保にある．かつて伍修権副参謀
長は「中国海軍の任務は基本的に沿岸を守ることである（海の人民戦争）」（78 年
9 月）と述べたが，ソ連海軍のアジア・太平洋海域からの撤退で生じたシーパ
ワーの穴を埋めるかのように，冷戦後，中国海軍の活動は俄かに活発化した．

92 年 10 月の第 14 回全国代表大会では，人民解放軍の任務にそれまでの領土，領空，領海主権の防衛に加えて「海洋権益の防衛」が追加された．またこの年には，尖閣諸島や南沙，西沙群島等を中国領と明記した「領海法」も制定された．既に中国はエネルギーの輸入国であり，強大な海軍力を背景に，海外の資源を本国まで運ぶ自国の海上輸送路を確保するだけでなく，海底油田等が存在する周辺海域を自国の領域に取り込もうとしている．

中東からの石油輸送ルートにあたり，海底資源も豊富な南シナ海域を「核心的利益」と位置づける中国は，ベトナムやフィリピンが領有権を主張する南沙群島や西沙群島に軍艦や船団を展開させ，一方的に島を占有し軍事基地を設けたり周辺諸国の海洋行動を妨害して度々摩擦や国際問題を引き起こしている．09 年には，南シナ海の大半の管轄権を主張する文書を国連に提出した．日中間でも，東シナ海ガス田の開発や尖閣諸島の領有，日本周辺海域における中国海軍や海洋観測船の跳梁等海洋権益や領土をめぐる問題が山積している．軍備の拡大強化に加え，中国海軍の外洋進出と恫喝的な行動は周辺アジア諸国に重大な懸念を生み出している．

●南シナ海での膨張

南シナ海では中国，台湾，ベトナム，フィリピン，マレーシア，ブルネイがそれぞれ自国の領有権や管轄権を主張し，境界線が重なり合っている．特に石油やガス資源の存在が指摘された 1960 年代末頃から各国の対立が激しくなるが，なかでも南沙・西沙諸島の支配権をめぐる中国の暴力行使を伴う威圧的な姿勢が問題になっている．

南沙（スプラトリー）諸島は南シナ海の中央に位置する海上交通の要衝で，100 以上の小島と環礁からなる．豊富な漁業資源に加え，同諸島周辺には油田，天然ガス等の海底資源の存在が有力視されている．諸島最大の太平島は台湾が実効支配し，フィリピンも 9 か所を実効支配するが，南沙諸島については中国，台湾，ベトナム，フィリピン，マレーシア，ブルネイの 6 か国がそれぞれ自己の領有権を主張し，特に中国とベトナム，フィリピンの間で衝突が繰り返されている．西沙（パラセール）諸島は，海南島の南東約 300 km に位置し，50 近い珊瑚礁の島と岩礁で構成され，現在，全ての島嶼を中国が実効支配しているが，ベトナムと台湾も領有権を主張している．

中国は，1974 年にベトナムと武力衝突を起こし西沙諸島を支配下に収めた

のを皮切りに，88年には再びベ
トナムと戦火を交え南沙諸島の
ジョンソン礁を占拠，95年には
西沙諸島に飛行場を建設したほか，
南沙諸島のミスチーフ礁に櫓等の
建造物を設置，その後コンクリー
ト施設に建替え中比の緊張が高
まった．98年にも中国は再びミ
スチーフ環礁に軍事施設らしき建
造物を増築している．

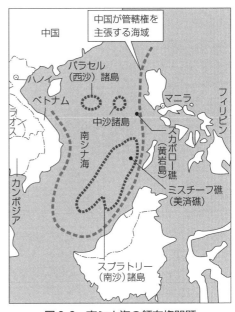

図3-2　南シナ海の領有権問題
(出所)『朝日新聞』2012年11月14日等を基に作成．

　こうした中国の実力を行使した
不法な領有占拠活動は，近年さら
に活発化している．主な事例だけ
を見ても，2011年3月，南沙諸島
近海でフィリピンの石油探査船が
中国の警備艇に威嚇され，5月に
はベトナムの漁船が中国海軍の艦
艇から自動小銃で威嚇発砲された．
12年4月には，フィリピンの排他的経済水域内にあるスカボロー礁付近で中
国漁船が違法操業をしたことから，中比の艦船が2か月以上同海域でにらみ合
いを続けた．7月には中国が西沙，南沙，中沙の3諸島を三沙市に格上げし，
領有の正統性を誇示し，併せて軍事施設の建設を計画している．

　これに対抗してフィリピンのアキノ大統領は南シナ海の一部を「西フィリピ
ン海」と公式に定める行政令を公表，13年1月には国連海洋法条約に基づき中
国を相手に仲裁を提起した．15年10月，常設仲裁裁判所は実質審理に入ると
発表したが，中国はこれに応じなかった．14年5月，中国は西沙諸島近海で石
油の掘削に着手し，抗議するベトナム船に放水や衝突を加えた．また同年，中
国は南沙諸島の7か所の岩礁で大規模な埋め立て工事に着手した．民間施設の
建設といいながら，出現した人口島には3000メートル級の滑走路やレーダー
施設，大型船の接岸が可能な港等を建造し軍事拠点化を進め，16年にはこれら
施設の運用を開始している．西沙諸島には地対空ミサイルを配備したほか戦闘
機や戦闘爆撃機も展開させており，南シナ海に防空識別圏を一方的に設定する

可能性も危惧されている.

　中国の強引な実効支配に反発したフィリピンやベトナムはともに米海軍との連携を深めるようになり，フィリピンは 14 年 4 月，米軍のスビックなどへの再駐留を可能にする新軍事協定をアメリカと締結した．事態を黙認できないと判断したアメリカは 15 年 10 月，米海軍のイージス駆逐艦を中国が支配する南沙諸島の人口島 12 カイリ内を航行させ（航行の自由作戦），中国を牽制した．以後断続的に同作戦を継続させているが，中国側の膨張を十分に抑止できず，このままの状況が続けば一触即発の事態も憂慮される.

　中国は独自に設定した九段線を歴史的根拠に，南シナ海の領有権を主張するが，仲裁裁判所はこれを認めず，法的な根拠を完全に否定した（16 年 7 月）．だが中国はこの裁決を受け容れず，一方的に軍事拠点化を進めている．中国に対しては海洋ルールの遵守等周辺諸国との信頼醸成や軍事に関する透明・公開性の向上を強く求め，また戦略兵器に関する米中露軍縮プロセスの創設や通常兵器規制への参加等軍備管理・軍縮に関する国際枠組みへの積極関与を促すとともに，国際秩序を不安定化させる軍備の増強に歯止めを掛けさせる必要がある．国力の向上と社会問題の深刻化が併存する複雑な状況によって国民心理が不安定化しつつあるなか，国内の矛盾解決に手間取る共産党に向けられた国民の不満を外に逸らすため，外部世界の脅威を煽り誇張するような政治手法を中国が続ければ，高まりつつある排他攻撃的なナショナリズムが暴発し，周辺諸国との軍事衝突など不測の事態を招く危険性が高まっている.

●宇宙・サイバーと三戦

　2015 年の軍事改革で陸海空軍と同格となるロケット軍を新たに創設したように，中国は宇宙の軍事利用にも積極的だ．中国は表向き宇宙空間の平和利用を強調しているが，軍事利用を否定しておらず，紛争時に敵の宇宙利用を制限，妨害するためのレーザー兵器や衛星妨害兵器の開発を急いでいる．アメリカのGPS 機能に依存しない衛星測位システムや宇宙ステーションの開発などの独自開発など一見純然たる科学技術の振興や民生目的に見える事業も，他国の情報収集やミサイルの命中精度向上など軍事利用の狙いが込められている．またサイバー（電脳）戦に強い関心を持ち，網軍と呼ばれる大規模なハッカー専門部隊を編制している．近年頻発する各国政府機関を対象としたサイバー攻撃との関連も指摘されている.

中国は軍事力の物理的使用のみならず，その非物理的使用を重視し，「軍事闘争を政治，外交，経済，文化，法律等の分野の闘争と密接に呼応させる」方針を掲げ（『2008 年版中国の国防（国防白書）』），「三戦」と呼ばれる「輿論戦」「心理戦」及び「法律戦」を軍の政治工作の項目に加えている。[11] 孫子の「戦わずして勝つ」戦略を継承しているのだ．

6　北東アジア：北朝鮮の核・ミサイル開発と恫喝外交

北朝鮮は約 110 万人の陸上兵力の 2/3 を南北を隔てる 250 キロの DMZ（非武装地帯）付近に前進配備している．海上でも潜水艦による韓国領海侵入や南北警備艇の銃撃戦が繰り返し生起しており，日本でも不審船の領海侵犯事件が起きている．また北朝鮮は 10 万人に上る世界最大規模の特殊部隊を保有し，高いサイバー戦能力も持っている．しかし，最大の脅威となっているのが，大量破壊兵器や弾道ミサイルの開発・保有である．

●第 1 次核開発危機

冷戦の終焉後，経済の自由化や社会システムの変革に遅れ，孤立化を深めた北朝鮮は，核兵器の保有やミサイルの開発を軸とした恫喝外交の展開により，体制の生き残りを図ろうとしている．1992 年に IAEA が寧辺の原子力研究施設を査察した結果，核兵器の材料となるプルトニウムの抽出疑惑が浮上した．翌年 IAEA は未申告施設への特別査察を要求したが，北朝鮮は拒否．94 年には一部で査察が実施されたが重要施設の査察には応じず，南北協議の場で北朝鮮代表は「戦争になればソウルは火の海になる」と発言し，朝鮮半島に緊張が走った．

　そのためカーター元大統領が訪朝し，金日成との会談で，軽水炉開発支援と引換に核開発凍結の意向が確認された．直後に金日成は死去したが，交渉の結果，94 年 10 月，北朝鮮が核開発を断念し，建設中の黒鉛減速炉を解体することを条件に，アメリカが軽水炉 2 基を供与，その完成まで毎年重油の提供を約す「米朝枠組み合意」が成立した．

●ミサイル協議とペリー報告

核問題がひとまず落着すると，アメリカは米朝ミサイル協議を重ね（96 年 4

月～2000 年 11 月），北朝鮮の弾道ミサイル開発・輸出の規制をめざした．しかし北朝鮮はテポドン 1 号の発射を強行，ミサイルは日本列島上空を越えて三陸沖に落下した（98 年 8 月）．クリントン政権はペリー元国防長官を起用し，北朝鮮政策の包括的な見直しを行った．

　ペリーは，北朝鮮が早期に内部崩壊する可能性を否定した上で，北が望ましい方向に動けば段階的な制裁の緩和等見返りを与えるが，逆に向かえば緩和措置を撤回する「対話と抑止」の併用策を取り纏め，議会に報告された（「ペリー報告」99 年 9 月）．これに基づきオルブライト国務長官が訪朝し（10 月），ミサイル規制と引換に食糧・エネルギーの提供，大統領訪朝等金正日と協議したが，クリントン政権の任期切れで交渉は纏まらなかった．

●第 2 次危機

　続くブッシュ・ジュニア政権は北朝鮮に厳しい姿勢で臨む方針を固め，ブッシュ大統領は北朝鮮を「悪の枢軸」と強く非難した（02 年 1 月）．02 年 10 月，米朝合意に反して北朝鮮がプルトニウムだけでなくウラン濃縮による核兵器開発を密かに進めていることが明らかとなり，北朝鮮は 03 年 1 月に NPT 脱退を宣言した．これが現在も続く第 2 次危機の発端である．関係各国が連携協力して北朝鮮の核開発を阻止するため，03 年 8 月以降，北朝鮮との話し合いは米中露韓日が一堂に会する 6 か国協議の場で行うことになった．北朝鮮が個別に仕掛ける二国間協議で関係国の足並みが乱れ，核開発阻止の姿勢が分断，切り崩されるのを防ぐためである．

　しかし，アメリカが敵視政策を変えないとして，04 年 8 月以降北朝鮮は 6 か国協議への参加を拒否し，05 年 2 月には核兵器の保有を宣言した．5 月には寧辺の実験用黒鉛減速炉から約 8 千本の使用済み核燃料棒の取り出しを完了したと発表した．その後，アメリカの外交努力もあり，北朝鮮の「全ての核兵器及び既存の核計画の放棄と NPT への復帰」を柱とする共同声明が採択された（第 4 回 6 か国協議：05 年 9 月）．だが，核の放棄が先か支援・体制保証が先かを巡り，再び対立が強まった．またアメリカがマカオにある銀行の北朝鮮口座の取引を停止させ事実上の経済制裁に踏み切ったため，北朝鮮は態度を一層硬化させ，06 年 10 月には初の地下核実験を強行する．

　任期内の問題解決を目指すブッシュ大統領は圧力路線を見直し，北朝鮮に 6 か国協議への復帰を促した．その結果，「初期段階の措置」の合意文書が採択

表 3-1　北朝鮮の核兵器・ミサイル開発を巡る動き

年	月	事項
1993 年	2 月	寧辺未申告施設への IAEA の特別査察要求を拒否
	5 月	日本海中部に向けノドンを発射
1994 年	3 月	南北協議で北朝鮮代表「ソウル火の海」発言
	6 月	カーター元大統領訪朝，金日成と会談
	7 月	金日成主席死去
	10 月	米朝枠組み合意
1997 年	10 月	金正日，党総書記に就任
1998 年	8 月	テポドン 1 号発射
1999 年	9 月	クリントン政権，対話と抑止の併用を説く「ペリー報告」を議会に提出
2000 年	10 月	オルブライト国務長官が訪朝
2002 年	1 月	ブッシュ大統領，一般教書演説で北朝鮮を「悪の枢軸」と非難
	9 月	日朝首脳会談
	10 月	米朝枠組み合意に違反しウラン濃縮計画を継続させていたことが判明
2003 年	1 月	核不拡散条約（NPT）から脱退
	8 月	6 か国協議始まる
2005 年	9 月	アメリカがマカオの銀行に対する金融制裁発動（北朝鮮口座取引停止）
		6 か国協議で，核放棄確約の共同声明採択
2006 年	10 月	核実験を実施
2007 年	2 月	6 か国協議で朝鮮半島非核化に向けた「初期段階の措置」について合意
	7 月	北朝鮮，核施設の運転を停止
	10 月	第 2 回南北首脳会談．第 2 段階の措置で合意
2008 年	6 月	北朝鮮，核計画申告書を提出．軍事分野は全て除外
	10 月	アメリカが北朝鮮のテロ支援国家指定を解除
	12 月	核廃棄の検証手続きで合意不成立，以後 6 か国協議中断
2009 年	5 月	2 回目の核実験を実施
2010 年	3 月	韓国哨戒艦「天安」魚雷攻撃を受け沈没
	9 月	金正恩が党中央軍事委員会副委員長に選出され，事実上の後継者に
	11 月	韓国の延坪島砲撃
2011 年	12 月	金正日死去，金正恩が朝鮮人民軍最高司令官に就任
2012 年	4 月	金正恩，党第一書記に就任．
2013 年	2 月	3 回目の核実験を実施
2016 年	1 月	4 回目の核実験を実施．水爆実験に成功と発表
	2 月	改良型テポドン 2 号の発射に成功，人工衛星を周回軌道に投入成功
	3 月	北朝鮮への航空燃料の輸出禁止等を定めた国連安保理決議採択
	4 月	潜水艦発射弾道ミサイル（SLBM）を発射（5 回目）
	5 月	朝鮮労働党大会で金正恩が党委員長に就任
	9 月	5 回目の核実験を実施
	12 月	北朝鮮の石炭輸出に上限を設定するなどの国連安保理決議採択
2017 年	1 月	「ICBM の開発が最終段階」（金正恩）
	7 月	ICBM 火星 14 発射
	9 月	6 回目の核実験
	11 月	火星 15 発射「国家核戦力の完成」（金正恩），アメリカが「テロ支援国家」に再指定
2018 年	1 月	「米本土を攻撃できる核搭載 ICBM 実戦配備を宣言」（金正恩）
	4 月	南北首脳会談，金正恩が核ミサイル実験中止と核実験場廃棄を宣言
	6 月	米朝首脳会談（シンガポール）．北の体制保証（米）と朝鮮半島完全非核化（北）を約束した共同声明発表
2019 年	2 月	第 2 回米朝首脳会談（ハノイ）．非核化の進め方巡り決裂
	4 月	金正恩，アメリカに交渉姿勢転換求め「年末までは忍耐力を持って待つ」と宣言
	6 月	第 3 回米朝首脳会談（板門店）．非核化に向けた実務協議再開で合意
	7 〜 9 月	北朝鮮が短距離弾道ミサイルを 9 回発射

された (07年2月). 北朝鮮核施設の60日以内の稼働停止とIAEA要員の復帰, 日朝国交正常化協議開始(「初期段階の措置」)をうたうもので, それらが履行されれば,「全ての核計画の完全な申告」と「全ての核施設の無力化」を条件にアメリカが重油の提供とテロ支援国家の指定解除(「第2段階措置」)が約された. 北朝鮮は核施設の稼働を停止 (07年7月) させ, 10月の6か国協議では「第2段階の措置」で合意, 北朝鮮が「全ての核施設の無力化」と「全ての核計画の完全な申告」を「12月31日まで」に終えると明記した文書が発表された. 08年6月, 北朝鮮は核計画申告書を提出し, 寧辺の原子炉冷却塔を破壊したが, 申告内容はプルトニウム生産に関する計画と施設に留まり, 核兵器やウラン濃縮計画等の情報は全て除外された. それでもアメリカは譲歩しテロ支援国家の指定を解除したが (同年10月), 北朝鮮は「第2段階の措置」を遵守せず, 未申告施設への立ち入り・検証等に応じず, 核施設の無力化も履行しなかったため枠組みは破綻した (08年12月). 以降, 6か国協議は中断したままである.

●金正恩体制の発足

オバマ政権発足後の2009年4月, 北朝鮮は再び弾道ミサイルを発射. 国連安保理が非難の議長声明を採択すると6か国協議からの離脱と核施設の再稼働を宣言, 09年5月には二度目の核実験を強行した. 国連安保理が経済制裁に踏み切ると, 北朝鮮はウラン濃縮作業の着手を宣言した. 2010年3月, 韓国の哨戒艦天安が沈没し兵士46人が死亡, 韓国政府は北朝鮮による魚雷攻撃と断定した. 南北の緊張が高まるなか, 9月には金正日総書記の三男・金正恩が事実上の後継者に選出された. 11月には北朝鮮が韓国の延坪島を砲撃, 韓国の兵士と民間人が死亡した. 北朝鮮が直接韓国領土を砲撃したのは, 朝鮮戦争休戦以降初であった.

2011年12月に金正日が死去し, 翌年4月金正恩が朝鮮労働党第一書記及び初代国防委員会第一委員長に就任. 社会主義国家としては極めて特異な親子3代にわたる権力の世襲体制がスタートした. 金正恩は, 金正日一周忌に改良型テポドン2号の発射を成功させ, 射程の延伸と技術の向上を世界にアピールし (12年12月), 3回目の核実験にも踏み切った (13年2月).

●核の恫喝による体制存続

北朝鮮が核兵器の保有に固執するのは, ① 大国としての地位獲得・国威発

揚や ② 支援を引き出すためのバーゲニングパワー，そしてなによりも ③ 金王朝と呼ばれる金日成一族の世襲体制存続のためである．サダム・フセインもカダフィも影響力拡大のため幾度も“核の脅し”を用いたが，実際には核を持たないために滅ぼされた．北朝鮮はアメリカの脅威に対抗する防御手段として核保有を正当化させているが，北にとってアメリカの脅威とは，米軍の介入で金王朝が倒され民主政権が樹立されることへの脅威である．それを恐れる現体制は，核兵器，特に米本土を脅かすことのできる核戦力を持つことでアメリカの行動を抑止し，併せて自らの支配体制存続を認めさせようとしているのだ．

　一方，交渉に臨むアメリカはまず北朝鮮が大量破壊兵器を放棄することが先決とし，経済的圧迫を加えて金体制を干し上げる戦法を採っている．また北の核・ミサイル技術がイランやパキスタンに流出しており，北の技術がこれら諸国や国際テロリストに渡らぬよう拡散防止に政策の重点を置いている．オバマ大統領は 08 年の大統領選挙中，ブッシュ政権の北朝鮮，イラン政策を批判し，「直接交渉して解決を目指す」と訴えた．12 年 2 月，オバマ政権はウラン濃縮や核・ミサイル実験停止等の見返りに食糧提供で北朝鮮と合意したが，僅か 2 か月後に北朝鮮は長距離弾道ミサイルを発射して合意を破棄．不信感を強めたオバマ大統領は，北朝鮮が核放棄に向けて行動を改めるまでは動かない「戦略的忍耐政策」を採り，その在任中，米朝交渉は停滞し，北朝鮮が進める核・ミサイル開発は事実上の放置状態に陥った．

　これに対し北朝鮮は，アメリカを交渉のテーブルに引き戻すため脅威をさらにエスカレートさせる．2015 年 5 月には潜水艦からの弾道ミサイル発射に成功したと報じ，16 年 1 月には 4 回目の核実験を強行し水爆実験に成功したと発表（実際は強化原爆の実験と推定）．国連の安保理事会は，北朝鮮への航空ロケット燃料の輸出禁止や北朝鮮からの石炭や鉱物資源の輸入禁止，北朝鮮に出入りする貨物の検査強化など従来よりも厳しい北朝鮮制裁決議を採択したが（16 年 3 月），その後も北朝鮮は潜水艦発射弾道ミサイル SLBM（8 月）等サイルの発射を繰返し，16 年 9 月には 5 回目の核実験を強行，過去最大の規模で，核弾頭の小型化成功と発表した．さらに 17 年 1 月，金正恩委員長は「ICBM の開発が最終段階に達した」こと，翌 18 年 1 月には「米本土全域が核攻撃射程圏内にあり，核のボタンが事務室の机の上にいつもある」と述べ，米本土を攻撃できる核搭載 ICBM の実戦配備を宣言した．北朝鮮は，米本土を射程に収める長距離弾道ミサイル（射程 1 万キロ以上のテポドン 2 派生型，新型 ICBM 火星 15）やそれ

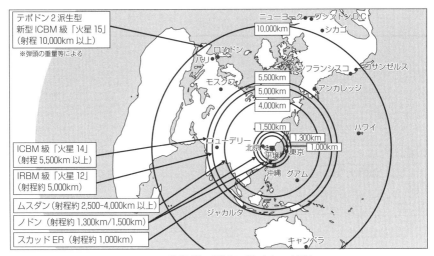

図 3-3　北朝鮮の弾道ミサイルの射程

（注 1 ）　上記の図は，便宜上平壌を中心に，各ミサイルの到達可能距離を概略のイメージとして示したもの.
（注 2 ）　「　」は北朝鮮の呼称.
（出所）　『令和元年版防衛白書』（防衛省，2019 年）99 頁.

に搭載可能な核弾頭を既に保有しているとみられている.

●米朝首脳会談と金王朝の行方

　2017 年に発足したトランプ政権は「すべての選択肢がテーブルの上にある」と主張し，北朝鮮が核・ミサイル及びその増強計画を放棄するよう強い圧力をかけた.北朝鮮はこれに反発し，朝鮮半島に緊張が高まった.しかし翌 18 年 6 月，初の米朝首脳会談が実現し，金正恩朝鮮労働党委員長は朝鮮半島の完全非核化を，トランプ大統領は北朝鮮に安全の保証を提供することを約束する共同声明が発表された.その後ポンペオ国務長官が訪朝し，実務者協議が開始されたが，北朝鮮はアメリカの一方的な非核化要求には応じられず，米側も相応の措置をとるべきだとして制裁の解除などを求めたため話し合いは難航し，19 年 2 月の米朝首脳会談は決裂.同年 6 月に板門店で行われた三度目の首脳会談では非核化に向けた実務協議再開で合意したが，交渉は進んでいない.

　政権発足当初，金正日書記の実妹金敬姫やその夫張成沢といった親族や父親の側近が後見役として金正恩を補佐する形で権力の継承が進められたが，その後，金正恩は，国家転覆陰謀行為を行ったとして張成沢国防委員会副委員長を

処刑（13 年），側近幹部の粛清も相次ぐなど独裁化を強め，2016 年 4 月に 36 年ぶりに開かれた朝鮮労働党大会では新設された党最高位ポストの委員長に就任し自らの権力基盤を固めた．また党規約には，核開発と経済建設を同時に進める「並進路線」を明記するとともに，2016 年からの 5 か年戦略では，エネルギー問題の解決に加え，4 つの先行部門（石炭，電力，金属，鉄道）や基礎工業部門の正常化や，農業，軽工業の生産増で「人民生活の向上を目指す」ことを掲げた．さらに 18 年 4 月の朝鮮労働党中央委員会総会では，国家核武力が完成し，並進路線が貫徹されたとして，総力を経済建設に集中する方針が表明された．金王朝の維持には核戦力の増強が不可欠だが，政権の崩壊や他国の介入を回避するには経済を軌道に乗せ，飢餓や貧困，社会不安の増大を防ぐ必要があるからだ．

　金正恩は父正日が進めた先軍政治の結果，強大な力を持つようになった軍部の影響力を抑え，自らの身の安全を確保するとともに党の指導力を回復させ，国の資源の多くを経済に充てたい考えと思われる．しかし，アメリカから体制存続保障を勝ち取り，かつ自らの国内における権威を確立するための手段として軍事力に大きく依存するその政治体質は，先軍政治による強盛国家を目指した父親の時代と大差なく，果たして金正恩が軍部を統制できるかどうか不透明である．経済重視の政策も，経済制裁が解除されず，思い通りの成果が得られておらず，さらに新型コロナウィルスの感染による中朝国境閉鎖の事情等も加わり，北朝鮮経済は疲弊している．米朝会談で制裁が解除され，経済が好転すると期待した国民の金正恩に対する不満も強まっている．

　一方，アメリカは北朝鮮問題の解決にあたり周辺諸国の積極的関与，特に中国のイニシアティブ発揮を強く求めている．しかし中国は，冷戦期からの北朝鮮との関係に加え，金王朝が崩壊し民主政権が生まれることによってアメリカや韓国の影響力が半島を北上，拡大することを嫌っている．また体制崩壊によって大量の難民が中国に押し寄せる事態を避けるためにも，金王朝を支えているのだ．そのため中国は経済制裁に消極的で，国連決議も実際には無視し，水面下で食糧や重油などのエネルギー資源の提供など北朝鮮への支援を続けている．中国が北朝鮮の独裁抑圧的な政治体制の改善や民主化実現の考えを持たず，核の放棄やミサイル開発を自粛させるため強い圧力をかけることも回避し続ける限り，北朝鮮の現体制が短期間に崩壊し，核・ミサイル，拉致問題が解決する可能性は小さい．6 か国協議は中断したままで対話復活の兆しは見えな

い．アメリカが動かず，中国が安保理決議を真摯に履行する姿勢も窺えないなか，北朝鮮の脅威は深刻化の度合いを深めている．

7　東南アジア

●ASEAN の発展

　東南アジアの地域協力機構である ASEAN は，1967 年にタイ，インドネシア，マレーシア，フィリピン，シンガポールの 5 カ国で発足した．その後，ベトナム，ラオス，カンボジアが加盟，軍政が敷かれたミャンマーも加盟し ASEAN 10 が実現した（1997 年）．その間，ASEAN 諸国は内政不干渉や領土紛争の平和的解決を定めた「東南アジア友好協力条約（TAC）」を締結（1976 年），2003 年に中，印，翌年には日本も TAC に加入している．

　ASEAN は，域外との連携強化にも努めている．冷戦後の 1993 年には ASEAN 拡大外相会議が開催され，日中韓に加え，豪，ニュージーランド，米，加，EU，露等の外相級代表が参加している．96 年には，シンガポールのゴー・チョク・トン首相の提唱により，ASEM（アジア欧州首脳会議）が設立された．日中韓を加えた協議の場として「ASEAN ＋ 3」も 1997 年に発足している．97 年夏に発生した通貨・金融危機の影響が東アジア全体に広がった教訓を踏まえ，アジアの地域協力を強化するため生まれたものである．さらに 05 年 12 月には第 1 回の東アジアサミット（東アジア首脳会議：EAS）が開催された．EAS には ASEAN10 か国，＋3 に加えてオーストラリア，ニュージーランド，インドが，2011 年には米露も正式参加し，経済等実務分野に加えて政治・安全保障分野の協力を強化していくことが確認された．

　もともと経済協力に主眼が置かれた ASEAN あったが，冷戦の終焉直後から政治・安全保障分野での発言力も増しつつある．ASEAN 地域フォーラム（ARF）はその象徴的存在といえる．ARF はアジア太平洋地域における政治・安全保障分野を対象とする全域的な対話のフォーラムで，政治・安全保障問題に関する対話と協力を通じて地域の安全保障環境を向上させることを目的に，94 年から毎年閣僚会合が開かれている．95 年の第 2 回閣僚会合では，域内における安全保障対話・協力の方向性として，3 つのプロセス（第 1 段階として「CBM（信頼醸成）の促進」，第 2 段階として「予防外交の進展」，第 3 段階として「紛争へのアプローチの充実」という目標）を設定し，これを漸進的に進めていくことが合意

された.

　対話と協議を重視する「緩やかな協力機構」であることも ASEAN の特徴だが, 中国やインドの台頭, WTO 体制の停滞, 1990 年代後半からのアジア通貨危機などの国際情勢を受け, 近年, 政策決定力の向上やより強固な共同体構築の機運も高まっている. 2003 年の首脳会議では第二 ASEAN 協和宣言を採択し, 2020 年までに「政治・安全保障共同体 (APSC)」,「経済共同体 (AEC)」,「社会・文化共同体 (ASCC)」から成る「ASEAN 共同体」を設立することで合意した. 当初, 共同体設立の目標は 2020 年とされたが, 07 年の首脳会議で 2015 年と 5 年繰り上げられた. 09 年には 3 つの共同体の「ブループリント」(青写真)から成るロードマップを発出し, ASEAN 共同体設立に向けた明確な道筋が示された. そして 2015 年末, ASEAN 共同体が発足した. ASEAN 共同体は「政治・安全保障」,「経済」及び「社会・文化」の 3 つの柱から構成され, 政治・安全保障に関する「政治・安全保障共同体 (APSC)」は, 政治的協力を強化することにより, 紛争予防および紛争の平和的解決, 平和構築等を促進し, 域内協力のみならず, 域外の国や地域との関係強化を図ることを目指している. 現在は「価値と規範を共有する, ルールに基づく共同体」「総合安全保障のため責任を共有する, 結束し, 平和で安定し, 強靱性がある地域」「ダイナミックで外に向かう地域」という目標に基き, 147 の行動項目が設定され, それぞれに向けた取り組みがなされている. 社会・文化に関する「社会・文化共同体 (ASCC)」は, ASEAN における社会的・人間開発関連についての課題解決を目的とし, ブループリントでは「人間開発」「社会福祉・保護」「社会正義と権利」「環境持続性の確保」「ASEAN アイデンティティの構築」「格差是正」に関する 339 の行動項目を設定している.

　三つの柱の中で統合の牽引力となるのが「経済共同体 (AEC)」で, 加盟国間の関税を撤廃し, 物や資本, サービスの移動の自由化による経済統合をめざす枠組みである. ASEAN 域内では以前より, 物品, サービス, 投資分野の自由化が進められてきた. 物品については, 1992 年に「ASEAN 自由貿易地域 (AFTA)」が創設され, 段階的な関税引き下げを実施. 08 年にはより包括的な「ASEAN 物品貿易協定 (ATIGA)」が締結された. サービス分野は 1995 年に「ASEAN サービスに関する枠組み協定」が, 投資分野では 09 年に「ASEAN 包括的投資協定」(ACIA) がそれぞれ締結されている. ブループリントでは「単一の市場・生産拠点」「競争力のある経済地域」「衡平な経済発展」「世界経済と

統合」という 4 つの柱の実施計画の下，229 の優先行動項目が設定されている.

　このほか 07 年には ASEAN の機構強化や意思決定過程の明確効率化を目的に，「ASEAN 憲章」が制定された (08 年発効). ASEAN 憲章は ASEAN の最高規範となるもので，ASEAN の基本原則や目的，各国が遵守すべき義務が明文化された. 具体的には，コンセンサス方式を維持しつつも，合意が得られない場合は首脳会議で特別な意思決定方式を決定できること，調整評議会を首脳会議の下に設置すること，事務局長の権限強化等が図られたほか，対外的一体性を確保するため，緩やかな協力体であった ASEAN に EU と同様に法人格を付与し，域外各国や地域機構，国際機関と協定を締結できるようになった.

●南シナ海の海洋安全保障：高まる対中警戒感

　冷戦後の ASEAN が取り組む問題に，軍事大国化しつつある中国への対応がある. なかでも増強めざましい中国海軍の存在は南シナ海の平和と安定を大きく左右する問題で，南沙（スプラトリー）諸島の領有権争いとなって顕在化している.

　ASEAN は 90 年以降この問題を非公式協議するようになり，92 年 7 月の外相会議で (1) 南沙群島問題等の平和的解決 (2) 最終解決に向けての自制 (3)（主権・領有権問題を棚上げにしつつ）船舶の安全航行確保や海洋環境保護での協力の可能性等をうたう「南シナ海に関する ASEAN 宣言」を採択し，南沙群島問題の国際協議を拒み，領有権の既成事実化を進める中国を牽制した. 02 年 11 月の ASEAN サミットでは，中国との間で「南シナ海における関係国の行動宣言」が締結され，領土紛争の平和的解決や軍事演習の事前通告，支配地域拡大を目的する建物の建設禁止等が合意された. 同宣言は信頼醸成としては一歩前進だが拘束力は待たず，中国の行動を抑制する力にはなりえなかった. 現在，ASEAN は拘束力を伴う行動規範の策定を目指しているが，中国がこれに強く抵抗し難航が続いている.

　2012 年 7 月の ASEAN 外相会議では，南シナ海での中国の行動を非難し，海洋秩序の遵守等を盛り込むよう求めるフィリピンやベトナムと，これを拒否する親中派のカンボジアが激しく対立し，共同声明の採択が出来ないという ASEAN 史上初の異例の事態に陥った. 13 年 7 月の外相会議では，行動規範策定に向けた公式協議の開始で合意が成立，9 月から協議が始まり，平和的解決の兆しがみえたが，その後もベトナム沖で一方的に石油掘削を始めたり，ベト

ナムの船舶と衝突するなど，拡張路線を緩めない中国に対する ASEAN の危機感は高まった．14 年 5 月の ASEAN 首脳会議では南シナ海情勢が協議され，関係各国に自制と武力の不使用を求める「ネピドー宣言」が採択されたが，2015 年 11 月の拡大 ASEAN 国防相会議では，共同宣言で南シナ海問題に触れるかどうかを巡り米中が対立．宣言採択が見送られる異例の事態となった．続く東アジアサミットでは，行動規範の「早期締結」を目指すことでは一致したものの，具体的な時期を示すことはできなかった．また 16 年 7 月の ASEAN 外相会議や同年 9 月の ASEAN 首脳会議の共同声明では，中国による人工島造成や軍事拠点化の動きに「深刻な懸念」を表明したが，南シナ海で中国が主張する主権を完全否定した仲裁裁判所の判断への言及は見送られた．17 年 8 月の外相会議で行動規範の基本的な枠組みが承認され，19 年 7 月の外相会議では各国の要望を列挙する第一段階の作業終了が確認されたが，具体的な条文草案の作成作業は進展していない．

　南シナ海の問題について中国は，当事国どうしの二国間対話で解決すべきとの立場を固持し，ASEAN による多国間アプローチや日米など域外国の関与を嫌い，法的拘束力ある行動規範の作成に反対している．そして経済援助を梃子に，親中派のカンボジアやラオス，軍政下で中国に接近するタイや，さらにミャンマーを取り込むなど ASEAN 内部の分断や切り崩し工作を繰返し，反中で結束できないよう工作している．そのため，一般的な表現で中国を牽制することはできても，その行動を具体的に抑制し得る規範の策定では合意に至らないのが現状だ．冷戦後，海上交通量の増加や貧富の格差を原因に，海賊行為が増加する傾向にあるが，加えてエネルギー資源及びそのアクセス確保を目的に，中国を始め各国の海軍力強化の動きも目立つ．ペルシャ湾からインド洋，東南アジア，さらに東アジアにおける海洋の安全保障は重大な問題となっており，海賊排除や武力衝突の防止，シーレーン防衛のための多国間協力の枠組み構築が急がれる．

●ミャンマー民主化の進展

　ミャンマーは 1948 年，ビルマ連邦としてイギリスからの完全独立を果たし，51 年の独立後初の総選挙では AFPFL（反ファッショ人民自由連盟）のウ・ヌー政権が誕生する．しかし 62 年にネ・ウィン将軍が軍事クーデターを起こし，BSPP（ビルマ社会主義計画党）による一党独裁体制を構築する．その後 88 年の民

主化運動でネ・ウィン体制は崩壊するが，反政府勢力のゼネストやデモが全国に拡大した．そのため軍のクーデターが起こり，ソウ・マウン国防相兼参謀総長を議長とする国家法秩序回復評議会（SLORC）が全権を掌握する．この軍事政権は当初，民主化に向けた総選挙の実施を約したが，89 年の総選挙で最大野党の国民民主連盟（NLD）が圧勝したにも拘わらず政権に居座り続け，NLD 書記長アウン・サン・スー・チー女史を自宅に軟禁した．また国名をミャンマー，首都をヤンゴンとビルマ語の表記に改めた．91 年にはスー・チー女史にノーベル平和賞授与が発表されたが，軍事政権はその報道を禁じた．92 年に SLORC 議長がタン・シュエンに交代すると，新憲法制定に向けた国民会議が開かれ，政治犯の釈放やスー・チーの軟禁が 6 年ぶりに解除されるなど軍事政権に政策転換の兆しが生まれた．

　しかし ASEAN 加盟が実現（97 年）すると再び強硬路線に戻り，民主化運動への弾圧は続いた．2004 年に国民会議か再開され，議席の 25% を軍人とするなど軍部の権力維持を盛り込んだ新憲法の基本方針が NLD 不参加のまま国民会議で決定され（07 年），翌年の国民投票で承認された．2010 年，軍事政権は民政移管をアピールする狙いから 20 年ぶりに総選挙を実施するが，選挙の不当性を訴えスー・チーが NLD の参加を拒否すると，軍政当局は NLD を解党処分とし政治犯の選挙参加を阻む選挙法を制定させた．NLD 不参加の選挙では，ティン・セン首相が党首を務める軍政直系の政党（連邦連帯開発党）が圧勝した．議会運営に自信を得た軍部は，7 年半ぶりにスー・チーの軟禁を解除した．翌 11 年，大統領に就任したティン・センは民政移管に着手，最高決定機関の国家平和発展評議会（SPDC．97 年に SLORC が改組されたもの）を解散し，形式上軍政に終止符が打たれた．またスー・チーと新政権の対話も実現，協力し合うことで合意し，政治犯も釈放された．

　15 年 11 月の総選挙では NLD が圧勝し，国会の議席の過半数を獲得．16 年春 NLD の民主政権が誕生し，ティン・チョーが大統領，スー・チー党首は国家顧問兼外相に就任した（現憲法では親族が外国籍でないことが大統領の要件とされており，英国籍の子供をもつスー・チーの大統領就任には改憲が必要）．民政移管を受け，諸外国の経済制裁も相次いで解除され，ミャンマーの経済開発と近代化が期待されている．しかし政治面では，議会で 25% の議席を占める等軍部が政治の実権を掌握する基本構造は変化しておらず，軍部との妥協を強いられるため民主化を目指すスー・チーの動きは停滞している．また少数民族の扱いをめぐり

ミャンマー政府やスー・チーに対する国際社会の批判が高まっている.

　ミャンマーには多数の少数民族が存在するが，西部ラカイン州に居住するイスラム教を信仰するロヒンギャもその一つで，その数は約100万人といわれる.ミャンマー政府はロヒンギャをバングラデシュからの移民として扱い国籍を認めず，ミャンマーで多数を占める仏教徒との対立・迫害がかねてから問題となっている. 2017年8月，ロヒンギャの武装勢力が警察施設などを襲撃，ミャンマー政府はテロリストと断定し，軍や警察による掃討作戦を展開，70万人以上のロヒンギャが隣国バングラデシュに逃れた. その後，ミャンマー政府はロヒンギャの帰還でバングラデシュと合意したが，迫害を恐れて大多数のロヒンギャは帰還せず難民生活を続けている. 国際社会はロヒンギャに対するミャンマー政府の姿勢を非人道的と批判しているが，スー・チーは軍部の意向や国民の反ロヒンギャ感情を無視できずミャンマー政府の正当性を主張し続けており，彼女に対する国際社会の失望と反感が強まっている. 民主・人権問題で孤立を深めるミャンマーに対し，一帯一路を武器に中国が接近を強めている.

●政治対立が続くタイ

　欧米列強の帝国主義支配が進む下でも独立を保ったタイは，1932年に王制から立憲君主制に移行し，国政選挙が導入された. しかし第2次世界大戦前からこれまで未遂を含めて19回も軍部のクーデターが起きており，一方で「民主主義の優等生」と呼ばれながら，現実には民主政治の機能不全と強権依存の政治体制が問題になっている.

　戦後，タイの政治で一つの転換点となったのが1992年だった. 前年のクーデターを首謀したスチンダ陸軍司令官（当時）が前言を翻して首相に就くと，大規模な反対デモが起こり軍の鎮圧で多数の死傷者が出た. その反省から軍の政治介入を防ぐ機運が高まり，タイ史上最も民主的とされる「97年憲法」が制定された. 小選挙区制の導入など政党政治の強化を狙った同憲法下での初の総選挙で圧勝し，2001年にタクシンが首相に就任する.

　タクシンが取り組んだのは貧困対策だった. 低額の医療制度，借入金の返済繰り延べ，村落基金の創設等東北部や北部の貧しい農家向けに手厚い政策支援を打ち出し，農村を中心に支持を固め選挙で圧勝を続ける. これに対し都市の財閥や知識層，中間層は，票目当てのばらまき政治や腐敗選挙とその政治姿勢を激しく批判した. 社会が分裂するなか，既得権益の侵食に反発する保守層の

支持を得た軍が 06 年にクーデターを起こし，タクシンを追い落とした．失脚したタクシンは不正土地取引事件で有罪判決を受け，現在は海外に逃亡中だ．

　その後もタイでは，タクシン派と反タクシン派の衝突や大規模なデモが繰り返されてきたが，2011 年の総選挙ではタクシン支持派タイ貢献党が過半数を獲得し，タクシンの妹インラックが首相に就任した．インラックはタクシンの帰国を認める法律の制定等に動くが，これに反発した反タクシン派の反政府デモが拡大，14 年には民意を問う総選挙が実施されたものの，混乱のため憲法裁判所は選挙無効の判決を出した．タクシンの出現で，タイの社会には大きな亀裂が生まれた．低所得層・農村に支基盤を持つタクシン元首相及びその妹インラック前首相のグループ（反独裁民主同盟：与党タイ貢献党を支持）は俗に赤シャツと呼ばれ，都市部の財閥や知識層，中間層の支持を集めるアビシット元首相らのグループ（人民民主改革委員会：野党民主党を支持）は俗に黄シャツと呼ばれる．軍や裁判所もこちらに近い．

　両派の対立が続く中，14 年 5 月に再び軍がクーデターを起こし全権を掌握，プラユット陸軍司令官が暫定首相に就任し，軍事独裁体制の下で秩序の回復が図られた．16 年 8 月には，タクシン派の復活を阻む狙いから，議会や内閣の権限を抑え軍部の強い発言権や軍人首相の出現を容認するなど非民主的な内容の新憲法が承認された．19 年 3 月には民政復帰に向けた総選挙が実施され，タクシン派が第 1 党になったが，親軍政党が諸政党を取り込み下院の過半数を確保し連立与党を形成．同年 7 月，新政権が発足し軍事クーデターから 5 年余を経て形の上では民政復帰が実現したが，連立与党はプラユットを新首相として続投させ，事実上の軍政継続だと民主勢力は反発している．20 年 2 月には憲法裁判所が親軍のプラユット政権を批判する民主派野党「新未来党」に解散命令を出すなど真の民主化にはなお紆余曲折が予想される．

8　南アジア

●アフガニスタン

　19 世紀後半，英国とロシアは中東〜中央アジアでグレートゲームと呼ばれる覇権闘争を繰り広げたが，その主な舞台となったのがアフガニスタンであった．南下を企てる大陸勢力とそれを阻止，逆に北上をめざす海洋勢力の交錯するリムランドに位置するアフガニスタンは，冷戦時代後半，再び大国間覇権闘

争の主戦場となった．1973年，ダウド元首相のクーデターでアフガニスタンの王制が倒れ共和国となるが，ソ連は自立化をめざすダウドを排除して親ソのタラキ政権を打ち立てる．しかしタラキの社会主義路線に反発するアミンによってタラキも殺害された．

　1979年，アミンを排除するためソ連がアフガニスタンに軍事介入し，傀儡のカルマル政権を樹立するが，アフガニスタンの各部族がゲリラ攻撃でソ連軍に対抗，またアメリカがゲリラ勢力に武器援助を行いソ連は苦戦を強いられた．1989年にソ連軍が撤退し，親ソのナジブラ政権も崩壊するが，冷戦の終焉でアメリカが急速にこの地域への関心を失い，アフガニスタンでは各軍閥の権力闘争が激化する．この内戦の過程で，パシュトン人のイスラム教神学校生らで構成するイスラム原理主義組織タリバンが首都カブールを制圧して政権を樹立する（1996年）．タリバンは音楽やスポーツ，女性教育を禁止するなど極端なイスラム教解釈による抑圧的な政治を行った．

　2001年に，同時多発テロ事件が発生した．主謀者で国際テロ組織アルカイダの最高指導者ウサマ・ビン・ラディンの身柄引き渡しにタリバン政権が応じないため，同年10月，アメリカはアフガニスタンへの軍事攻撃に踏み切り，タリバン政権を崩壊させた（アフガニスタン戦争）．戦後アフガン復興支援国際会議開催され，ハミド・カルザイ（パシュトン人）が大統領に就任（04年）．しかし05年以降，タリバンやアルカイダ残党による反攻が激化し，首都カブールなど一部の地域を除いて治安状況が悪化した．国連安保理決議を受け06年からNATOが指揮する多国籍軍ISAF（国際治安支援部隊．中心は米軍）が展開し[12]，治安の維持回復，復興支援活動に従事するとともに，米軍はビン・ラディン捜索やタリバン残党の制圧（不朽の自由作戦）に従事している．

　2011年5月，米軍特殊部隊がパキスタンに潜伏していたビン・ラディンを殺害し，これを受けてオバマ大統領は同年7月から米軍の撤退を開始した．14年末にはISAFが任務を終了し，治安権限がアフガニスタン治安部隊に全面移譲された．米軍も16年末までに完全撤収する計画だったが，タリバンの攻勢が続き断念させられた．アフガニスタン警察・国軍の対処能力は低く，アフガニスタンの治安状況は好転していない．政府幹部の汚職や規律の乱れも問題だ．アフガニスタン政府とタリバンの和平交渉は進展せず，近年ではイスラム国の進出も目立っている．2014年9月には同国史上初の民主的な政権交代が実現し，カルザイに代わりガニ元財務相が大統領に就任した．ガニ大統領は2020年2

月に再選を果たしたが，外国軍隊が引き上げた後，ガニ政権の下でアフガニスタンの復興・自立が順調に進むかどうか不安視されている．

　隣国のパキスタンは国内に多数のパシュトン人を抱えており，アメリカのタリバン掃討作戦に非協力である．特にアフガニスタンとの国境付近（部族地域）には米軍の攻撃を逃れて多くのタリバン勢力が潜伏している[13]．さらにパキスタン軍部の一部は，過激派武装勢力を対インド攻撃の戦力として評価，水面下でタリバンやアルカイダと接触・支援を与えているともいわれ，アメリカに強い不信感を与えている[14]．他方，オバマ政権が進めた無人機でのタリバン殺害作戦にパキスタンの兵士や民間人も巻き込まれ多数の犠牲者が出たため，パキスタンの反米感情はさらに悪化した．

　1万人弱の駐留米兵を引き継いだトランプ政権は17年8月，完全撤退を目指していたオバマ前政権の方針を改め，3千人強を増派して約1万5千人を駐留させるが，任務はアフガン治安部隊への助言など後方支援に限定するものとした．しかしタリバン支配地域拡大の阻止も治安の改善も実現できなかった．かねてからアフガニスタン駐留を「カネの無駄」と批判し即時撤退を主張していたトランプ大統領は，18年7月からタリバンとの本格的な和平協議に乗り出し，20年2月，① アメリカが14か月以内に駐留米軍を撤退させ（まず135日以内にアフガン駐留米軍を現状の約1万3千人から8600人に削減し多国籍軍も含めて5か所の基地から撤退．合意が順守されれば14か月以内に完全撤退させる），タリバンはアフガン政府との和解協議を開始すること ② タリバンが国際テロ組織と関係を断ち，テロの活動拠点としてアフガンを利用させなければ，戦闘員捕虜の交換や制裁解除の手続きを進めることなどを柱とした和平合意を成立させた．再選を意識したトランプ大統領が米軍の撤収を急いだもので，ポンペオ米国務長官は署名式で「アフガンは二度とテロの拠点にならないだろう」と強調した．だが，合意後もテロは繰り返されており，米軍無きあとの統治の在り方は決まっておらず，タリバン支配の復活が懸念されるほか，アメリカに代わって中国が影響力を拡大させる可能性もある．

●インド・パキスタン：対立と競争の構図

　アフガニスタンが舞台の対テロ戦争のほかにも，南アジアには地域の安定と発展を妨げる大きな紛争軸が存在する．一つはカシミール紛争に代表されるインドとパキスタンの対立，二つ目は中印の覇権闘争，三つ目がスリランカのタ

ミル人による内戦だが，これは近年終結を見た．このうちインドとパキスタンの関係だが，英国から独立を果たす際，ヒンズー教地域はインド，イスラム教地域はパキスタンとして独立するが，カシミール地域は民衆にイスラム教徒が多いのに藩主がヒンズー教徒ゆえにインド領に併合された．このねじれが原因で印パ両国がカシミールの帰属を巡り，1947 年以来 3 回にわたり大規模な武力紛争が生起している．冷戦後の 1998 年にも両国の核保有と核実験が引き金となり，緊張が高まった．

　近年もカシミール地方でパキスタン系イスラム武装組織が行った自爆攻撃に対する報復として，19 年 2 月，インドはパキスタン領内への空爆を実施．またヒンズー至上主義を掲げるモディ政権は 19 年 8 月，インドで唯一イスラム教徒が多数を占めるジャムカシミール州に認めてきた憲法の自治権規定を削除したほか，同年 12 月には近隣国からの迫害から逃れるイスラム教徒以外の人々にインド国籍取得の権利を与える国籍法改正を実施するなど反イスラムの政策を強めており，パキスタンとの関係が悪化している．

　次に中印関係だが，ともに古代文明発祥地の誇りを持ち，互いにアジア第一の覇権大国を志向してきただけに，戦後の一時期，非同盟運動で連携はしたが，両国はもともと強いライバル関係にあり，国境線を巡る領土問題も抱えている．1950 年以降中国がチベットを武力併合し，59 年に中国軍の支配に蜂起して破れたダライ・ラマ 14 世がインドに庇護を求め亡命したことも加わり，大規模な軍事衝突が勃発（中印紛争：1962 年），さらに中ソ対立でソ連が中国封じ込めを目的にインドに接近したことも影響し，以後，中印両国の厳しい対立が続いてきた．

　印パの戦略バランスはインド優位にあり，中印の戦略バランスは地政的にも軍備の規模でも中国が優位している．そのため，インドが対中劣勢回復を狙い核兵器の開発や軍備の増強に動くと，そのインドに対抗してパキスタンも軍拡に動く悪循環が存在する．根深い対立要因を抱え，しかもともに核保有国として対峙隣接する印パ両国は，世界で最も危険な二国間関係だが，中印の対立競争が印パの対立を煽る危険性に留意しなければならない．

　もっとも冷戦の終焉後，南アジアの政治軍事地図にも変化が生まれている．アメリカは中国の影響力拡大を牽制するため，冷戦時代は敵対していたインドに接近を始め，「戦略的パートナーシップ」の関係を築く（03 年）．06 年に訪印したブッシュ大統領が，核拡散防止条約（NPT）未加盟のインドと，民生用の

原子力開発の協力を約す米印原子力協定に署名したのはその象徴だ．アメリカがインドに近づくもう一つの狙いは，巨大マーケットの獲得にある．インドを"第二の中国"と見るものである．英国植民地としての歴史から英語理解の下地もあり，中国よりも人や企業の進出が容易との計算も働いている．

　これに対抗して中国も市場獲得とアメリカの影響力排除を目的に，想定敵国のインドに敢えて接近し関係改善を急いでいる．エネルギーや安全保障，国連改革等を話し合う中印戦略対話が04年から始まり，05年には温家宝総理が訪印する等両国首脳の相互訪問も活発化し，両国国防相の会談で，軍事交流の促進がうたわれた．経済面でも06年1月，海外油田の共同開発やエネルギー分野の協力で合意が成立．7月にはインド北東部シッキム州と中国チベット自治区を結ぶナトゥラ峠の中印国境貿易ルートが44年ぶりに再開された．インドに近づく一方，中国はかねて親しい間柄のパキスタンとも関係を深めており，パキスタン南部から中国西部を結ぶ石油パイプライン建設や中パ連絡道路であるカラコルムハイウェーの拡張整備，戦闘機，戦車の共同生産等エネルギー，経済，軍事の各分野での協力関係を拡大させている．さらに中国は「真珠の首飾り」戦略を推し進めるため，シーレーンを扼すインド洋の戦略的要衝スリランカにも接近している．

　ユーラシアのいま一つの大国ロシアも，冷戦下緊密であったソ印関係を活かし，一方で中国を牽制し，他方では米一極体制を牽制する意図からインドに政軍経各面で積極的なアプローチを見せる．工業化が進むインドは石油をはじめロシア天然資源の格好のお得意先であり，また中国とのライバル関係ゆえに武器輸出も期待できるからだ．米印間で原子力協定が結ばれた直後，ロシアのフラトコフ外相が訪印，インドのタラブル原発に核燃料を提供することをシン首相に約した．タラブル原発は米国の援助で建設されたが，74年にインドが核実験を行ったのを受け，米国が燃料供給を停止していた．この燃料提供合意は，米印接近を警戒するロシアが，核分野でアメリカに先手を打ったものである．各国から秋波を送られるインドは，それぞれの申し出を天秤に掛け，また巧みな駆け引きと交渉戦術を操り，自らの経済的戦略的な価値を高く売りつけることで最大限の利得を引き出そうと動いている．

　かように，米中露印の四大国は南アジアで虚々実々のバーゲニングを展開している．無論冷戦時代にも激しいバーゲニングは展開されたが，当時と現在の違いは，軍事安全保障上の要請に比して，経済要因のウエートが非常に高まっ

ている点にある．インドが中国経済の成功に刺激を受け，近代化と経済成長実現のため外国企業・資本の誘致等に本腰を入れ始め，それに負けじとパキスタンも経済開発に意欲を見せる，つまり軍事から経済へと競争の基軸が変化し始めたことで，カシミール紛争等に対する両国の姿勢にも近年変化の兆しが見え始めているのだ．インドもパキスタンも南アジアでの覇権争奪をやめたわけではない．核やミサイル開発等軍備の増強にはこれからも精力を割くであろう．しかしその一方で，カシミールの小競り合いが大規模紛争へと拡大する事態を憂慮し，紛争を顕在化させないための努力やアプローチも試みられるようになっている．インド亜大陸が戦場となれば，両国とも経済のテイクオフが遅れるばかりか，流れ込み始めた欧米の資本は一挙に引き上げてしまう．外資・外貨の導入や技術支援を安定的に獲得するためには，南アジアが平和の地に生まれ変わらねばならないことが自覚され始めたのである．こうした戦略環境の変化を受けて，地域協力と安定促進のための機能発揮を期待されるのがSAARC（南アジア地域協力連合）である．

　残念ながら，カシミール問題の根本的解決のめどは未だについてはいない．しかし，紛争の継続が近代化と経済発展に致命的打撃を与える現実を両国が冷静に認識し，紛争処理と対話のメカニズムを構築し，また経済成長で得られた利得が広く社会に還元され中間層が成長すれば，平和に向けた努力はやがて報われるであろう．政治の安定と民主化実現に際し注意すべきは，過激派による国際テロの動向だ．過激派勢力は，テロ行為により両国関係の対立再燃化を企図している．死者200人近くを出した08年のインド，ムンバイでの同時多発テロはまさにその例である．テロ組織の跳梁を阻止し，域内に芽生え始めた協力・対話の胎動を育むことが，この地域の平和と安定実現の重要な鍵である．

注
　1）中国政府が拠所としている共産党のイデオロギー的信条は，過去のものとなってしまった．平等主義，無私無欲，人民への奉仕は，今も教え説かれてはいるが，信じる人も実践する人もいない，廃れた価値観である．そのため，経済危機や社会矛盾が深刻化した場合，中央政府は共産主義に代わるイデオロギーを見つけねばならず，国家主義（ナショナリズム）と，国家主義とは切っても切り離せない外国嫌悪を煽ることで分裂を食い止めようとするだろう．既に「偉大なる国中国」という思想が，失われた共産主義イデオロギーにとって代わりつつある．外国との争いには中国政府のステータスを高める効果がある．中国政府は問題の責任を他国に転嫁し，外交的手段や高まる軍事力を

背景に外国政府と対決することで,政権への支持を集める.対立の相手としてうってつけなのが日本とアメリカである.ジョージ・フリードマン『100 年予測』櫻井佑子訳(早川書房, 2014 年)152〜3 頁.

2)農民工(出稼ぎ労働者)は中国産業労働者の重要な部分を占めているが,戸籍制度の影響で,農民工および一緒に移動するその家族は,教育,就職サービス,医療,年金,社会保障型(中低所得者向け)住宅などの都市住民が享受している公的サービスを受けることができない.その上,農村に残る待機児童や女性,老人などの問題も日々深刻になっている.また最近では,経済不況や戸籍制度の閉鎖性のため,農村から都市への人口流動は減少傾向にある.これに対し習近平政権は,都市の農民工や地方農村の農民を内陸部の地方中小都市に強制的に移住させ,都市規模に基づき,戸籍登録制限を一定程度自由化する政策を打ち出した(新型都市化計画:2014〜20 年).貧困層の多い農村部と都市部の人口比を修正(都市 4 億人,農村 9 億人を 2030 年には都市 10 億人に増加)し地域間の経済格差を是正するとともに,都市の労働力不足やバブル崩壊に増えた未入居不動産の解消,新たな内需の拡大などを目指すものである.しかし,農村の縮小崩壊による農業生産力の低下,また地方都市の開発が進まなければ失業者の増加等も懸念され,計画通りに進むかどうか不透明である.

3)西部大開発プロジェクトの一環として,2006 年にチベットのラサと青海省西寧を結ぶ青蔵鉄道(総延長 2 千 km)が完成した.この鉄道敷設の目的は産業振興に留まらず,チベット支配強化のため漢民族のチベット移住促進を狙うものでもある.

4)「中国は 19 世紀のアメリカが西半球で行ったように,北東アジア地域の覇権を目指すのは間違いない.中国はこの地域の周辺国が敢えて中国に対して挑戦しようという気を起こさない程強力な軍事力を築き,日本や韓国,その他の国々を支配しようとすることが予測される.また中国がアメリカの外交指針となったモンロードクトリンのような,独立相互不干渉の対外政策を発展させることも予測される.アメリカが他の大国に対して西半球への不干渉を明確に要請したように,中国もアメリカのアジア干渉を許さないだろう.」ジョン・J.ミアシャイマー『大国政治の悲劇』奥山真司訳(五月書房, 2007年)517 頁.

5)米中衝突の可能性について,リベラル派は中国を世界経済に組み込むことで衝突は回避できるとの見解が強い.現実主義学派は,衝突不可避と見る立場(例えばミアシャイマー,ムンロ,ピルズベリー等)と回避可能と考える立場(ブレジスキ,キッシンジャー等)に分かれる.中国は野心を隠し,古い覇権国家を油断させて倒し,復讐を果たすことをかねてより計画していたとピルズベリーは主張する.キッシンジャーは急速な高齢化社会(2050 年までに中国人口の半分が 45 歳以上になり,1/4 が 65 歳以上になる)に突入する中国が戦略的対立や世界支配を追い求めることはないとし,米中に利害の完全な一致は望めないが,対立を最小限に抑え,互いの関係を調整し,補完できる利害の特定と育成に務める(相互進化)ことが大切で,最終的にはアジア国家アメリカを含めた太平洋共同体を構築すべきと説く.Zbigniew Brezinski, John J. Mearsheimer, Clash of the Titans, http://foreignpolicy.com./story.cms.php?story_id=2740&print=1, Richard Bernstein and Ross H. Munro, "The Coming Conflict with China," *Foreign*

Affairs, vol. 76, no. 2, (March-April 1997), pp. 18-32, ヘンリー・A. キッシンジャー『キッシンジャー回想録中国（下）』塚越敏彦他訳（岩波書店，2012 年）569〜573 頁，マイケル・ピルズベリー『China2049』野中香方子訳（日経 BP 社，2015 年）55 頁.

6）「今日のアメリカの世界覇権は，アメリカが世界で最も寛容な国であり続けた事実による部分が大きい．世界中から最も優秀な人材を呼び寄せ，彼らを活用する能力に秀でていたからこそ，アメリカは今日の世界において，経済，軍事，テクノロジーの各分野で，圧倒的な優位を築くことに成功したのである．従って，中国がアメリカに代わり，次なる最強国として世界に君臨するためには，中国が寛容戦略においてもアメリカを抜き去らなければならないことになる．共産党支配の事実上の独裁国家であり，世界各地の「ならず者国家」と仲の良い中国に，果たしてそんな芸当は可能なのだろうか？……中国がアメリカにとって代わって，次世代の世界覇権を担う最強国になることはなさそうだ．現代の世界では，従来にも増して，世界最高の科学的，技術的，創造的才能の持ち主を大量に引き寄せることこそが世界覇権の大前提となっているからである．」エイミー・チュア『最強国の条件』徳川家広訳（講談社，2011 年）378，387 頁．「アジアには，中国が支配する世界に住みたいと思う者は誰もいない．（アメリカンドリームはあるが）人々が憧れるチャイニーズドリームなど存在しないのだ」ファリード・ザカリア『アメリカ後の世界』楡井浩一訳（徳間書店，2008 年）307〜8 頁.

7）1969 年に誕生した李登輝政権は，それまでの国民党の統一化政策を改め，二国論を提唱し，中台関係を「特殊な国家間の関係」と位置づけた．2000 年に政権を取った民進党の陳水偏も「一辺一国論」（各々一つの国）を掲げた．台湾が「一つの中国」から「二国論」への傾斜を強めることを，中国は強く警戒している.

8）中国は，カラコルムハイウェイをインダス川沿いに延長して，遙かアラビア海沿岸まで到達させ，イランとの国境に近い港町グワダルに繋げる計画に既に 3 億 5 千万ドルを出資している．グワダル港は，中国が建設費約 3 億ドルの約 2/3 を融資し，ムシャラフ政権下の 2007 年に開港した．大型船が接岸できる港と石油精製施設が中国の手で建設中で，これらが完成すれば中国はマラッカ海峡を通らずにペルシャ湾岸の石油を運び込むことが出来る．同港の運営会社も，パキスタン系企業から中国企業に変わる．グワダル港は中国が進める「真珠の首飾り作戦」の重要拠点である．「真珠の首飾り」戦略とは，グワダル（パキスタン），チッタゴン（バングラデシュ），ハンバントタ（スリランカ），シットウェ（ミャンマー）等インド洋沿岸国の港湾整備を積極支援し，自国シーレーンの防衛とインドの包囲，それにマラッカ海峡〜南シナ海を経ずエネルギーの内陸輸送化を目的としている．『読売新聞』2012 年 9 月 12 日等.

9）中国海軍の活発な海洋活動には以下の目標があると考えられる．① 中国の領土や領海を防衛するために，可能な限り遠方の海域での的の作戦を阻止すること ② 台湾の独立を抑止・阻止するための軍事的能力の整備 ③ 海洋権益を獲得し，維持及び保護すること ④ 自国の海上輸送路を保護すること．防衛省『平成 24 年版日本の防衛』（防衛省，2012 年）37〜8 頁．中国が台湾を軍事制圧するには，台湾本島への着上陸侵攻作戦が必要で，そのためには台湾海峡周辺の制空，制海権の確保が不可欠だ．中国はスホーイ戦闘機（Su27, Su30）をロシアから購入し，また対艦攻撃力の強化も急いでいる．台湾武

力統一を視野に入れ，人民解放軍は毎年福健省南東部で大規模な軍事演習を実施し，05
年には初の中露合同軍事演習（「平和の使命2005」）も行われた．米国防省が06年に発
表した「中国の軍事力に関する年次報告書」によれば，中国が国境を越えて軍事力を行
使する能力は未だ限定的としながらも，台湾侵攻能力を急速に高めていることに警戒感
を示し，総兵力の約1/3，海軍力の半分を台湾に振り向けており，福健省等台湾対岸の
部隊に短距離ミサイル（SRBM）を710〜790基配備し（05年末時点），毎年約100基の
ペースで増えており，その精度・威力も向上していると指摘する．また巡航ミサイルが
対岸に実戦配備されれば，台湾への遠距離精密攻撃が可能となり，SRBMと合わせて中
国の台湾攻撃能力は格段に向上する．

10) 中国軍幹部は2007年5月，米太平洋軍のキーティング司令官にハワイを基点として
米中が太平洋の東西を「分割管理」する構想を提案したといわれる．

11)「輿論戦」とは，中国の軍事行動に対する国内・国際社会の支持を築くと共に，敵が
中国の利益に反する政策を追求できないよう国内外の世論に影響を及ぼすこと，「心理
戦」は，敵の軍人，文民に対する抑止や士気の低下等を目的とする心理作戦を展開し，
敵の作戦遂行能力を低下させること，「法律戦」は，国内・国際法を利用して中国軍の
行動に国際的な支持を獲得し，また予想される反発を低減させることである．防衛省，
前掲書，28頁．

12) ISAFとは，アフガニスタンの治安維持や非合法過激派武装集団の解体等を支援する
ための軍隊で，国連安保理決議1386号に基づき，01年12月に設立された．中心は米軍
でその規模は最大時約10万人に達した．

13) アフガニスタン東部と国境を接するパキスタン北西部には，アフガニスタンと同じパ
シュトン人の部族が生活している．彼らはアフガニスタンとの間を自由に往来しており，
01年にタリバン政権が崩壊すると，残存するタリバンやアルカイダのメンバーが多数
この地域に逃げ込んだ．特に南部の南ワジリスタン地域は過激派武装勢力「パキスタン
タリバン運動（TPP）」の拠点になっている．TPPは07年12月，国境沿い部族地域の
武装勢力によって結成され，国際テロ組織アルカイダとの連携も指摘されている．ブッ
ト元首相暗殺への関与も噂されている．

14) 2011年9月，アメリカの間連合統合参謀本部議長は議会証言で，「パキスタンはテロ支
援組織を国家戦略の一部にしている」と発言し，アフガニスタンの反政府武装勢力タリ
バンの強硬派グループ「ハッカーニ派」をパキスタンの三軍統合情報局（ISI）が支援し，
同グループが政府の代理人としてアフガニスタン軍や米軍を攻撃しているとパキスタン
政府を非難した．パキスタン側はこの発言内容を否定し，アメリカに対する反発を強め
た．『朝日新聞』2011年9月23日．

第4章
ロシア：プーチン帝国とユーラシア覇権の行方

　冷戦後，米国防省は4年ごとに国防政策の見直しを行っているが，その2001年版（「QDR2001」）において，アフリカからバルカン半島～中東～南アジアを経て北東アジアに至る弓状のエリアを「不安定の弧」と名付けた．それは，かつて地政学者スパイクマンがリムランドと名付けた地域と概ね合致する．スパイクマンは，ランドパワーとシーパワーの両勢力がせめぎ合うこの弧状地帯（リムランド）の争奪が覇権闘争の行方を決すると主張したが，ユーラシア大陸を横切るこの地域は冷戦期から続く紛争（中東紛争，印パ紛争，中台紛争，南北分断の朝鮮半島）を抱えているばかりか，活発な国際テロ活動を行っているイスラム原理主義勢力の拠点でもある．さらにNPT体制に挑戦し，核保有をめざし，あるいはめざした国（イラク，イランやパキスタン，イント，北朝鮮）が全てこのベルト上に所在している．

　一方，ユーラシア大陸の内部ではBRICと呼ばれる地域大国の中の三大国（ロシア，中国，インド）がユーラシア大陸で隣接している．露中印の三国はいずれも核保有国で，冷戦後も軍事力の近代化と戦力の向上を図っている．また経済の発展にも力を注ぎ，国際政治の場裡で強い発言力を確保しようと欲する覇権志向の強い国々である．これら三国は経済や技術，資本等国富増大のためには欧米や他のユーラシア地域大国とも連携・協力するが，真の同盟関係を築くわけではなく，影響力発揮の面では互いに激しく牽制しあっている．ユーラシアを舞台に展開される大国相互の協力と牽制，疑似同盟と想定敵の関係が重層・併存する複雑な絡みあいの構図は，「敵か味方か」の単純な二分法では律し切れない冷戦後の複雑な国際政治の構造的特色を示している．ユーラシアの中央を占め，大国への復権をめざすロシアを軸に，その様を概観しよう．

1　ゴルバチョフ改革とソ連の崩壊

　冷戦末期，ソ連は対外的には膨張覇権主義的な攻勢外交を進めていた反面，

国内では政治体制の老朽保守化に加え，軍拡優先がもたらした経済不振や社会資本の不足，技術革新の遅れが顕著となり，社会主義路線は破綻寸前の状況に追い込まれていた．1985 年，史上最年少でソ連共産党書記長のポストに就いたゴルバチョフは，翌年からペレストロイカと呼ばれる国内諸改革の推進により，ソ連経済の再生に取り組んだ．ペレストロイカの中心は，私的な経済活動の容認等西側の資本主義経済システム導入にあった．だが，徒に社会の混乱を招くばかりで，思うような進展は見られなかった．経済システムの抜本改革には政治・行政を含めた社会制度全般の改革が不可欠と判断したゴルバチョフは，経済から政治へとペレストロイカの軸をシフト・拡大させていった．またチェルノブイリ原発事故（86 年 4 月）の教訓を踏まえ，情報公開（グラスノスチ）にも踏み切り，ソ連社会における言論・出版・報道・集会の自由・民主化が進んだ．

　国内で，経済だけの改革から，経済，政治，情報改革が並行的に進められる一方，対外政策の見直しも進められた．経済の抜本的な立て直しには，軍事費の削減と平和で安定的な国際環境が不可欠なためである．ゴルバチョフは階級闘争に立脚したソ連の攻勢・敵対的な国際政治観を放棄し，中国や西側諸国との関係改善を図り，軍事費の低水準化をめざすとともに，第三世界や衛星圏諸国への関与・支援を縮小させて勢力圏維持のコスト削減をめざした（新思考外交）．従来ソ連は，社会主義世界建設のためソ連は東欧諸国の主権や政治に介入する権利を持つという，ソ連の優位性を認めた制限主権論（ブレジネフドクトリン）を採っていたが，ゴルバチョフはこれを放棄し，経済の停滞に苦しむ東欧諸国を今後ソ連は支援しないが，その内政にも関与しないとの新たな方針（俗にシナトラドクトリンと呼ばれた）を打ち出した．

　かくて経済から始まったペレストロイカは，経済改革，政治改革，グラスノスチ，それに新思考外交の 4 つの柱を軸に遂行されるが，この構造が誰も予想しなかった早さでソ連を崩壊へと導くことになった．冷戦時代，チェコやハンガリー等東欧諸国が民主化を求める度に，ソ連は恫喝や軍事介入を繰り返し，その動きを阻止してきた．しかし，ソ連自らが介入を否定したため，東欧諸国で一挙に民主改革が進むことになる（東欧革命）．そして民主化を実現した東欧諸国が西側の支援を得て，国家の再建と政治経済的な自由を獲得する状況が，情報の統制から公開に転じたことでソ連国内にも刻々伝えられた．この東欧の動きに刺激され，ソ連国内でも民主自由化を求める声が急速に高まり，非スラブ人地域では，民族自立やロシアからの分離独立運動が勢いづいた．勢力圏を

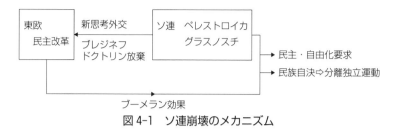

図4-1　ソ連崩壊のメカニズム

切り捨てることでソ連の社会主義国家としての再生を目指したゴルバチョフであったが，悲願の民主自由化を勝ち取った衛星諸国の観呼熱狂がソ連の大衆を刺激し，もはや社会主義体制の維持が不可能な状況にこの国は追い込まれていった（ブーメラン効果）．

　ペレストロイカが始まった頃，ロシア共和国の改革派政治家エリツィンもこれを支持し，ゴルバチョフの有力な同士であった．しかし，ブーメラン効果によって体制の維持が難しくなるや，あくまでソ連の再生を改革の目標に据えるゴルバチョフに対し，社会主義体制を打破し，民主自由主義体制への変革を目標に掲げたエリツィンが，改革の主導権を握るようになる．あくまで社会主義体制の存続に拘るゴルバチョフは，エリツィンと対立，共産党勢力（保守派）に接近するが，91年8月，彼の任命した保守派幹部が企てたクーデターによって拘禁される事態となった．一方，身を呈してこの保守派クーデターを阻止したのが，エリツィンであった．ゴルバチョフの指導力は地に落ち，この事件の4か月後，ソ連は崩壊する．

2　エリツィン政権

●新生ロシアの混迷

　1991年12月25日，ソ連邦が崩壊すると同時に，ロシアはその国名をロシア連邦と改め，92年3月には域内20の共和国等とロシア連邦条約を調印した．エリツィン政権はゴルバチョフ改革以来の路線を継承し，政治活動や言論の自由民主化を進めるとともに，地方自治体やその首長に強い権限を付与する（連邦構成主体首長の上院議員兼任）等集権的な旧ソ連時代の政治システムの分権，分散化を急いだ．経済ではガイダル第一副首相兼蔵相の指導の下に価格統制を撤廃し，価格の自由化を断行する等市場経済化に向けてショック療法と呼ばれる

急進的な経済改革を実施した. しかし企業の民有化, 土地私有化等の構造転換は進まず, 92年の実質GDP成長率は−14.5%に低落, 月間インフレ率は345%（1月）, 年間インフレ率は2500%に達する等激しいインフレと財政赤字の増大を招いた. 貧富の差は拡大し, 年金や賃金の遅配, 未払いも続発, エリツィン政権の経済改革への批判が噴出した. また国からの財政支援を失った国営企業の多くは, 自己改革も企業間債務を履行することもなく, 政府の改革に抵抗した.

　深刻な経済情勢は, 政治の混迷を招いた. 急激な市場経済化に反対の旧共産党幹部等保守勢力が, 議会を拠点にエリツィンの改革路線に強く抵抗したためである. やむなくエリツィンは意中のガイダルではなく保守中間派のチェルノムイルジン副首相を首相に起用したほか, 経済改革のテンポを緩め, 旧ソ連の経済官僚や国営企業幹部を副首相等に任命する等改革反対勢力（保守派）との妥協を図った. チェルノムイルジン新首相は国営基幹産業の保護と財政支援に乗り出し, 急進的な市場経済への移行に歯止めをかけた. 保守派が支配する議会との妥協を強いられた結果, エリツィン政権の急激な改革路線はわずか半年で骨抜きとなってしまった.

●10月政変

　これに対しエリツィンは, 国民投票（93年4月）の高い支持率（投票者の58%）を背景に, 新憲法の制定により大統領権限の強化と対議会優位の獲得をめざすが, 最高会議と人民代議員大会の過半数を制する保守派は大統領に抵抗した. 93年9月, エリツィン大統領が議会の解散を命じる大統領令を発すると, 議会はこの措置を違憲行為として解散命令に応じず, 逆に人民代議員大会の緊急会議を招集しエリツィンの罷免とルツコイ副大統領の大統領代行就任を決定, 議員らはモスクワのロシア最高会議ビルに立て籠もり徹底抗戦の動きを見せた. 大統領側は同ビルを警官隊によって包囲し電気, 暖房の供給を停止したが, 議会側もモスクワ市庁舎とテレビ局を占拠する等抵抗の構えを崩さないため, エリツィンは非常事態を布告, 軍隊を動員して最高会議ビルを砲撃し, 籠城するハズブラートフ議長やルツコイ副大統領ら首謀者を逮捕し議会を解体させた（10月）. この武力衝突による死傷者は800名に上り, 議会（旧共産党系保守派）と大統領の抗争の激しさに世界は衝撃を覚えた.

　だが, この事件後もアメリカはじめ西側各国はエリツィン支持の姿勢を堅持

した．ロシアが市場経済体制に移行することは政治的にも経済的にも西側にとってプラスとなる．またロシアが混乱・無秩序状態に陥れば，大量の核兵器が世界に流出し，あるいは膨大な数の難民が西欧に押し寄せてくることが懸念されたからだ．

●民主改革路線の後退

　議会との対立で大統領権限の弱さを痛感したエリツィンは10月政変後，大統領の権限を強化するため憲法改正作業を急ぎ，93年12月に行われた国民投票の結果，首相任命権や議会解散権等大統領の権限を強化した新憲法が採択された．しかし同時に実施された新議会選挙では，ガイダル率いる大統領与党「ロシアの選択」が第一党の地位を確保したものの，保守勢力が台頭．エリツィン支持の改革派は議席全体の3割強に留まり，引き続き保守派との妥協を強いられることになる．さらに94年10月にはルーブルが暴落し，ロシア経済の脆弱さが露呈した．経済の停滞に加え，チェチェンでは苦戦を強いられた．そのうえエリツィンの健康状態が悪化し，この時期を境に改革の勢いは急速に失われていった．代わって秩序の回復を求め，あるいは大ロシア主義の復活を唱える声が強まっていく．

　95年12月の下院選挙では，反エリツィンのロシア共産党が第一党に躍進，チェルノムイルジン首相率いるエリツィンの与党「我がロシア」は惨敗した．チェチェン侵攻による政情不安や改革派の分裂に加え，経済改革で生活条件が悪化した年金生活者等の批判票が共産党に集まった結果であった．苦しい政局運営を強いられたエリツィンは，改造内閣に保守派を登用する一方，西側追随外交と非難されていたコズイレフ外相や経済改革の中心人物チューバイス第一副首相らを更迭し，民営化凍結や国有企業温存を主張する共産党に譲歩した．そのため，経済改革（市場経済移行）のペースはさらに低下した．心臓発作で十分に執務をとれないエリツィンの支持率は3〜5％にまで低下，ライバルの共産党党首ジュガーノフに大差を許す事態となった．

　この時エリツィンの苦境を救ったのは，市場経済化の波に乗り急速に富を蓄えた新興財閥であった．エリツィン陣営は支援を受ける新興財閥からの資金を基に，大規模な選挙キャンペーンを展開，アメリカから選挙のプロを招き派手な選挙戦を展開した．96年6月の大統領選挙では，ジュガーノフを抑えエリツィンが第1位を占めたが，過半数には達しなかった．7月に行われた決選投

票では，第3位のレベジ候補を安全保障会議の書記に抜擢することで自陣営に取り込み，過半数を制したエリツィンが辛うじて再選を果たした．

●大西洋主義外交から国益重視・全方位外交へ

　新生ロシアの誕生直後，エリツィン政権はコーズィレフ外相の下，西側諸国との協調路線を外交の軸に据えた．民主化と市場経済化を早急に達成するには，欧米各国の支援と協力関係の維持が不可欠であったからだ（欧米協調路線：大西洋主義）．91～92年にかけてエリツィン大統領とコーズィレフ外相は米英独仏加等西側諸国を歴訪し，西側の一員たらんとする新生ロシアの意欲を説いて回り，ブッシュ大統領との会談（92年2月）で米露両国は「新しい同盟関係」にあると宣言した．4月には国際通貨基金（IMF）への加盟を実現し，240億ドルの経済支援取り付けに成功．5月にはSTART Iの新議定書が，93年1月にはSTART IIが調印された．

　しかし，西欧型モデルを模倣しただけではロシア社会を短期間に欧米化させることが不可能なことが分かり始めると，ロシア国民の幻想は一転失望と不満に変わり，西欧的価値観重視の風潮が消え，スラブ民族主義の機運が盛り上がるようになった．欧米至上主義のエリツィン外交にも，保守派を中心に欧米追随，あるいは旧ソ連時代の同盟国切り捨ての批判が浴びせられた．そのため92年秋以降欧米一本槍の外交は影を潜め，CIS諸国を含めたロシアの国益を重視する外交へと軌道修正が図られた（バランス重視路線：ユーラシア主義）．

　国益擁護の外交路線への転換を勢い付けたのが，NATOの東方拡大問題であった．ソ連の崩壊やワルシャワ条約機構の解体に伴い，かつてソ連の衛星国であった旧東・中欧諸国は挙ってNATOへの加盟を望むようになった．一方冷戦後の役割を模索していたNATOの側も，中・東欧諸国の民主・市場経済化を支援しこの地域の安定を図ることは西欧の安全保障にも重要との判断から，NATOを東方に拡大させようとの気運が生まれたのである．しかし，かつての反ソ軍事同盟が東へ膨張し迫り来る事態をロシアが容認するわけにはいかなかった．さらにチェチェン侵攻やロシアのイランへの核反応炉売却疑惑等により，94～95年にかけて米露関係は悪化し，エリツィンはこれを「冷たい平和」と揶揄した．

　コーズィレフから外相を引き継いだプリマコフは，病気がちのエリツィンに代わり外交の主導権を握り，ユーラシア主義（CIS諸国や中国，日本，アジア，中近

東にも接近）に基づいた国益重視の路線を推し進め，「アメリカとの対等性」確保や「大国にふさわしい全方位外交」を強調．米一極支配を非難するとともに，NATO の東方拡大に警戒感を強め，ユーゴ紛争ではセルビアのミロシェビッチ政権を支持，（NATO に対抗する意味も込めて）CIS 諸国との統合推進にも動き，ベラルーシ，カザフスタン，キルギスタンとの間で CIS 統合強化条約が調印された（96 年 3 月）．97 年 5 月末には，ウクライナと黒海艦隊協定や友好協力パートナーシップ条約が調印され，ソ連崩壊後，核の管理やクリミア半島の帰属問題拗れていた両国の関係も安定に向かった．中国とは「21 世紀に向けた戦略的パートナーシップ」宣言（96 年 4 月）や懸案であった東部国境確定問題の解決（97 年 11 月）に動いた．北朝鮮とはコーズィレフ時代に悪化した関係の修復に務め，日本とは北方領土問題解決と平和条約締結に向けたクラスノヤルスク会談（97 年 11 月）や川奈合意（98 年 4 月）を実現，さらに APEC への加盟（98 年）等アジア諸国とも積極的な外交を展開し，欧米を牽制する動きを強めた（全方位路線）．

●エリツィンからプーチンへ

　辛うじて大統領再選を果たしたエリツィンだが，選挙戦の疲労も加わり彼の健康状態は急速に悪化し，96 年 11 月には心臓のバイパス手術を受ける事態となった．政局の流動化と自らの権力失墜を恐れたエリツィンは手術直前，チェチェン紛争の処理等に手腕を発揮した国家安全保障会議書記のレベジを（彼の人気が高まったため）突如解任した（96 年 10 月）．クレムリン復帰後の 98 年 3 月には，5 年余にわたり彼の改革を支えてきたチェルノムイルジン首相はじめ全閣僚の解任に踏み切った．権力への執着を見せるエリツィンは，自分の地位を脅かす危険があると見るや，チェルノムイルジンの後任として首相代行に任命したキリエンコも半年で解任．その後も首相に登用したプリマコフや後任のステパシンを相次いで罷免し，99 年 8 月，連邦保安庁長官兼安全保障会議書記のプーチンを首相代行に任命した．

　同年 12 月の下院選挙では共産党が大きく議席を減らし，新たに結成された政権与党統一がチェチェン問題でのプーチン人気の高まりで一躍第二党に踊り出た．この結果，与党統一に改革派勢力等をあわせた大統領支持グループが野党を上回り，新生ロシア発足以来初めて政権側が議会の多数を獲得し，政府と議会の対立関係は安定に向かった．選挙後の 99 年 12 月 31 日，任期を残して

エリツィンは突然大統領辞任を表明し，プーチン首相を大統領代行に任命するとともに，自身の後継者に推薦した．全く無名の存在だったが，野心を感じさせず職命に忠実なプーチンならば政界引退後も影響力を維持し，自身やファミリーの地位も安泰との計算がエリツィンに働いたものと思われる．

　辞任演説でエリツィンは「明るい未来に一挙には行けなかった」ことを詫びたが，ショック療法と呼ばれた急速なロシアの市場改革は完全な失敗に終わった．それどころかロシアの GDP は過去 8 年間で半減し，アメリカの 1/10 にまで低落した．国民の 7 割近くが，エリツィン改革を成果よりもマイナスが大と受け止めた．エリツィン政権の約 10 年は，共産党独裁の旧体制を打倒した点では功績を残したが，新体制への移行に伴う混乱を終息できず，国民の不安定な経済生活も解消できなかった．エリツィンは打ち壊し屋ではあったが，新生ロシア建設のクリエイターではなかったのである．

3　プーチンの登場：大国ロシアの復活に向けて

●プーチン政権の誕生

　大統領代行になったプーチンは 2000 年 1 月 1 日チェチェンを電撃訪問し，テロ勢力の殲滅とロシア統一を守り抜く決意を強調した．3 月の大統領選挙では共産党のジュガーノフ党首を大差で破り，5 月に第 2 代ロシア大統領に就任した．選挙による平和的な政権交代は，ロシア史上初の出来事であった．

　ウラジミール・ウラジーミロヴィッチ・プーチンは 1952 年 10 月，レニングラード（現サンクトペテルブルグ）に生まれた．祖父はレーニンとスターリンの料理人，父は鉄道車両工場の工具で，母親も掃除婦，配達員等として働いた．家庭は貧しく，貧素な共同アパートの生活だった．75 年にレニングラード大学法学部を卒業したプーチンは KGB（国家保安委員会）に勤務し，85〜90 年には東独（ドレスデン）で諜報活動に従事した．ベルリンの壁崩壊後の 90 年 1 月故郷に戻ったプーチンは KGB を退職（予備役大佐に編入），母校レニングラード大学の学長補佐（国際交流担当）となり，次いでサンクトペテルブルグ市の渉外委員会議長や副市長等を務め，国営企業の民営化や外国資本の誘致に取り組んだ．96 年に市長が汚職疑惑で再選に破れるとクレムリンに移り，大統領府副長官や連邦保安庁（FSB）長官，安全保障会議書記を経て首相に指名された．少年時代に始めた柔道は有段者の腕前で，76 年にはレニングラード市のチャンピンに

なったこともある．

　革命家のエリツィンとは異なり，プーチンは現実主義的な実務家タイプの指導者であった．ロシア国民が彼に期待したのは，体制の移行に伴う社会秩序の混乱終息と経済生活の安定であった．プーチンもロシア経済の再生や貧困との戦い，国民生活の向上を最優先課題に掲げた．また「法の独裁」というスローガンの下に，社会安定のための法治国家建設を打ち出すとともに，大国ロシアの復権と強い国作りの必要性を強調し，ロシアの伝統的価値を重視すると宣言した．プーチンのめざす"強いロシア"とは，単なる軍事大国志向ではなく，新生ロシアの経済発展と政治的安定を可能とする統治能力の高い連邦国家の実現であった．

●国内集権化と多極化外交

　プーチンは，大統領を中心とする中央集権体制の強化に取り組んだ．エリツィン政権は保守勢力との支持獲得競争に勝利するため，地方自治体への大幅な権限委譲を進めたが，これは連邦国家の一体性確保を困難にするばかりか，統一された経済改革を進める上でも大きな弊害であった．強い国家を復活させるには中央と地方の関係を見直し，政治体制の集権化を復活させる必要があると考えたプーチンは，自治体の上に全国7つの連邦管区を設け，そこに強い権限を持つ大統領全権代表を配置して中央の地方に対する統制を強めた．また州知事や共和国大統領，議会議長等地方行政府のトップと連邦議会上院議員の兼任を禁じたり，首長公選制を廃止（任命制の導入）し，大統領が地方の行政首長を罷免できるようにした．エリツィン時代に強くなり過ぎた地方ボスの影響力を中央から排除するためであった．

　さらにプーチンは，エリツィン時代に政権と癒着し，石油，ガス，電力，メディア等基幹産業を手中に収めロシアの政治・経済を左右する勢力となった新興財閥（オリガルヒ）の力を削ぐため，横領や脱税等の容疑でグシンスキーやベレゾフスキー，ホドルコフスキー等その総帥を次々と逮捕・追放するなどして民間の手に渡った産業を国営企業に再編し国家統制の下に戻した（民間石油大手ユーコスの国有化等）．また財閥の傘下で政府批判を続けるマスメディアの抑圧・統制も断行，KGB など治安関係出身者（シロビキ）や軍の幹部を重要ポストに登用する等権威主義的な体制の確立を進めた[1]．そしてチェチェン紛争では，独立勢力との一切の妥協を排し領土不可譲の姿勢を誇示する一方，エリツィン時

代に制定されたばかりの国歌を廃し旧ソ連時代の国歌を復活（2000年12月）さ
せた．大国ロシアを意識した彼の政策には，国民から高い支持が集まり，エリ
ツィンが苦労した議会との関係も，「統一」をはじめ与党勢力が過半数を確保
したことで安定に向かう．

　こうしてプーチンは，短期間に地方（連邦管区の設置や首長任命制の導入等），議
会（政権支持勢力の優位，連邦議会上院の権限縮小），財界・マスメディア（寡占資本家
の政治的影響力排除）の掌握に成功し，安定した政権運営に途を開いた．"上から
の改革"をめざす点，強力な国家権力・強い指導者を志向する点で，プーチン
政治はロシア政治の伝統を継承したものといえる．プーチン人気の背景には，
経済の好調さも影響していた．過去10年間縮小を続けていたロシア経済だが，
インフレは沈静化し，外貨収入源である石油・天然ガス等の国際価格高騰で彼
が大統領に就任した2000年にはGDPの10％成長を達成，以後08年まで毎年
平均7％程度のプラス成長が続いた．僅か1500ドルだった国民1人当たりの
所得が，プーチン支配の10年間で1万ドルを上回るようになった．パイプラ
インを通してドイツをはじめ多くの欧州諸国に大量の天然ガスを供給すること
は，ヨーロッパの対露依存を高め，外交・戦略上もロシアにとって好都合だっ
た．

　ところでエリツィン政権末期，NATOの東方拡大やユーゴ空爆，チェチェ
ン問題を巡りロシアと欧米の関係は冷却化し，露国内にも強い反米感情が溢れ
た．そのためプーチン政権初期の外交も，アメリカの一極支配に反対し世界の
多極化を促し，ロシアがその一つの極となることが目標に据えられた．CIS諸
国との関係強化をはじめ，プーチンは戦略的パートナーでともにアメリカの一
極支配に反対する中国との提携も緊密化させた．2000年7月，訪中したプーチ
ン大統領は江沢民国家主席と北京宣言に調印，多極化世界の実現をめざすとと
もに，覇権主義や弾道ミサイル防衛に反対する共同声明を発表．翌年7月には
江沢民が訪露し，中露善隣友好協力条約が締結された．このほかプーチンは北
朝鮮やキューバ，ベトナム，中東地域との関係を重視する姿勢も見せた．プー
チン政権初期の多極化外交はプリマコフ路線（全方位外交）を引き継いだといえ
るが，プーチンの最大の関心はロシアの国力復興，特に国内経済の再建にあっ
た．そのためには欧米との協力関係が不可欠なことも彼は承知しており，拗れ
た欧米との関係を修復させる機会を窺っていた．そして9.11事件が，その絶
好の機会を彼に提供したのである．

●9.11 事件と米露関係の好転

　01 年 9 月アメリカで同時多発テロ事件が起きた時，G8 首脳の中で最も早くブッシュ大統領に電話を入れたのはプーチン大統領だった．これを対米関係改善の好機と捉えたプーチンは，対米支持の考えをいち早く表明．「ロシアは対テロ対策で米国と共同行動をとる用意がある」との声明を出す（9 月 22 日）とともに，24 日のテレビ演説では「対米支援 5 項目」((1)テロ情報提供 (2) 人道援助のための領空通過容認 (3) 中央アジア諸国（ウズベキスタン，キルギスタン）の軍事基地使用容認 (4) 国際的な捜索・救援活動への参加 (5) アフガニスタン北部同盟への軍事支援）を発表し，対アフガン作戦に関して中央アジア諸国による基地提供と旧ソ連地域への米軍進駐を容認した．プーチンは，アメリカの武力行使やテロリストへの資金封鎖に関する国連決議を支持する考えも明らかにした．欧米の仲間入りを果たすことで経済の建て直しや軍事費の削減を実現するとともに，国際的な批判を浴びているチェチェン問題での理解を取りつけたいとの思惑からであった．ロシアからの分離独立を求めているチェチェン人はイスラム教徒であり，チェチェンの過激派武装勢力はアルカイダとの協力関係が指摘されていた．ロシアが苦しんでいるチェチェン紛争を対国際テロ作戦の一環として世界に認めさせようとの作戦だ．事実，チェチェン問題に関する欧米のロシア批判は影を潜めた．プーチンは核弾頭の削減と引換に，それまで反対していたアメリカのミサイル防衛構想も容認するようになった．

　対米協力への外交方針転換には軍部等国内の反発もあったが，その見返りにロシアが得たものは大きかった．まず NATO との関係が修復され，その東方拡大（第 2 次拡大）を容認する代わりに NATO の意思決定に参画するようになった．ロシアは西側の一員となったのである．02 年 6 月の G8 サミット（カナナスキス）で，ロシアは念願の G8 メンバーの地位を獲得，また各国首脳はロシアでの初のサミット開催（06 年）やサンクトペテルブルクでのサミット特別会合開催（03 年）で合意．対米協調の大きな果実であった．カナナスキスサミットでは，ロシアの化学兵器の廃棄や老朽化した原子力潜水艦の解体等支援のため，10 年間で最大 2 千億ドルの対露支援も決定された（グローバルパートナーシップ）．サミットに先立ちブッシュ大統領は，米政府がロシアを「市場経済国」に認定する旨プーチンに伝えた．これでロシアの WTO 加盟にも途が開かれた（その後，ジョージア紛争や米露関係の悪化で加盟実現は 2012 年）．

●冷却化する米露関係

　政治的安定を取り戻し，また原油高を背景に経済成長も順調ななか，10 年間
で GDP を倍増させるという壮大な目標を打ち出したプーチン政権は高い支持
率を維持，04 年 3 月の大統領選挙は事実上の信任投票となり，70%を越える得
票率で再選を果たした．しかしイラク戦争を境に，米露関係は冷却化した．イ
ラク戦争をめぐりアメリカの武力行使に国際社会が懸念を示すなか，ロシアは
仏独等とともにアメリカのイラク攻撃反対の立場を取り続けた．開戦後，戦局
がアメリカ優位に進むにつれイラク復興のあり方が論議となったが，ここでも
ロシアは独仏と同様，国連が中心的役割を担うべきだと主張し，対米批判の姿
勢を崩さなかった．

　イラク戦後，さらに米露関係は冷え込んだ．エネルギー企業やマスメディア，
市民社会に対する国家統制の強化，ウクライナ大統領選挙（04 年 12 月）への政
治介入等プーチン政権の非民主主義的な政策をアメリカが問題視するように
なったからだ．04 年のベスランでの学校占拠事件後，プーチン大統領が地方自
治体首長の直接選挙制度を廃止したことも民主化後退の印象を内外に与えた．
共和国大統領や州知事等地方首長の選出は地元住民による直接選挙制が導入さ
れたが（96 年），プーチンはこれを廃止し，大統領が推薦した首長候補を地方議
会が承認する事実上の大統領任命制度に変更したのである（04 年 12 月）．地方
権力の腐敗や汚職を根絶し，対テロ対策等国家の統治能力向上を図ることが目
的とされたが，アメリカは民主化の後退と批判した．ライス国務長官は，ロシ
アの内政プロセスに注意を払う必要があると述べ，警戒心を露わにした．05 年
2 月にスロバキアで開かれた米露首脳会談で，ブッシュ大統領はロシアの民主
化促進を強く求めた．イランに対するロシアの核エネルギー開発協力もアメリ
カを刺激した．他方，旧ソ連圏での民主化政変（カラー革命）へのアメリカの関
与疑惑は，ロシアの反米感情を強めた．06 年 7 月のサンクトペテルブルクサ
ミットでは，ロシアの WTO 加盟は認められなかった．米露関係の悪化に伴い，
ロシアは中国やインドに接近，再び米一極主義を牽制する多極化路線を強めた．

●タンデム体制

　プーチンは 2000 年から 2 期 8 年にわたり大統領を務めたが，ロシア憲法で
は大統領の連続三選は禁じられていた．そのためプーチンは 07 年 12 月の下院
選挙で，自らが影響力を持つ与党「統一ロシア」の比例名簿第 1 位に登載され

て当選し，翌年同党党首に就任する．そして後任の大統領にメドヴェージェフ
第一副首相を当選させ，彼の指名で自身は首相職に就いた．

　ドミトリー・メドヴェージェフはレニングラード大学法学部卒でプーチンの
後輩．弁護士資格を持つ法律家で，プーチンがサンクトペテルブルク市渉外委
員会議長を務めていた時に顧問として仕え，2000 年の大統領選挙の際には選
対本部長を務め，以後大統領府長官等を歴任した．こうして 08 年から 12 年の
間，プーチン・メドヴェージェフの二頭体制が採られたが，政治の実権は終始
プーチンが握っていた．[2)]

4　第 3 次プーチン政権

●強まる欧米との対立

　2011 年，与党統一ロシアはプーチン首相を次期大統領の候補に擁立し，翌年
の選挙で勝利したプーチンは再び大統領に就任（12 年 5 月），メドベージェフが
首相に起用された．憲法改正により大統領任期が 4 年から 6 年に延長され，
プーチンは最大 2 期 12 年（～2024 年）大統領職に留まることが可能となった．

　2014 年に始まったウクライナ危機では，プーチンはクリミアを一方的に併
合し，またウクライナ東部でも親露派武装勢力を支援するなど威圧的な政策を
重ねた．アメリカや EU 諸国はロシアの行動を激しく批判し，G8 からの追放
や経済制裁措置を発動したが，逆にプーチンも欧米の対露姿勢を非難し，
NATO のロシア国境への接近はロシアの安全保障にとって重大な脅威だと主
張した．欧米はロシアの動きを国際秩序を乱す覇権侵略的な政策と批判するが，
ロシアがそのような行動に出ざるを得なかった原因は欧米の対露差別とロシア
勢力圏に対する攻勢主義にあるとプーチンは反論する．

　冷戦崩壊でロシアはその勢力圏を自らの手で理性的に手放し，自由主義経済
に切り替え民主主義政治システムを採り入れるなど欧米諸国と同じ体制の国に
生まれ変わった．それにも拘わらず，欧米諸国は我々を信用せず，同じ仲間と
して受け入れようとしないばかりか，ジョージアやチェチェン，ウクライナな
ど旧ソ連の勢力圏に手を突っ込み，民主化の美名の下にロシアの影響力減殺を
企てた．また旧東欧諸国を NATO や EU に引き込み軍事的にも経済的にもロ
シアを包囲しようとしている．[3)]"リスボンからウラジオストクまで"のスロー
ガンを掲げ，大欧州経済圏の構想を提唱しても無視されるばかり．この失望と

恨み, 不信感と警戒心がプーチンの行動を冷戦時代の過去へと向かわせているのだ.

　ドイツ大衆紙ビルトのインタビュー (16 年 1 月) でプーチンは「ベルリンの壁は崩壊したが, ヨーロッパの分断は克服されて」おらず, 冷戦の終結から四半世紀余りたった今もロシアとヨーロッパは対立状態にあり, そのうえ「見えない壁は東に移動している」と述べ, 対立の原因は, アメリカ主導の NATO がロシア国境に向かって東方拡大しているためだと批判している. 15 年 12 月にプーチン大統領が承認した新たな「国家安全保障戦略」では, ロシアが「指導的な世界大国」の地位をめざすとともに, 09 年版には無かった「西側」という言葉が用いられ, 「西側の姿勢はロシアの国益実現に悪影響を与えている」と批判, ロシアが冷戦期のように欧米など「西側」に対抗する姿勢を滲ませている. プーチンが望んでいるのは, 冷戦下のソ連のように, 国際舞台でロシアが強い影響力を発揮することである.

　そのためプーチンのロシアは軍備の増強で NATO 諸国を牽制しつつ, 自らの勢力圏と捉えている旧ソ連圏での影響力と実効支配を回復すべく, ウクライナやジョージアに圧力を加え, また旧ソ連の構成国だったベラルーシに対しても経済支援の見返りに単一の通貨や税関, 裁判所の統一を迫り, 連合国家の樹立を目論んでいる. かつてソ連が確保していた西欧との軍事緩衝地帯の再構築に取り組む一方で, プーチンはアジア東方重視の姿勢も打ち出し, 中国, インドとの関係を重視している. 特に中国への傾斜を強め, 中露首脳会談を頻繁に開催し天然資源開発協力等の合意文書に署名するなど戦略的パートナーシップを強化させ, 上海協力機構や BRICS 首脳会議等多国間の枠組みでも中国との連携を見せている. CIS 諸国との経済統合にも力を注ぎ, 15 年 1 月にはカザフスタン, ベラルーシ, アルメニアと「ユーラシア経済同盟」を発足させ, 15 年 4 月にはユーラシア経済同盟とベトナムの間で自由貿易圏を創設することで基本合意した. さらにシリアのアサド政権を支援, イランにも接近し, 後退するアメリカに代わって中東での影響力を拡大させている.

　しかし, ウクライナにおけるクリミア併合や反政府勢力支援, バルト諸国への圧力, さらにシリアに軍事介入しアサド政権を支援する等プーチンの大胆な政策は, 露国内の愛国的気分を煽る一方, 地域的な混乱の火種を拡大させた. また一連の強硬姿勢は世界の反発をかい, 経済制裁で露経済に打撃を与えたばかりかロシアの孤立化を招き, 自らの影響下に留め置こうとする周辺諸国の離

反と親欧米化を加速させる結果ともなった．威圧政策の限界と見たプーチンは，イスラム国殲滅作戦への参加（本音はアサド政権支援）やシリアの停戦実現等欧米と協調する姿勢を示す一方で，ドイツへの天然ガス供給（ノルドストリーム 1，2）や露軍機撃墜事件（15 年 11 月）で対立を深めたトルコとの関係改善（地対空ミサイル売却やトルコストリームによるエネルギー供給）により NATO 陣営の分断を謀るなど強かな動きも見せている．

●プーチン政権の行方と展望

　ロシア人の生活水準の向上や，ソ連からロシアへの体制変化に伴い人口に占めるロシア人の割合が増加したこと，また社会主義イデオロギーが消滅したこともあって，ロシアではロシア（スラブ）ナショナリズムの高揚が顕著となった．このロシアナショナリズムがプーチン政権を支え，プーチンも欧米からの迫害に立ち向かう指導者というイメージを巧みに利用しナショナリズムを政権の追い風としてきた．[4] 14 年 3 月のクリミア併合後，プーチンは愛国主義的傾向を強める国民世論の圧倒的な支持を獲得，同年 9 月に実施された統一地方選挙で与党統一ロシアが圧勝したのはその証左である．

　だが，ロシアを取り巻く経済環境の悪化は，プーチン政権の今後に影を落としている．ロシアは原油などのエネルギー資源が輸出の 6 割以上を占めている．第 1 期プーチン時代の前半，ロシア経済が好況を呈したのは，中国や新興諸国の経済発展に伴うエネルギー不足による石油価格の高騰に支えられたものであった．しかし，その後の世界経済の停滞で石油価格は大幅に下落し，ロシア経済も国民の生活レベルも厳しさを増している．

　2015 年のロシアの国内総生産（GDP）は実質 3.9% 減で，リーマンショック直後の 09 年以来 6 年ぶりのマイナス成長となった．主力輸出品で国家収入の半分を依存する原油の価格下落や，ウクライナ問題を巡る欧米の経済制裁が響いたのだ．原油安を背景にした投資や個人消費の減少で製造業が低迷し，さらに資源への依存が深まる悪循環にも陥っている．2014〜15 年の 2 年間でロシア通貨の価値は半減し，インフレ率は 2 桁台になり，医療や教育への政府支出は削減された．政府統計によれば，15 年だけでも貧困層は約 200 万人増加し，人口の約 14% に達した．国民の実質所得は 14 年から 18 年まで 5 年連続で減少している．そのようななか 18 年には年金支給年齢が引き上げられ（60 → 63 歳）国民の不満が高まった．長期政権に対する倦怠感も加わり，8 割台の高水準を

維持していたプーチンの支持率も 60％台に後退した．経済の低迷が長引き市民の生活水準の悪化が続けば，さらなる支持率低下を招きプーチン政権の基盤を揺るがしかねない．

　この国が真の大国となるためには，石油，天然ガス等エネルギー資源（1次産品）の切り売りで外貨を稼ぐだけの構造から脱却し，露経済を牽引する魅力ある製品や新技術の開発，商業化を実現することが必須不可欠だ．またプーチンは人口の減少が進むシベリアやアジア地域の大開発に力を注ぐとともに，EU を念頭に旧ソ連諸国を統合する「ユーラシア連合」の構想を打ち出しているが，その成果は未知数である．

　経済構造の転換と並び，民主化の進展も今後のロシアを占う重要な鍵である．大統領に返り咲いたプーチンは，依然として強権的な政治スタイルを堅持している．大国ロシアに必要なのは強い国家権力による政治的安定と信じているからだ．国内の統一を維持・発展させる上で好都合なら民主主義の看板を利用し標榜もするが，自らの政治目的に適合しないと判断すればプーチンは躊躇なく切り捨てる政治家である．この政治スタイルは彼のキャラクターに拠るだけでなく，ロシア社会における民主主義の浸透や成熟度合いの低さ，さらに，強いもの・強大な権力を憧憬する国民性とも深く関わっている[5]．それゆえ欧米の尺度でプーチン政治を否定しても，ロシアで同様の評価が下されることはない．

　しかし，プーチン時代の生活水準向上に伴い，ロシアでは中産階級が成長を見せている．彼らが政治活動や言論・報道の自由を求める動きは日増しに強まっている．第3次プーチン政権の発足に先立つ 11 年末から 12 年初頭にはモスクワで大規模な反政府デモが起き，政権は反対派への警戒を一層強めた．プーチンは反対勢力を，対敵協力者や裏切り者を意味する「第五列」と称し，「内外の敵が結託して攪乱を狙っている」とのプロパガンダ（政治宣伝）に力を入れている．2012 年には国家反逆罪の適用範囲が拡大され，同罪による実刑判決は 13 年の 4 件から 14 年の 15 件に増加．2016 年には国家親衛隊が新設された．40 万人の隊員と武装ヘリ，戦車を擁する大統領直属の特別部隊で，社会秩序が乱された場合には市民への発砲も認められている．プーチンは創設の目的を「テロとの戦い」というが，政府批判を押さえ込む狙いも込められている．また世論調査機関をスパイと認定したり，NGO の締め付けやネット監視を強化し言論・表現を規制するなど市民社会の力を削いでいる．19 年 9 月に実施された統一地方選挙では州や共和国の首長選は政権の支持する候補が全勝した

ものの，モスクワ市議選ではプーチン政権に批判的な活動家の立候補が認められず，これに市民が反発して数万人規模の抗議集会やデモが相次ぎ，改選前 8 割を占めていた政権与党「統一ロシア」は大きく議席を減らした．

　ロシアでは，政治的謀殺も相次いでいる．2015 年 2 月にはリベラル派の旗手として反プーチン運動で中心的役割を果たしたボリス・ネムツォフがモスクワ中心部で銃撃され死亡した．容疑者はチェチェン共和国治安部隊の要員と伝えられたが，被害者はプーチン政権の対ウクライナ政策を厳しく批判していたことから，プーチンが関与する政治的暗殺との見方も浮上した．またロシアの元情報将校アレクサンドル・リトビネンコが 06 年に亡命先のロンドンで放射性物質により毒殺された．この事件に関し英国の独立調査委員会は 16 年 1 月，殺害はロシアの情報機関連邦保安局（FSB）の指示で実行された可能性が高く，プーチン大統領も「おそらく承認していた」と結論づけた報告書を公表している．

　ロシア経済の危機が深まる中，プーチン政権が今後も異論の弾圧迫害を強めていくことは確実だ．プーチン大統領は憲法を改正し，2025 年に大統領を退任した後も自らの政治的影響力を残そうと動いているが，ロシアを大国に復権させる代償として，政治的自由や民主主義の放棄を強いる手法をロシアの大衆が受容し続けるかどうか，行方が注目される．人権抑圧の是正に加え，根深い汚職腐敗の官僚体質を改善することも大きな課題である．対外関係では，経済的な相互補完関係（エネルギーと武器を売り，市場を提供）や外交目標の一致（対米牽制・多極化促進）から生まれた中国との蜜月関係がいつまで続くかという問題がある．軍事大国化する中国への武器輸出にロシアは慎重な姿勢を見せ始めている．多くの中国人労働者がロシア領内に入り込み，ロシア経済を支配し，あるいはロシア人の生活を圧迫している現状もある．利害の両立が利害の対立と相互不信の関係に転じるかどうかが注目点である．

5　内陸ユーラシアのパワーゲーム 1：ウクライナ紛争

●カラー革命

ソ連の崩壊に伴い，ロシアと旧ソ連邦構成諸国との間には様々な地域協力の枠組みが構築されたが，その核となるのが独立国家共同体（Commonwealth of Independent States: CIS）だ．CIS はソ連邦を構成する 15 か国のうちバルト 3 国を

除く 12 か国が連邦崩壊時に結成した緩やかな国家連合体である．ロシアとの緊密の度合いは国毎に異なり，加盟国の間に EU のような共通の理念や一体感は希薄である．CIS 加盟国は，親露的でロシアと共同歩調を取る国（ベラルーシ，カザフスタン，クルグスタン，アルメニア，タジキスタン，ウズベキスタン等）と，ロシアから距離を置こうとする国（アゼルバイジャン，ジョージア，ウクライナ，モルドバ，トルクメニスタン等）に二分され，後者の中でもロシアと強いライバル関係にあるのがウクライナだ．CIS 発足当初，ロシアは旧ソ連軍を CIS 統合軍として一元的に継承する考えだったが，ウクライナやアゼルバイジャン等がこれに反対し独自軍の創設に着手したため，ロシアは統合軍の建設を断念させた経緯がある．黒海艦隊の帰属を巡っても，ロシアとウクライナは対立した．

　ロシアから距離を置く 4 か国（アゼルバイジャン，ジョージア，ウクライナ，モルドバ）は，CIS 集団安保条約に参加せず，それぞれの頭文字をとって GUAM というグループを結成する（97 年．99 年にウズベキスタンが加わり GUUAM となるが，05 年にはロシアとの関係悪化を恐れてウズベキスタンは脱退）．GUAM は，シルクロードの復興と経済発展，旧ソ連諸国の主権と独立の強化等を目的とし，紛争解決，テロ対策等の安全保障，エネルギー供給，欧米との協力等ロシアの影響力を排除しつつ多方面での協力推進を目指している．アゼルバイジャンとジョージアは NATO 入りの意思を表明し，NATO 主導のコソボでの PKO 活動に 40 人余の派兵を行う等関係強化に努めた．アメリカや EU 諸国も GUAM 創設を歓迎し，多額の経済援助を行った．対露牽制に加えて，加盟国がロシアとイランを避けた石油パイプラインの建設に関わる地域であるからだ．

　21 世紀に入ると，ロシアから距離を置く国々で政権交代や政治変動が相次いだ．俗にカラー革命と呼ばれるが，まず 2003 年 11 月，ジョージアでは議会選挙の結果は偽りだったとする集会の圧力で，シェワルナゼ大統領が退陣に追い込まれ（バラ革命），翌年 1 月の大統領選挙ではバラ革命を主導したサアカシュヴィリが新大統領に選出された．彼は国内に残る露軍基地の早期撤退を要求する等前政権の親欧米路線を継承した．04 年 11 月にはウクライナで任期満了のクチマ大統領に代わり，親露派のヤヌコヴィッチ候補（当時首相）が選出された．だが開票の不正を糾弾する大規模な抗議運動でやり直し選挙が行われ，12 月には親欧米路線をとる野党のユーシェンコが大統領に選出された（オレンジ革命）．ジョージアとウクライナに続き，05 年 3 月には中央アジアのキルギスでも政変が起こり，14 年間政権を担当したアカーエフ大統領が失脚，ここでも

親米派のバキーエフが新大統領に当選する（チューリップ革命）．5月にはウズベキスタンのアンディジャンで反政府暴動が発生している．

　ロシアはカラー革命を主導した反体制勢力の背後に米政府の関与・支援があったと疑っている．その真偽はともかく，ブッシュ・ジュニア政権のコーカサス〜中央アジアに対する政策が，対アフガン作戦やテロ掃討戦の後方支援基地確保に加え，(1)（中東での民主化を拡大する形で）域内諸国の民主化と市場経済化の促進 (2) エネルギー利権への接近（開発とパイプライン建設の参加），さらに (3) この地域の親米化を進めロシアの牽制とその影響力減殺にあったことは間違いない．これに対しロシアは，ジョージアやモルドバの最有力輸出品であるワインの全面禁輸等経済制裁を強めたが，反露親欧米路線を進めるウクライナやジョージアでは，ロシアとの軍事紛争にまで関係が悪化した．

●東西の接点ウクライナ

　ウクライナは旧ソ連邦でロシアに次ぐ第2の大国で，住民の8割近くはウクライナ人，南部を中心に2割がロシア系．1986年に大事故を起こしたチェルノブイリ原発が北部にある．13世紀まで存在したキエフ公国は，ロシア，ウクライナなど東スラブ諸民族共通の国家発祥地である．だがその後は複雑な歴史を辿り，1667年にはウクライナ西部がポーランド，東部がロシア領となる．18世紀には大半がロシアに入ったが，リビウなど最西部が旧ソ連に編入されたのは第2次世界大戦後と遅い．

　長くポーランドのカトリック文化圏にあった西部では「欧州の一員」意識が強く，住民の大半がウクライナ語を話す．一方，ロシア系住民が多い東・南部はロシア語使用率が高く，ロシア正教で親露派が主体だ．こうした歴史や民族，宗教などの違いから，一つの国でありながら国を南北に流れるドニエプル川を挟んで，ウクライナは西部と東部の2つに大きく分かれ，あたかも東西文明接点の様相を呈している．ロシアと対立関係になりやすいのもそのためだ．キエフ・ルーシを源流とする兄弟国ではあるが，親西欧のウクライナの EU，NATO 接近を阻み，欧米の影響力東進を阻止することがプーチン大統領の狙いである[6]．

●エネルギー圧力

　旧ソ連圏諸国を再びロシアの勢力下に取り込み，勢力拡大を目指すプーチン

大統領は，後述するチェチェン，ジョージアに留まらず，旧ソ連圏の中で最も
ロシアと強いライバル関係にあるウクライナにも圧力をかけていった．ウクラ
イナはエネルギーの大半をロシアに依存している．そこでロシアのガスプロム
社は，石油ガスの国際価格高騰を口実に，売却先のウクライナ国営ガス会社に
対し，天然ガスの価格（千立方メートル当たり 50 ドル）をヨーロッパ向け価格に近
い価格（230 ドル）に値上げする旨を通告，それまでの 3 倍以上の価格であるた
め両国の交渉は難航した．06 年 1 月突然ロシアは「ウクライナが欧州用のガス
を抜き取っている」としてウクライナへのガス供給を停止し圧力をかけた．ロ
シアがヨーロッパに輸出する天然ガスの 3/4 はウクライナ経由のパイプライン
で供給されており，途絶を懸念する西欧諸国もこの措置に憂慮・反発したため，
ロシアも程なくウクライナへの供給を再開したが，この事件はエネルギーを用
いたロシアの恫喝と受けとめられた．同年末にもロシアはベラルーシへの石油
供給を停止し，再び EU への輸送が危機に陥った．

　プーチン大統領は，ウクライナを迂回してロシアの天然ガスをバルト海を通
して直接ドイツに供給するパイプライン建設（北ヨーロッパ・ガスパイプライン）
でドイツと合意しているが，これもウクライナを締め上げる作戦の一つだ．天
然ガス供給の 3 割をロシアに依存する EU 諸国は事件後の 06 年 6 月，エネル
ギー調達先の分散多角化を図るべく，イランやロシアを通らず，カスピ海から
バクー（アゼルバイジャン），トビリシ（ジョージア），エルズルム（トルコ）を経て，
さらに東欧（ブルガリア，ルーマニア，ハンガリー）を経由しオーストリアに至る天
然ガスパイプライン（ナブッコパイプライン）の建設を決定した．東・南欧での独
占供給態勢が崩れることを恐れるロシアはこの構想を阻止すべく，ロシア領内
からウクライナを避けて黒海の海底〜ブルガリアを経由して欧州に天然ガスを
運ぶサウスストリーム計画（のち EU の反対で頓挫）や，ドイツと北海海底でパイ
プラインを直結させるノースストリーム計画，さらにトルコに天然ガスを供給
しているブルーストリームパイプライン（2005 年正式稼働）のハンガリーへの延
伸や黒海，トルコを経由してギリシャを通し中東欧に天然ガスを供給する新パ
イプライン（トルコ・ストリーム）構想等対抗策を次々と打ち出している．

　ロシアの圧力を受けたウクライナでは，06 年 3 月の議会選挙で親露の「地域
党」が第一党となり，親露・反露各派の激しい組閣・連立工作が続いた後，8
月に親露派を軸とする 4 党連立内閣（地域党，大統領与党の「我らのウクライナ」，社
会党，共産党）が誕生，オレンジ革命の際の大統領選挙やり直し投票でユーシェ

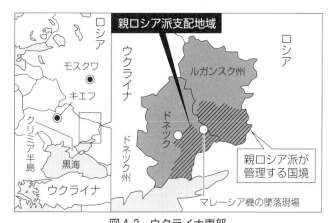

図4-2　ウクライナ東部
（出所）『朝日キーワード2017』（朝日新聞社，2016年）60頁.

ンコに破れたヤヌコビッチ地域党首が首相に就任した．4党が合意した内外政策基本原則では，大統領が推進するNATO加盟問題については「必要な手続きを経て国民投票で決める」ものとされたが，憲法改正で大半の閣僚指名権を得る等首相権限が強化されたこともあり，NATO加盟や対露政策をめぐり親欧米派大統領と親露派首相の対立が表面化．閣僚間の不和や権力闘争が続き，銀行家出身で政治手腕に欠けるユーシェンコ大統領は，親露派政党（地域党）と政策協定を結ぶ等妥協を余儀なくされた．加えて08年秋の世界金融危機は脆弱なウクライナ経済を直撃．さらにロシアは，ユーシェンコ政権に再び天然ガス供給価格の大幅値上げを通告（09年1月）．ウクライナ経由の天然ガス輸出を2週間停止する等圧力をかけた．

●ロシアのクリミア併合と東ウクライナ介入

　2010年の大統領選挙では，「革命」に幻滅した国民の支持を集め，親露派のヤヌコビッチが当選した．エネルギー，経済，政治の三大危機脱却の期待を背に，ヤヌコビッチ大統領はNATO加盟棚上げ，クリミア半島に駐留するロシア黒海艦隊の基地使用延長に合意するなど対露関係の修復に動いた．またユーシェンコ政権のティモシェンコ前首相を職権乱用容疑で逮捕する等親西欧派への圧力を強めた．

　さらに13年11月，ヤヌコビッチ大統領がEUとの経済連携を強化するため

の連合協定の締結を見送ると，これに親欧米派が反発，大規模な抗議デモが起り，14年2月にヤヌコビッチ政権は崩壊に追い込まれた．ウクライナではヤツエニユクを首相とする親欧米の暫定政権が誕生したが，ロシアはこれを認めず，ロシア系住民が多く住むウクライナ東部やクリミア半島では，暫定政権への警戒と反発が広がった．こうしたなか，ロシアは軍隊をクリミア半島に展開し，空港，議会など主要な建物を占拠しウクライナ軍を武装解除した．3月にはロシアへの編入の是非を問う住民投票が行われ，圧倒的多数の賛成を得たとしてクリミア半島を一方的にロシアに併合する[7]．

　国際社会はロシアの対応を強く批判し，国連総会はクリミア併合を無効とする決議を採択，欧米諸国は対露経済制裁を発動し，ロシアはG8から追放された．一方，ウクライナでは14年5月の大統領選挙で，親欧米のポロシェンコ政権が誕生したが，ウクライナ東部のドネツク州，ルガンスク州では親露派武装勢力が政府庁舎などを占拠，クリミアと同様の住民投票の手法を踏襲してウクライナからの分離独立を宣言，ウクライナ政府軍と激しい戦闘に入った．14年9月にはウクライナ政府と親露派武装勢力の間で停戦合意が成立したが守られず，その後，プーチン，ポロシェンコに加え独仏の首相も交えた首脳会議の結果，停戦に向けた合意文書が纏まり（ミンスク合意），15年2月に再び停戦が実現した．

　だが，その後も親露派武装勢力とウクライナ政府軍とは断続的に交戦を重ねている．ミンスク合意を踏まえ，ドネツク，ルガンスク両州に特別な地位を与えるための憲法改正や地方選挙が予定されているが，いずれも実施が先送りされ不安定な状態が続いている．クリミア半島のように親露のウクライナ東部をロシア領に組み入れようとはせず敢えてウクライナ領に留め，ウクライナ国内の分裂を誘うことでそのEUやNATO加盟を阻止するのがプーチンの戦略と思われる．

　一方ウクライナでは，厳しい緊縮財政や汚職問題，それに東部地域の紛争終結にめどが立たないためポロシェンコ政権に対する支持率が低迷し，19年4月の大統領選挙ではコメディアン出身のゼレンスキーが圧勝した．ゼレンスキー大統領はロシアとの直接対話で紛争解決を目指す考えを示し，19年12月には露独仏との4か国首脳会議を3年ぶりに開催し，完全停戦や和平のための政治プロセス再開に号した．しかし，東部地域に広範な自治権など特別な地位の付与を求めるロシアとは意見の一致が得られず，ロシア寄りの姿勢を見せる

ことには国内の反発も強いため，和平実現には難航が予想される．

6　内陸ユーラシアのパワーゲーム2：コーカサス

●ユーラシアバルカン

　ブレジンスキーは，コーカサス～カスピ海～中央アジアに至る地域は世界で最も不安定であると同時に地政的に極めて重要なエリアでもあるとし，「ユーラシアバルカン」と名付け，次のように述べている．

　　　「ユーラシア・バルカンは，ヨーロッパ南東部に位置する本家のバルカンに共通する面を持っている．地域各国の政治体制が不安定なうえ，近隣の強国同士が相手に地域覇権を握らせまいとして，この地域に介入することになりがちである．……少なくとも三つの隣接する強国（ロシア，トルコ，イラン）にとって，安全保障と長年の野心の観点から重要な意味をもっており，最近では中国も政治的な関心を示すようになってきた．しかしそれ以上に，ユーラシアバルカンは経済的に計り知れない価値を持っている．世界の天然ガスと石油の埋蔵量のうち，かなりの部分がこの地域に集中しているほか，金鉱石等重要な鉱物資源が豊富にある．……アジアの急速な経済成長に伴い，新たなエネルギー資源の探査と開発が既に切実な課題となっているが，……各国がこの地域に野心を抱き，企業が利権を争い，歴史を根拠に領有権を主張する動きや帝国主義的な拡張主義が再燃し，国際対立が激化している．[8]」

　地政学者ハルフォード・マッキンダーは「高速で移動できるユーラシア内陸部の草原地帯（リムランド）を支配すれば，全ユーラシアの支配が可能になる」と考え，「ハートランドを支配する者が世界を支配する」というハートランド理論を提唱したが，ウクライナやユーラシアバルカンと呼ばれるコーカサス，中央アジアはまさにマッキンダーがいうリムランドに該たる．いずれも"ロシアの脆弱な下腹"だ．コーカサスとは，黒海とカスピ海に挟まれ，南はイランに接するコーカサス山脈周辺の旧ソ連地域を指す．北コーカサスには，ロシア連邦共和国に属すチェチェンやイングーシ，ダゲスタン，北オセチア等が，南コーカサスにはアゼルバイジャン，アルメニア，ジョージアの3国が含まれる．この地域は古くから東西交易の要衝で，幾多の民族が往来し，交易で栄えると

図 4-3　コーカサス地方

(出所)　橋本光平『世界の紛争地域』(PHP 研究所, 2002 年) 197 頁を基に作成.

ともに, 異民族の侵入による複雑な歴史を歩んできた. 今日も民族問題のホットスポットである.

●チェチェン紛争

ロシア連邦には, ロシア人以外の民族の居住地域に設定された 21 (クリミア共和国を含むと 22) の共和国と 1 自治州, 4 自治管区等が存在する. 旧ソ連時代, ロシア人に征服支配され, あるいは領地替えを強制された諸民族の反露感情は非常に強く, ソ連邦解体の前後から独立を求める動きや民族間対立が各地で表面化した. 多民族国家ロシアにおいて民族問題の処理は極めて重要かつ困難な課題だが, なかでも最大の紛争となったのがチェチェンの独立闘争である.[9]

〈第 1 次チェチェン紛争〉

ロシア連邦の一構成国であるチェチェン共和国は, 黒海とカスピ海に挟まれた北コーカサスに位置する. 国土面積は岩手県程で, 約 80 万人の住民の 7 割がイスラム教徒 (スンニー派) のチェチェン人で占められている. 19 世紀, 対トルコ戦争に備えてロシアが北コーカサスの植民地化に乗り出したため, チェチェン等の山岳民族は半世紀にわたり抵抗 (カフカス戦争：1816〜64 年) したが, 結局はロシアに併合されてしまう (1864 年). ロシア革命の際, 彼らは独立戦争を起こすが, 赤軍に鎮圧され, 旧ソ連統治時代, チェチェンはロシア共和国内の自治共和国となる. その後独ソ戦争が始まると, ドイツに協力したことへの報復から, スターリンは多くのチェチェン人をカザフスタンやシベリアに強制移住させた (1944 年). 戦後, フルシチョフのスターリン批判を機に人々が故国帰還を許され, チェチェン・イングーシ自治共和国として再建されたのは 1957 年のことである.

80 年代後半, ソ連の支配が動揺を来すやチェチェンは独立への動きを強め, 91 年 11 月には選挙で初代共和国大統領に選ばれたドダーエフがチェチェンの

完全独立を宣言し，ロシア連邦への加盟を拒んだ．冷戦末期，ソ連からの分離独立を推奨していたエリツィンは，新生ロシア発足とともに一転チェチェンの独立に反対し，94年8月に武力衝突が本格化した．12月には国境を封鎖，エリツィンは憲法秩序の回復を名目に6万人の露軍（露国防軍と内務省軍）をチェチェンに侵攻させた（第1次チェチエン戦争）．

　「1個空挺連隊あれば，2時間で首都グロズヌイを制圧できる」とグラチョフ国防相は豪語したが，ドダーエフ政権の頑強な抵抗に遭い作戦は難航し，95年2月ようやく露軍はグロズヌイを制圧するが，チェチェン側はテロ活動で抵抗を続けた．その後，大統領選挙を控えたエリツィンが強硬路線を修正，強硬派のドダーエフ大統領が露軍のロケット攻撃で死亡した（96年4月）こともあり一旦停戦合意が実現するが（96年6月），大統領選挙後に破棄された．だがチェチェン独立派のグロズヌイ奪回に衝撃を受けたエリティンはレベジ国家安全保障会議書記長を大統領特別代表に任命し，新たに独立派の指導者となったマスハドフ参謀長との和平交渉に当たらせた．その結果和平合意（ハサヴユルト合意）が成立（96年8月），チェチェンの法的地位の問題は2001年まで棚上げとし，露軍を撤退させチェチェン臨時政府が設立されることになった．97年1月の大統領選挙ではロシアの望む穏健派のマスハドフが当選し，エリツィンはマスハドフとの間で停戦を定めた和平条約に調印する（97年5月）．

〈第2次チェチェン紛争とプーチン政権〉

　第1次紛争に事実上勝利したチェチェンだが，対露闘争の中心だった一般市民に代わりイスラム原理主義に傾倒した強硬派外部勢力の関与と影響力が強まっていく．バサエフ司令官らも義勇兵として加わるこれら外国人グループと合流し，マスハドフ大統領の影響力は弱体化した（チェチェンのイスラム化）．そしてプーチンが政治の表舞台に登場するまさにその時，再びチェチェンで火の手が燃え上がった．99年8月，チェチェン武装勢力約千人が隣国のタゲスタン共和国に突如侵攻し，イスラム国家の樹立を宣言したのだ．これを主導したハッタブ野戦司令官らは，イスラム原理主義国家建設を目ざすワッハビズムの信奉者だった（ワッハブ派）．その2日後，首相に指名されたプーチンはチェチェン武装勢力を掃討するため，露軍に大規模攻撃の開始を命じる．一方モスクワでは8月下旬～9月上旬にかけて，ショッピングセンターやアパート等を狙った爆発テロ事件が続発し200人以上の市民が死亡した．プーチンはチェチェン武装集団の犯行と断定し，一切の話合いに応じず断固その殲滅を図ると

宣言した（第2次チェチェン戦争）．

　9月下旬，ロシアはチェチェン国境を封鎖し武装勢力を封じ込めた後，首都グロズヌイや軍事拠点への空爆を開始．10月初旬には地上軍を進め，チェチェン北部を占拠した．翌年2月露軍はグロズヌイを制圧し，一部地域を除きチェチェン共和国を連邦政府軍の支配下に置いた．大統領に就任したプーチンはチェチェン共和国を連邦の直轄統治とし（2000年6月），暫定政権の代表である行政府長官にアフメド・カディロフを任命し，マスハドフら独立派の排除に出た．ロシアによる傀儡政権のトップに座ったカディロフは元イスラム教聖職者で，1万人の私兵（カディロフツィ）を組織し分離独立派のリーダーとして長年チェチェン独立のために戦ってきたが，内戦による国土崩壊を嫌いロシア（独立反対）側に転じた人物である．南部山岳地帯に退いたチェチェン武装勢力は頑強な抵抗を継続，モスクワでも爆弾テロ事件が相次いだ．紛争の再燃で20万人以上の難民が発生し，グロズヌイはじめ各都市は徹底的に破壊された．ロシア国民のプーチン支持は高まったが，ロシアは国際社会から厳しい批判を浴びた．プーチンが紛争解決の糸口を摑み倦ねていた折，アメリカで同時多発テロ事件が発生する．

　アフガニスタン戦争が続く01年12月，ロシアは和平交渉を打ち切り再び武装勢力への大規模な攻撃に踏み切るとともに，プーチン大統領はチェチェンで武装闘争を展開しているのは国際的なテロ集団であり，対テロ戦争であるとロシアの軍事行動を正当化させた．01年12月31日，国民に向けたテレビ演説でプーチンは，チェチェン問題は国際テロとの戦いの一環であるとのロシアの主張が国際社会から理解されたと自信を示し，02年4月の大統領年次教書演説では「掃討作戦の終了（軍事的勝利）」を宣言した．だが同年10月にはモスクワの劇場占拠事件で130人近い犠牲者を出す等チェチェン武装勢力の抵抗は激化した．

　劇場占拠事件後，プーチンは軍事（掃討作戦の強化），政治（共和国憲法制定の迅速化，国民投票の実施）の両面で武装勢力との対決姿勢を鮮明にさせ，03年3月にはチェチェンをロシア連邦の一部と明記した共和国憲法の是非を問う住民投票を実施．その結果95％が同憲法を承認し，10月の大統領選挙では，プーチンの支持を受けたカディロフ（親露反独立派）が当選した．だがカディロフ大統領に対する地元民の支持は低調で，彼はグロズヌイでの対独戦勝パレードの最中に爆殺される（04年5月）．後継者を選ぶ大統領選挙ではやはりロシアが後押

しするアルハノフ内相が当選したが，その直後に旅客機2機の爆破（04年8月）やオセチア共和国ベスランでの小学校占拠事件（04年9月，330人以上が死亡）が発生する等テロは執拗に繰り返された．

　その一方，9.11事件以後，プーチンがチェチェン独立派をテロリストと断罪し，独立運動への攻撃を対テロ戦争と正当化づけたことから，第1次紛争ではチェチェン独立を支持・支援していた西側各国も，チェチェン問題への関与を避けるようになった．またマスハドフがロシア軍に暗殺され（05年2月），プーチン大統領が郷里サンクトペテルブルグで念願のサミット開催を成功させる直前には，チェチェン独立派武装勢力のバサエフ司令官殺害が公表された（06年7月）．バサエフはベスラン学校占拠事件やモスクワ劇場占拠事件等の首謀者といわれる．政軍指導者の多くが次々に殺害され，独立運動は衰退する．さらにプーチンは，殺害されたカディロフの息子ラムザン・カディロフにチェチェンの統治を委ねた．彼はプーチンの庇護支援の下に首相，08年には大統領となり，過激派だけでなく一般市民に対しても弾圧や言論封殺を重ね，ロシアによるチェチェン支配と独立運動の根絶を進めた．並行してプーチンは懐柔策としてチェチェンの戦後復興や社会資本整備に多額の資金を投じ，独立を断念しロシアの支配を受け容れることがチェチェン発展の道であるとの世論の醸成をめざしている．

●チェチェンの現状と今後

　ロシアは何故，チェチェンの独立を認めようとしないのか．チェチェン共和国は，バクー等コーカサス地方とロシアを結ぶ交通，運輸，地政学上の要衝である．また石油を産出するほか，カスピ海沖油田で産出する原油をロシアや欧州に運ぶパイプラインの通り道にあたり，チェチェンの独立を認めればロシアは石油や外貨獲得のドル箱を失うことになる．チェチェンのイスラム武装勢力はチェチェン独立に留まらず，タゲスタン共和国等周辺地域も取り込んだ広域イスラム国家の樹立をめざしており，ロシアにとって問題はチェチェンだけでは済まない．強いロシアの復活をめざすプーチンにとって，連邦の分裂は絶対に認められない選択肢だ．ロシア人が減少傾向にある中，非ロシア系イスラム勢力の拡大は大いなる脅威といっても過言ではない．ソ連の崩壊で民族の自信を喪失したロシアだが，石油価格の高騰がもたらす経済の好調さを背景に，大国ロシアのナショナリズムが蘇っている．第2期プーチン政権もこれまで同様，

強いロシア実現の路線を継続するものと考えられ，ロシアが安易な譲歩を示す可能性はない．

　一方，独立派勢力はチェチェンから一掃された．カディロフの抑圧政治とロシア資金投入による懐柔策により，現在のチェチェンでは平和と秩序の回復が図られたように見える．しかし，それは独立への動きを封殺された疑似的な平穏に過ぎない．チェチェンを追われた過激派勢力はコーカサス全体に拡散し，その後も対露報復テロを繰り返している．特急列車の爆発・脱線（07・09年）やモスクワ地下鉄爆破事件（10年3月），モスクワ空港での爆弾テロ（11年1月）はその一例だ．武力や経済だけで民族自立の動きを抑え込むことは出来ない．しかもロシアではイスラム系住民の割合が急速に高まっている（ロシア人口に占めるイスラム系住民の比率は14%（05年）から19%（2030年），2050年には23%になる[10]）．ロシアがイスラム国殲滅に動いたことから，イスラム国とコーカサス〜中央アジアに広がるイスラム過激派勢力が連携する動きも出ており，ロシアがイスラム過激派の攻撃を抑えることができるかどうかもポイントである．

●ジョージア紛争

　ジョージアでは，バラ革命で失脚したシュワルナゼに代わり大統領に就任したサアカシビリが親西側路線を推進し，2008年にはNATO加盟への動きを加速させた．だがこれに反発したロシアは，ジョージアの自治領でともに分離独立を主張する南オセチア自治州とアブハジア自治共和国への軍事支援を強めた．南オセチア自治州に住むオセット人（オセチア人）は同胞の住むロシア連邦内の北オセチア共和国との統合を求めている．90年代初め，南オセチアの独立派はジョージアとの戦闘で州都など大半の地域を実効支配したが，国際的に独立は承認されず，92年のロシア・ジョージアの和平合意成立後も散発的な衝突が続いていた．7万人の住民中7割弱がオセチア人（ジョージア人は3割弱）で，州内にはロシアの平和維持軍が駐留し，自治州政府の後ろ盾となっていた．

　08年8月，ジョージアは南オセチアに軍隊を進め，州都ツヒンバリ等を制圧した．電撃作戦で一挙に主権の回復と分離派の弾圧を狙ったものだが，露軍が大規模な軍事介入に踏み切りジョージア軍を撃退．露軍はジョージア領内にも侵攻しその1/3を占領，軍の一部は首都トビリシに迫る勢いであった．アメリカのブッシュ大統領は露軍の介入を非難し撤退を求めるとともに人道支援を目的にジョージアに米軍を派遣し，緊張が高まった．EUを軸とする仲介により

8月中旬和平合意が成立したが，ロシアは南オセチアとアブハジアの独立を承認し，以後，ジョージアとロシアの関係は冷却状態が続いている．

7 内陸ユーラシアのパワーゲーム3：中露角逐の中央アジア

中央アジアはカスピ海から中国国境にまで及ぶ広大な地域で，ウズベキスタン，カザフスタン，キルギス，タジキスタン，トルクメニスタンの5か国で構成される．ユーラシア大陸のまさに中央部に位置し，古来より東アジアと西アジア，ヨーロッパを結ぶ交流・接触の舞台であった．様々な遊牧民が興亡を重ねたが，10世紀頃からイラン系にかわりチュルク（トルコ）系が勢力を誇るようになる．中央アジアがトルキスタン（「チュルク人の土地」）と呼ばれたのはそのためだ．中央アジアのチュルク化は，イスラム化でもあった．19世紀に入ると帝政ロシアの影響力が強まり，スラブ人の入植が進む．さらにロシア革命後は社会主義ソ連の勢力圏に組み込まれていった．

20世紀末ソ連が崩壊し，中央アジアに初めて国民国家が誕生した．現在，国作りと市場経済の導入が急がれるが，長く社会主義勢力に取り込まれていたため，今も独裁体制が続き民主化への動きは緩慢だ．またイスラム復権の動きがこの地域にも影響を及ぼしている．アフガニスタンや中東で勢力を拡大するイスラム国などからイスラム過激派が中央アジア諸国に進出浸透する動きが出始めており，中国と国境を接するキルギスなどでは新疆ウィグル自治区の独立をめざすウィグル過激派の拠点化も進んでいる．アフガニスタン戦争の際，アメリカはキルギスとウズベキスタンに軍事基地を置いていたが，両基地は既に閉鎖され，アフガニスタンでも米軍の撤退計画が進められている．民主化を嫌う独裁政権が中露とともにアメリカの排除に動いた結果，アメリカの存在感が低下した一方，中国の影響力が増大している．

●対中傾斜進む中央アジア諸国

特に経済では，域内諸国のロシア離れと，一帯一路（シルクロード経済圏構想）を掲げる中国への接近の動きが急だ．かつてソ連の構成地域だった中央アジアはロシアが自らの勢力圏と位置づけ，囲い込みを図ってきた．しかし，原油安やロシアの経済不況が直撃し，中央アジア各国の経済情勢は急速に悪化している．通貨切り下げに追い込まれ，低成長に直面する域内各国は中国への傾斜を

カザフスタン
世界最大の内陸国で中央アジア最大の産油国．ウラン埋蔵量は世界第2位，レアメタルを豊富に産出する資源大国．近年は中国向け石油輸出が急増．90年以来現職にあったナザルバーエフ大統領が辞任を表明し，2019年にトカエフ上院議長が新大統領に就任した．政権基盤は強固．

ウズベキスタン
90年以来カリモフ大統領の強権支配が続き，対外的には独自路線を歩み全方位外交を展開．国内では野党勢力が弾圧で解体された．16年にカリモフが死去し，カリモフ路線の継承を表明するミルジヨエフが新大統領に選ばれた．05年のアンディジャン騒擾事件を契機に，人権状況に批判的な欧米との関係が冷却化した．

キルギス
05年の議会選挙に端を発した野党勢力主導の大規模デモにより14年間続いたアカーエフ政権が崩壊（チューリップ革命）．大統領選挙でバキーエフ元首相が当選するが，景気低迷と報道規制への反発による政変で失脚し，2010年にアタムバエフが大統領に就任したが，17年にはジェエンベコフが新大統領に就任．

トルクメニスタン
世界第4位の天然ガス埋蔵量を誇り，カザフスタンに次ぐ資源大国．90年以来ニヤゾフ大統領の終身独裁体制が続いたが，06年12月に死去し，ベルディムハメドフが第2代大統領に就任（12，17年に再選）．95年に永世中立国となり，独自路線を堅持．

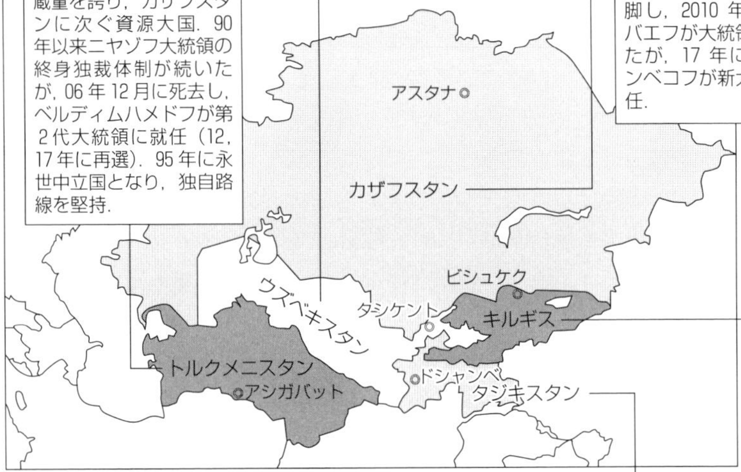

アスタナ ○

カザフスタン

ビシュケク
ウズベキスタン
タシケント ● キルギス
トルクメニスタン
○ アシガバット
● ドシャンベ
タジキスタン

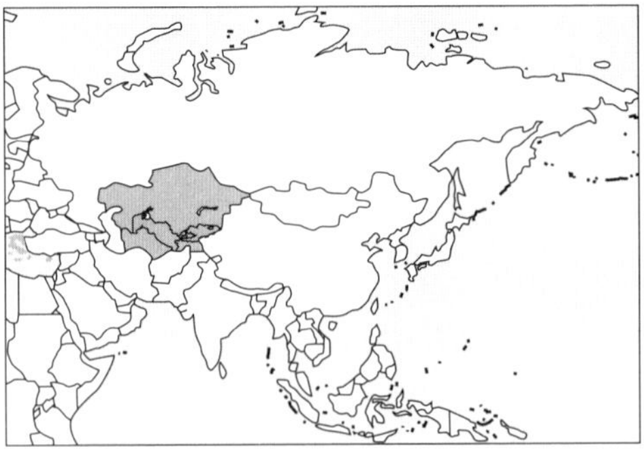

タジキスタン
97年の和平合意達成により，独立直後から続いた内戦が終結．94年から現職にあるラフモン大統領の下，政情は近年安定しているが，対テロ対策を名目に野党勢力を締め付けているとの批判も．ペルシア系タジク人が主流でイスラム勢が政権に参加．2016年の国民投票で，ラフモン氏は自らの終身大統領化を実現させた．

図4-4 中央アジアの情勢

（出所）外務省ホームページを基に作成．

強めている．トルクメニスタンを除く全ての諸国が中国主導のアジアインフラ投資銀行（AIIB）の創設メンバーに名を連ねたのもその表われだ．中国は当初，中央アジア4カ国と中ロで構成する上海協力機構（SCO）の中で投資銀行の創設を提案したが，中国の影響力拡大を懸念するロシアが難色を示し実現しなかった経緯がある．中国はAIIBというより大きな枠組みで，中央アジアを取り込むことに成功したといえる．カザフスタンの対中輸出額は過去数年で倍増しており，中国による旧ソ連諸国への直接投資の大半はカザフの資源開発向けとされる．ナザルバエフ大統領は14年12月，シルクロード構想に対する全面的な支持を表明．中国主導のAIIBへの参加も真っ先に決めている．ウズベキスタンは，ロシアへの天然ガス輸出を減らし中国向けを増やすほか，キルギス経由で中国とウズベキスタンを結ぶ鉄道計画を推進している．カザフスタンは，高速道路や鉄道網の整備などで中国から230億ドルの経済協力を受けており，タジキスタンもインフラ整備に中国から60億ドルの投資を確保している．ユーラシア大陸の中央部に位置するこの地域は習近平国家主席が掲げる一帯一路構想の要衝と位置づけられており，域内各国とも中国との関係を強め，一帯一路のハブとしての地位確保を目指している．

　こうした動きに対し，ロシアは域内の軍事基地の拡充や駐留部隊の増派等安全保障面で対中優位を確保するとともに，2015年にはユーラシア経済同盟（ベラルーシ，カザフスタン，キルギス，アルメニア）を発足させ，経済の連携に加えて政治的な関係の再強化を図ろうとしている．またインドのモディ首相はインドと中央アジアを結ぶ交易ルートの整備（「21世紀のシルクロード建設」）を呼びかけ，カザフスタンから原子力発電のためのウラン購入や，国防，対テロ対策での協力で合意している．この地域への影響力を増す中国に対抗し，ユーラシア大陸を横断する中国の構想に楔を打ち込むのが狙いだ．中露印のユーラシア三大国が近接し，しかも豊富なエネルギー資源を擁する戦略的にも経済的にも要衝である中央アジアの開発を巡り，各国が互いの影響力拡大と利権獲得を競い，虚々実々の駆け引きが展開されている．

注
1）2000年6月，ロシア検察当局はモストの総帥ウラジミール・グシンスキーを詐欺等の容疑で逮捕，これを皮切りに，ガスプロムやルクオイル等の新興財閥を脱税容疑で捜査，さらに03年10月にはロシア最大の石油会社の創業者で，下院選で野党を支援する

等反プーチンの動きを見せたミハイル・ホドコルフスキーを巨額脱税の容疑で逮捕しシベリアに流刑し，ユコスは解体され国営企業ロスネフチに吸収された．やはり新興財閥ロゴヴァズの総帥で，かつてプーチン支持者であったが後に反プーチン勢力の糾合に動いたボリス・ベレゾフスキーは，逮捕直前英国に亡命した．このほか，KGB や FSB の元情報職員で，英国に亡命し反体制活動家としてプーチン政治を批判していたアレクサンドル・リトビネンコが 06 年に暗殺された．チェチェン紛争でプーチンの政策に批判的であったジャーナリストのアンナ・ポリトコフスカヤも 06 年にモスクワ市内自宅アパートのエレベーター内で暗殺された．

2）ロシアの政治システムは，大統領制と議院内閣制の融合型で，国民の直接選挙で選ばれる大統領が首相及び閣僚を任命し内閣を組織させる制度になっている．大統領は国家元首であり，内政や外交の基本方針を決定するほかロシア軍の最高司令官でもある．また内閣の総辞職を決定し，非常事態の宣告権も有する等ロシアの最高権力者である．首相は大統領決定事項の執行責任者に留まり，指導力を発揮できるのは経済関係等に限られる．連邦議会は二院制を採り，主要政党には「統一ロシア」（与党・保守），「ロシア連邦共産党」（左派）「ロシア自由民主党」（極右）「公正ロシア」（中道左派）の四つがある．

3）これまでのロシアへの侵略経路は，カルパチア山脈北部とバルト海の間の 600 キロメートル程の隙間だった．この地域は平坦で横断しやすく，河川の障害もほとんどない．この北ヨーロッパ平原は侵略者にとって楽な道のりである．ヨーロッパの侵略国は，ここからモスクワに向かって真東に進むか，サンクトペテルブルクに向かって北西に進むことができる．冷戦中，サンクトペテルブルクと NATO の前線は 1500 キロ以上離れていたが，ポーランドやバルト諸国の NATO 加盟で，現在その距離は僅か 100 キロ強に，モスクワは 2 千キロ弱離れていたのが 400 キロ程に縮まった．過去 200 年間で三度侵略を受けたロシアにとって，NATO とその加盟国の東方拡大は脅威と映りやすいのだ．ジョージ・フリードマン『100 年予測』櫻井祐子訳（早川書房，2014 年）162，176 頁．

4）「プーチンの秘策とは，昔ながらの“パンと見世物"に代わる“戦争と見世物"の政策だ．大統領職に復帰した 12 年当時，支持率は 62％にまで落ち込んでいた．そこでプーチンは 14 年のソチ冬期五輪に 480 億ドルの巨費を投じた．原油価格が下落し始めると，プーチンはクリミアを併合してウクライナ東部の反体制派を支援．前線からの報道でテレビ番組を埋め尽くし，国民の愛国心を駆り立てた．『戦争をやれば，結果として必ずプーチンの支持率が上がる』と，ロシア唯一の独立系世論調査機関レバダ・センターの創立メンバーの一人ナターリヤ・ゾルカは言う．もう一つの秘策も，古くからある手だ．敵を作るのだ．ソ連崩壊直後の世論調査では，ロシア人の半数以上がアメリカの価値観を称賛していた．それが 2015 年 1 月の調査では，国民の 81％がアメリカに否定的な態度を示し，63％がロシアの経済的苦難は“国外の敵"のせいだと回答している．」オーエン・マシューズ「プーチンを支える帝国の黒いマジック」『ニューズウィーク日本語版』2016 年 8 月 2 日号．

5）2008 年のロシアの世論調査によれば，ロシアで欧米流の民主主義が「積極的に推進されている」と考える人は 30％に過ぎない．一方，「停滞している」と考える人は 30％，民主主義を「一度も学んだことがない」が 19％，さらに欧米流の民主主義を知らないか

ら答えられないとした人も 18％おり，ロシア人の 70％近くが欧米の民主主義はロシアとは無縁のものと受けとめている．中村逸郎『ロシアはどこに行くのか』（講談社，2008年）191 頁．

6 ）ウクライナとベラルーシは，ロシアにとっての生命線である．この二国が NATO に加盟すれば，ロシアは存亡の危機に立たされる．モスクワはベラルーシの国境から 400キロメートル程しか離れておらず，ウクライナはボルゴグラードから 300 キロほどしか離れていない．ロシアはその奥行きを活かして，ナポレオンとヒトラーから身を守った．ベラルーシとウクライナを失ったロシアには奥行きもなければ，敵の血と交換出来る土地もなくなる．」ジョージ・フリードマン，前掲書，174 頁．

7 ）黒海に突き出たウクライナ南部の半島で，人口は約 200 万人．ロシア系住民が多数を占める．オスマントルコ帝国の勢力下にあったが 18 世紀末にロシア帝国に併合され，19 世紀半ばには欧州列強とロシアの間でクリミア戦争が勃発，ナイチンゲールも従軍した．第 2 次大戦末期の 1945 年 2 月にはローズベルト，チャーチル，スターリンの米英ソ 3 カ国首脳によるヤルタ会談が開かれた．1954 年にロシア共和国からウクライナ共和国に編入されたが，1991 年のソ連崩壊後ウクライナが独立すると，ロシア系住民によるクリミア独立運動が激化した．南西部のセバストポリにはロシア海軍の黒海艦隊が駐留する．

8 ）Z. ブレジンスキー『地政学で世界を読む』（日本経済新聞社，2003 年）205～6 頁．

9 ）チェチェン紛争の経緯は，徳永晴美『ロシア・CIS 南部の動乱』（清水弘文堂書房，2003 年）第 1 部，大富亮『チェチェン紛争』（東洋書店，2006 年）等参照．

10）ソ連崩壊直後，ロシアの人口は 1 億 5 千万人弱だったが，現在は 1 億 3900 万人，2025 年には 1 億 2800 万人，2050 年には 1 億 900 万人まで減る見込みだ．ロシアの出生率は 1.4 人と人口維持に必要な 2.1 人を大きく下回っており，アルコール摂取が原因で労働年齢男性の死亡率も高く，人口減と高齢化の二重苦に見舞われている．『ニューズウイーク日本語版』2011 年 11 月 23 日号 42 頁．

第5章

ヨーロッパ：国家統合の光と影

1 ヨーロッパの疲弊と統合への動き

●平和論としての欧州統合思想

多くの国が互いに国境を接するヨーロッパでは，絶えず戦争が繰り返されてきた．そのため国家間の連合や協力機構を設けて平和を実現する考えが古くから存在した．中世にはピエール・デュボアが欧州域内の戦争防止のため各君主や都市が連合するキリスト教共和国の結成（『聖地回復論』1305年）を，アントワーヌ・マリニもキリスト教国連合と常設国際議会の創設を提案した（1461年）．近世に入るとシュリーがキリスト教共和国連合と国際軍創設を提案し，アンリ4世に採用された（1603年：「アンリ4世の大計画」）．ウイリアム・ペンも，平和維持を目的とする欧州連合創設を提起した．18世紀にはサンピエールやカントが永久平和連盟や共和国連合を提唱している．

その後，第1次世界大戦が勃発し，ヨーロッパは未曾有の惨禍を蒙った．戦後，オーストリアの貴族リヒヤルト・グーデンホフ・カレルギーは『パン・ヨーロッパ』（1923年）を著し，欧州没落の危機を救い共産主義の脅威に対抗するには欧州諸国の統合が必要と訴えた．カレルギーは汎ヨーロッパ（Pan Europen）運動を立ち上げ，1926年には第1回汎ヨーロッパ会議が開かれたが，ヒトラーの台頭で運動は挫折した．

●シューマンプランとECSC

第2次世界大戦は，国家間統合の必要性を欧州諸国の人々に強く認識させた．戦後，英国のチャーチルはチューリッヒで欧州合衆国（United States of Europe）創設を提唱し（1946年），そのためには「まずドイツとフランスが手を結ぶことが必要」と独仏の和解が欧州復興に必要なことを強調し国家中心主義（state centricism）に深い反省を求めた．チャーチルの提唱は汎ヨーロッパ運動を蘇生

させ，欧州評議会（Council of Europe: CE）が発足（49 年），その活動の成果として
欧州人権条約が調印され（50 年），欧州人権裁判所も設置された．

　仏外相ロベール・シューマンは 1950 年 5 月，ベネルクス関税同盟を母体と
して，仏独両国の石炭・鉄鋼生産の全てを管理する超国家機構の創設を提案し
た（シューマン・プラン）．これはジャン・モネが唱えた仏英政治連合構想（1940
年）を基に，基幹産業の国際協力を通して不戦共同体の形成をめざすもので，[2]
各国から好意的に受け止められ，1951 年 4 月，欧州石炭鉄鋼共同体設立条約
（パリ条約）が調印され，翌年仏西独伊ベネルクス 3 国の 6 か国で構成する欧州
石炭鉄鋼共同体（European Coal and Steel Community: ECSC）が活動を開始した．
ECSC の設立で石炭と鉄鋼の共同市場が発足，石炭・鉄鋼の生産・販売は加盟
国政府の手を離れた．アルザス・ロレーヌ，ルール地方の帰属をめぐる長年の
独仏対立も解消に向かい，ECSC の誕生は欧州統合の第一歩となった．[3]　国家主
権が束縛されることを恐れた英国は，参加を見合わせた．

●ローマ条約と EEC・EURATOM の創設

　経済だけでなく，政治・安全保障分野の国家間協力をめざす欧州防衛共同体
（European Defense Community: EDC）構想が仏外相プレバンにより提案された．超
国家的な欧州連合体 EDC を創設し，その中に再軍備した西独軍を取り込み，
国軍性を払拭したうえで西側防衛に参加せしめる構想（プレバンプラン）である．
EDC 創設条約が調印され（52 年 5 月），仏西独伊，ベネルクス三国の 6 か国の軍
隊で欧州防衛軍が編制されることになったが，ドイツ再軍備を警戒する仏議会
が批准を否決し構想は潰えた．

　以後，統合は経済分野を中心に進められる．1957 年 3 月，ECSC 加盟 6 か国
は欧州経済共同体設立条約及び欧州原子力共同体設立条約の 2 条約（ローマ条
約）に調印（58 年 1 月発効）し，欧州経済共同体（European Economic Community:
EEC）及び欧州原子力共同体（European Atomic Energy Community: EAEC あるいは
EURATOM）が発足．同時に欧州委員会や閣僚理事会，欧州議会，欧州裁判
所等の諸機関も整備された．EEC は加盟 6 か国間の関税障壁を無くしヨー
ロッパに一大経済圏を築き上げることを，EURATOM は各国共同施設による
原子力の平和利用をめざすものだが，経済協力の中核を担うのは EEC だった．
EEC 創設目的の一つに，工業製品における関税同盟形成があった．域内の全て
の工業製品の自由な移動を可能とし，域外には共通の対外関税を設定するもの

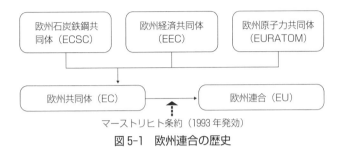

図5-1 欧州連合の歴史

で, 1968 年に域内関税の撤廃と域外に対する共通対外関税の実施が実現, 工業製品に関する関税同盟が完成した.

EEC の第 2 の目的には, 各種の共通政策が掲げられた. 共通農業政策, 共通競争政策, 共通社会政策等々で, 共通政策は共同市場を創出するために必要な作業であった. このうち共通農業政策 (Common Agricultural Policy: CAP) の策定は難航したが, 68 年に農業共同市場が完成, 理事会が個々の農産物の共通価格を設定し, 域外の農産物には課徴金を課して流入を制限する措置が実施されるようになった. もっとも, 余剰農産物の扱いや農産品価格支持のための各国の分担金問題をめぐり, 加盟国間で利害対立が続くことになる. この間, 67 年には ECSC, EEC, EAEC の 3 組織が単一の欧州共同体 (European Communities: EC) に統一された.

●ド・ゴールの抵抗と拡大 EC

一方, 国家統合の動きに懐疑的な英国は, 政府間協力の枠組みを維持しつつ工業製品のみを対象とする自由貿易地域形成をめざし, EEC 周辺 6 か国 (ノルウェー, スウェーデン, デンマーク, スイス, オーストリア, ポルトガル) との経済協力機構である欧州自由貿易連合 (European Free Trade Area: EFTA) を立ち上げた (1960 年[4]). だが EFTA は成果を挙げられず, 61 年には英国はじめアイルランド, デンマークが, 翌年にはノルウェーも EEC への加盟を申請する[5]. しかし英国を「アメリカのトロイの木馬だ」と非難するフランスのド・ゴール大統領は英国の加盟に強く反対し, 拒否権を行使してこれを阻止した (1963 年). ド・ゴールは 67 年にも英国の加盟を阻止し, 他の EFTA 諸国の加盟も実現しなかった.

もっとも, ド・ゴール自身も超国家的な統合には否定的で, 共通農業政策の促進をめぐり他の 5 か国と対立, また EEC のさらなる発展を目指したハル

シュタインプラン（共通農業政策具体化に必要な独自財源を共同体に設け，同時に欧州議会に予算の審議権を付与するというもの）にも反対し，欧州裁判所を除く全ての共同体機関から仏代表を引き上げさせた（1965年）．翌年1月の「ルクセンブルクの合意（妥協）」（「一か国以上の非常に重要な国益が危機に曝される時には，全会一致を達成すべくあらゆる努力を払う」という内容の妥協）により，全会一致制を残すことで事態は収拾されたが，重要議題はすべて全会一致が慣行となり，迅速な決定に支障が生じることになる．

2　統合の進展とEUの創設

●停滞の70〜80年代〜単一市場の形成へ

　仏首相がド・ゴールからポンピドーに代わり，1973年に英国，デンマーク，アイルランド3か国のEC加盟が認められ，9か国からなる拡大ECへ発展した（ノルウェーは国民投票の結果，加盟反対が過半数を占めたため加盟を断念）．しかし関税同盟の完成後も非関税障壁（製造業における国毎の工業規格や認証制度等）の撤廃は遅々として進まなかった．また国際通貨危機や石油ショックに伴う景気低迷やインフレ，先端技術での日米に対する遅れ等が重なり，70年代後半から80年代にかけて，欧州統合は足踏み状態に陥った（ユーロペシミズム）．

　この停滞から抜け出し再び統合への動きを活発化させたのが，ドロール仏前蔵相のEC委員会委員長就任であった（1985年）．統一欧州実現に強い情熱を持つドロールは，ヨーロッパの復権には他の先進工業諸国に対抗できる産業競争力の回復が不可欠で，そのためにはヒト，モノ，カネが自由に域内移動できる国境なき共同市場を作りあげ規模の経済を追求すべきと考えた．彼のイニシアティブで，単一欧州議定書（Single European Act: SEA）が調印された（86年2月，87年7月発効）．単一欧州議定書はローマ条約を抜本的に改正し，市場統合に向けた法的基盤を作るとともに，市場統合を妨げる物理的，技術的，それに税制上の障壁約280項目を撤廃し92年末までの市場統合完成を目標に掲げた．物理的障壁とは各国間のモノやヒトの移動の際に国境で生じる各種規制を，技術的障壁とは商品の仕様や環境，安全，衛生，消費者保護等の各基準が国毎に異なる状況を指す．

　また迅速な意思決定が下せるよう，ルクセンブルク合意で全会一致が慣行となっていたEC閣僚理事会での政策決定の多くの部分（共通関税の税率や資本移動

の自由化等の個別事項とともに，域内市場完成のために理事会がとるべき措置全般）に加重特定多数決制を導入した．さらに欧州議会の権限強化や欧州政治協力の概念が明文化された．93年1月1日，EC は域内での人・モノ・金・サービスの移動を自由化する単一市場（市場統合）を実現，12か国3億4500万人，国内総生産（GDP）6兆3千億ドルという世界最大の単一市場がヨーロッパに誕生した．

●市場統合から通貨統合へ：マーストリヒト条約

　単一市場が生まれても域内各国の通貨の交換が従前のままでは経済効果が削がれる[6]．加盟各国の域内貿易比率は6割強と高く，単一の通貨を流通させれば通貨交換コストも為替相場の変動リスクもなくなり，域内貿易は活性化する．また加盟国が自国の通貨主権を放棄し，金融政策を欧州中央銀行に委ねれば，各国が個別に景気刺激のために金利を変動させる余地がなくなる一方，欧州全域で統一あるインフレ抑制やデフレ対策が採られ，金融市場や通貨の安定が期待できた．そのため市場統合を果たすやドロールは直ぐさま経済・通貨統合（＝単一通貨の導入）に着手し[7]，三段階を経て経済通貨同盟（Economic and Monetary Union：EMU）を立ち上げ各国通貨を単一通貨に切り替える通貨統合案（ドロール報告書：89年）が首脳会議に提出された．しかし英国のサッチャー首相は通貨統合は主権侵害にあたると懸念を表明した（89年9月，ブリュージュのヨーロッパ大学での演説）．アイルランド，デンマークも反対したため，単一通貨不採用を認める免除規定（オプトアウト）を設けることで妥協が図られ，マーストリヒト（オランダ）での首脳会議で最終合意に漕ぎ着けた（91年12月）．

　92年2月，共同体の政策領域を大幅に拡大する（11 ⇨ 20項目）とともに[8]，政治統合と通貨統合を盛り込んだ欧州連合条約（マーストリヒト条約）が調印され（93年11月発効），それまで経済分野に絞って統合を進めてきた欧州共同体（EC）に代わり，政治と経済・通貨両面の統合拡大を進める枠組みとして欧州連合（European Union: EU）が発足した．EU は欧州共同体（European Communities: EC）と共通外交・安全保障政策（CFSP），それに司法・内務協力（CJHA）の3本柱で構成される．第1の柱である欧州共同体（EC）には ECSC，EURATOM と EC（European Community）が含まれ，EMU もこの中に含まれる．ここでは加盟国の主権が制限され，超国家的な制度が構築されているが（特定多数決の適用範囲拡大や欧州議会の権限強化等），一部加盟国の適用除外を認めるオプトアウトも採られた．

　第2の柱となる共通外交・安全保障政策 (Common Foreign and Security Policy: CFSP) 及び3本目の柱である司法・内務協力 (Common Justice and Home Affairs: CJHA) は，EC と異なり政府間協力が基本原則となっている．CFSP は，加盟国が共通の立場で統一した外交・安保政策をめざすことを目標としている．マーストリヒト条約はその第 J 条で「共通外交・安全保障政策がここに創設される」と宣言し，共通政策の目的として(1) EU 共通の価値，基本的利益，独立性の擁護(2) EU 及び加盟国の安全保障強化(3) 国連憲章等に従い平和の維持と国際社会の安全保障強化(4) 国際協力の推進(5) 民主主義，法の支配，人権・基本的自由の発展と強化等が列記された．また共通・外交安全保障政策は，究極的な共通防衛政策の策定を含む欧州連合の安全保障に関わるすべての問題を含む」(J・4 条第1項) と明記し，将来における共同防衛のための共通防衛政策形成も視野に入れ，CFSP が EU の安全保障に関連する全ての問題を議題にできると定めた．これを受け独仏両国はコール・ミッテラン首脳会談 (92 年 5 月) で，既存の両国合同旅団を強化して欧州合同軍を配備することを決めた (95 年 10 月，実戦配備[9])．

　CJHA は，共通査証，国境を越えたテロ・麻薬や組織犯罪の捜査，司法，難民の庇護や移民対策等で加盟国間の協力関係を推進させること (共通化) を目標に掲げている[10]．域内における人の自由移動を実現するとともに，派生する問題への共通対処をめざす分野である (人の移動の自由を促す先行施策としては，独仏ベネルクス三国が 85 年に締結したシェンゲン協定がある)．欧州市民権という新たな概念も導入された．加盟国籍を持つ者は全て EU 市民権を有し，加盟国領域内を自由に移動し居住する権利や選挙・被選挙権，請願権などが認められた．

　ところで，EU の超国家機構化や中央集権化を警戒するのは英国だけではなかった．そこでマーストリヒト条約では「補完性の原理 (the principle of subsidiarity)」が導入された．これは，EU の専属的管轄に属する分野を除き，EU が行った方が効果的と考えられる政策のみを EU が行い，それ以外の分野は国家が行うという論理である (第 3b 条)．

　一方，通貨統合は，第1段階 (域内資本移動の自由化，EU 全通貨の ERM (Exchange Rate Mechanism：為替相場メカニズム) への同一条件での参加等：90 年 7 月〜)，第2段階 (欧州中央銀行 (European Central Bank: ECB) の設立：94 年 1 月〜)，そしてユーロ (Euro) 導入及び ECB による統一金融政策の実施 (99 年 1 月〜) の三段階を経て EMU 実現を目指すことになった．98 年 5 月の特別首脳会議で，99 年 1 月に単

162

図 5-2　欧州連合 (EU) の構造

一通貨ユーロを導入することが決定された. 2001 年 12 月 31 日までの 3 年間は移行期間とされ、ユーロは小切手、企業間の決済手段や起債の手段等でのみ使用可能、現実のユーロ紙幣やコインが市中に流通するのは 02 年 1 月 1 日からで、半年間は既存各国通貨との併存が許されるが、7 月 1 日以降はユーロだけが単一の法定通貨となる. 関税同盟の完成 (1968 年)、市場統合の達成 (1992 年) を経て欧州は単一通貨を共有する一大経済圏に飛躍する時期を迎えた. 95 年 1 月にはオーストリア、フィンランド、スウェーデンの 3 国が EU に加盟した (第 4 次拡大).

3　統合の深化と拡大

●通貨統合の完成：ユーロの市中流通

　21 世紀を迎えた EU の課題は、統合の質的深化と東方への拡大であった. 質的深化には、経済統合の総仕上げとなる共通通貨ユーロの流通や地域紛争等の危機処理にあたる EU 独自の緊急対応部隊の創設が挙げられる.

　このうちユーロについては、予定通り 99 年 1 月 1 日に EU11 か国に導入され、各加盟国の国債利回りの格差は瞬時に消え去った. 02 年 1 月 1 日には EU12 か国で現金としてユーロ (7 種類の紙幣と 8 種類の硬貨) が市中に出回った. ユーロが流通するユーロランドの人口は 3 億人を越えた. EU 加盟国のうち英国、スウェーデン、デンマークは当初から通貨統合に不参加で、ブルガリア、チェコ等 EU 加盟後もまだユーロを導入していない国もあり、現在 (2020 年 3 月時点) のユーロ圏は 19 か国である.

●EU：CSDP と緊急対応部隊

　冷戦時代の西ヨーロッパでは，安全保障は NATO，経済は EU（EC）の役割分担が存在したが，EU の機能拡大に伴い，冷戦後は EU も独自の外交・安全保障機能を担いつつある．EU はマーストリヒト条約で，強制力を持たない政府間協力ながら，外交・安全保障に関わる全ての領域を対象とした共通外交・安全保障政策（CFSP）を導入した．しかし旧ユーゴ紛争の解決に EU は効果的な対処ができず，その反省や教訓を踏まえ，欧州安全保障協力のあり方に関する議論が活発化した．

　1998 年 12 月，英国のブレア首相とフランスのシラク大統領はサンマロでの英仏首脳会談で，NATO の集団防衛義務は保持しつつも，欧州のみで独自に軍事行動がとれる能力・機構を EU が保有すべきであるとの共同宣言を発出した（サンマロ宣言）．アムステルダム条約（99 年 5 月発効）では CFSP が強化され，CFSP の枠組みの一部として欧州安全保障防衛政策（European Security and Defense Policy: ESDP）の規定が盛り込まれ，同年 6 月の EU 首脳会議では，ESDP として地域紛争における ① 平和維持活動や ② 人道・救援活動，さらに ③ 危機管理等の能力を獲得すべきことが決定された．さらに同年 12 月の首脳会議では，EU として紛争防止，危機管理等の任務を行う「緊急対応部隊（Rapid Reaction Force: RRF）」の創設が合意された（ヘルシンキ・ヘッドラインゴール：HHG）．アメリカあるいは NATO が介入しない地域に対しても，欧州が主体となって問題解決できる軍事能力を身に付けようとするもので，03 年までに 5 〜 6 万人規模の兵力を 2 か月以内に展開可能とし，(1) 人道援助・救援 (2) 平和維持 (3)（平和創設を含む）危機管理の任務（「ペータースブルク任務」）を最低 1 年間継続実施できる能力の保持が目標とされ，活動範囲は欧州とその周辺で最大 4 千キロの緊急移動が想定された．また警察や法の支配，民間人保護等の非軍事的（＝文民）危機管理のメカニズムも整備するものとされ，翌年 6 月の首脳会議（フェイラ）では，EU・NATO 間の調整を進めるための作業部会を設置すること，03 年までに紛争防止，危機管理に対応できる 5 千人規模の文民警察部隊を設置すること，30 日以内に千人の警察官を派遣できるよう加盟国が必要な措置を採ることが合意され，04 年 12 月には「文民ヘッドラインゴール：CHG」も採択された．

　そして 03 年 1 月，ボスニアで EU 初の非軍事的危機管理作戦が，同年 3 月には初の軍事的危機管理作戦としてマケドニアに RRF が派遣され，非武装停

戦監視団の防護と現地の治安維持任務を担当した（コンコルディア作戦）．以後
EU はコンゴやボスニア，ジョージア等に警察部隊や RRF を派遣している．04
年 6 月の首脳会議（ブラッセル）では HHG が見直され，テロ対策を重視した
「ヘッドラインゴール 2010」が採択された．これは民族紛争から国際テロへの
対象脅威の変化に対応すべく即応性と機動展開能力を高め，小回りの効くコン
パクトな運用が可能な戦闘部隊の編成をめざすものである．そして同年 11 月
の外相・国防相合同会議（ブラッセル）で，緊急介入のための 1500 人規模の
「EU 戦闘部隊（バトルグループ）」創設が合意された．なおリスボン条約の下で
ESDP は共通安全保障・防衛政策（CSDP）と改称され，共同武装解除作戦など
任務の拡大（「拡大ペータースブルク任務」）や加盟国に部隊の即応展開力向上を求
める（常設編制協力）等行動能力の強化を目指している．

●新規加盟交渉

　マーストリヒト条約 O 条は「欧州のすべての国は欧州連合構成国となるよう
申請することができる」旨定めている．これを受け冷戦後，中・東欧諸国の加
盟申請が相次いだ．中・東欧諸国が加盟を急いだのは，経済的な理由が大き
かった．EU に加盟すれば共通農業政策からの補助金や，地域の社会資本整備
や雇用促進を目的とする構造基金の適用を受け多額の援助を期待できる．国際
的信用も向上し，投資対象としての価値も高まる．またロシアの脅威を緩和す
るという政治・安全保障上の要請もあった．EU にとっても，中・東欧地域は
経済市場として魅力的だ．候補 10 か国約 7 千万人が加われば，EU 域内単一市
場の人口は約 4 億 5 千万人に膨らむ．候補国の 01 年の実質経済成長率は大半
が 3 ％を上回っており，成長が続けば投資先としての魅力も高まる．さらに候
補国の多くは，体制変革を経て自由を取り戻したばかりだ．民族対立や社会の
混乱が尾を引いている国もある．民族紛争の激化は西欧諸国への難民流入を招
くだけでなく，これら地域の投資・資産減少，資源輸送ルート途絶等の危険も
孕んでいる．EU がそうした地域に羽根を広げ，安定をもたらす意義は大きい．
　こうした判断から，キプロス，ハンガリー，ポーランド，エストニア，チェ
コ，スロベニアの 6 か国（加盟申請第 1 陣）との加盟交渉が 98 年 3 月から開始さ
れ，ルーマニア，ブルガリア，スロバキア，リトアニア，ラトビア，マルタ 6
か国（加盟申請第 2 陣）との交渉は 2000 年 2 月から始まった．もっとも，EU 加
盟が認められるには候補国が以下の基本条件を踏まえ，31 の項目をクリアー

する必要がある.

　　(1)政治基準：制度に裏づけられた安定した民主体制と，法治主義，基本
　　　　的人権が根づき，少数民族を尊重，保護していること
　　(2)経済基準：市場経済が現実に機能し，EU域内の競争圧力に耐えられ
　　　　ること
　　(3)統合成果の受入れ：政治，経済・通貨統合の目的を達成する意欲と，
　　　　加盟国としての義務を全うする能力があること

この基準は93年6月の首脳会議で整備され，「コペンハーゲン基準（クライテリ
ア）」と呼ばれる.

●ニース条約：EU東方拡大に向けた機構改革

　ここで，EUの法体系を整理・確認しておきたい. EUの「憲法」にあたるの
がローマ条約で，マーストリヒト条約は，ローマ条約に通貨統合の規定を加え
るとともに，共通外交・安保政策，司法内務協力という新たな活動領域を定め
たものだ. EUは統合機能の強化や加盟国拡大に対応すべく，この二つの基本
条約の改正作業を進めた. それがアムステルダム条約（99年発効）及びニース条
約（03年発効）である. アムステルダム条約では，多段階統合方式を認め柔軟性
の原理を取り入れたほか，EUと市民の関係がより密になった（雇用確保等）.
ニース条約では，EU拡大に向けた意思決定システムの見直しが図られた. EU
の加盟国は主権の一部を放棄，棚上げして共通政策に従うことが求められるが，
共通政策の決定に30か国近い国々の全会一致を貫けば何も決まらなくなって
しまう. そこで意思決定が滞らぬよう，EUの運営ルールを改める試みがなさ
れたのである.
　まず，これまで全会一致が必要だった事項の一部（社会保障や関連機関人事等約
30項目）を特定多数決方式（Qualified MajorityVote: QMV）に改め，多数決制度導
入分野の拡大を図った. 同方式は各国1票ずつの単純多数決とは違い，各国の
人口比率等に応じて持ち票を配分するシステムである. 加盟国の持ち票数に人
口比をより正確に反映させ，大国の重みが増す意思決定システムに修正するも
のだ. だが，従来各国の持ち票は人口の多寡を正しく反映しておらず，1票あ
たりの人口は，ドイツの約800万人に対しルクセンブルクは20万人と結果的
に小国が優遇されていた. 加盟候補国の多くは人口1千万人に満たず，このま

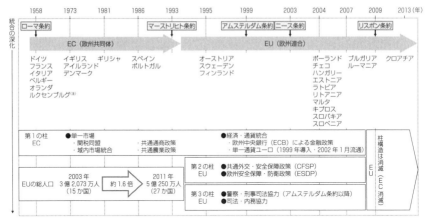

図 5-3　欧州統合の深化と拡大

(注)　1952 年に欧州石炭鉄鋼共同体（ECSC）が（パリ条約），1958 年に欧州経済共同体（EEC）及び欧州原子力
　　　共同体（EURARTOM）が（ローマ条約），いずれも 6 か国を加盟国として設立された．1967 年にはこれら
　　　三つの共同体の機関が統合された（ブリュッセル条約）．※ ESDP はリスボン条約発効に伴い，共通安全保
　　　障・防衛政策（CSDP）へと名称を変更．

(出所)　『外交青書 2011』（外務省，2011 年）88 頁を基に修正．

までは 1 票の格差がさらに広がる危険があった．そこで 2 〜10 票の国別割り
当て（15 か国で合計 87 票）を，独仏英伊の各 29 票から最小はルクセンブルクの
4 票に改められた（同 237 票，EU 拡大後はマルタが 3 票とされ，新規加盟国分を含める
と 345 票）．持ち票の多寡だけでなく，賛成国の合計人口が EU 全人口の 62% に
達しなければ成立しないルールも新設された（二重特定多数決）．その結果，持ち
票は英仏伊と同じでも EU 人口の 22% を占めるドイツの比重が高まった．

　さらに，統合促進に意欲的な国が EU の政策を先取りできるルールも導入さ
れた．従来 EU では，全構成国が同一のペースで統合を進めることを前提とし
てきた．しかしこれは最も統合に不熱心な国に歩調を揃えるもので，最小公約
数的な施策しか導入できず，統合に前向きな国には不満の種であった．その
ためアムステルダム条約では，過半数以上の国が参加するなら統合を進められる
ようにした．これは柔軟性の原理（the principle offlexibility）と呼ばれる．但し過
半数の加盟国が申請し，かつ（非参加国を含む）全会一致の同意が必要とされ，
共通政策の先取りは事実上不可能だった．そこでニース条約では「先行統合」
のルール（ニース条約第 44 条で「強化された協力（enhanced cooperation）」と明文化）を
設け，8 か国以上の申請があり，多数決で承認されれば，それらの国だけで安

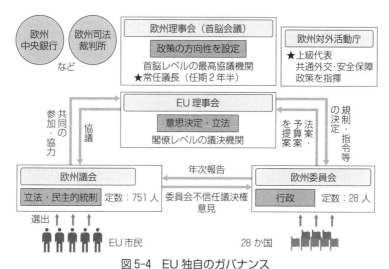

図5-4　EU 独自のガバナンス

（出所）外務省ホームページ（http://www.mofa.go.jp/mofaj/press/pr/wakaru/topics/vol53/index./html）を基に作成.

保・外交政策（但し軍事防衛を除く）を含む共通政策が実施できるように改められた. これに伴い, 統合の先頭集団と英国やデンマーク等統合に消極的な国, さらに新規加盟の後発グループの間に将来大きな格差が生じる可能性が生まれた.

●拡大 EU：28 か国体制

　2004 年 5 月, 中・東欧 8 か国（旧ソ連のエストニア, ラトビア, リトアニアの 3 か国, ポーランド, ハンガリー, チェコ, スロバキア, スロベニア）と地中海の島国マルタ, キプロスの 10 か国が EU 加盟を果たした. この第 5 次拡大で, 冷戦下東西に分断された欧州は再び "一つのヨーロッパ" として合体した（ヤルタ体制の克服）. 07 年 1 月にはブルガリアとルーマニア, さらに 2013 年にはクロアチアが加盟し, 28 か国体制となった. 現在, トルコをはじめ北マケドニア（旧マケドニア）, コソボ, セルビア, モンテネグロ, ボスニア・ヘルツェゴビナ, アルバニア, アイスランドが加盟を希望し, ウクライナ, モルドバ, ジョージア等 CIS 諸国も EU 入りの機会を窺っている.

　いまや EU は, 世界最大の共通市場を擁する巨大な政治・経済共同体に成長

した．そして機能・領域の双方で，さらなる拡大と深化をめざしているが，その一方，近年ではEU官僚が主導する統合の速度と市民感覚の間の齟齬も目立つようになった．また移民の増大や加盟国間の経済格差が多くの問題を生み出している．メンバーの多様化と格差が増大するなか，如何に共同体の一体性を維持していくのか．次にそうした拡大EUの現状と克服すべき諸課題について眺めてみたい．

4 欧州合衆国構想の躓き：統合推進路線に黄信号

●欧州憲法条約の流産

　東方拡大を達成したEUは，ローマ条約，マーストリヒト条約，ニース条約等既存の7条約を集約し，複雑なEUの法体系を整備・合理化するとともに，ニース条約での取り組みをさらに進め，加盟国拡大に伴う機能不全の防止と政策決定の民主・効率化を図るため欧州憲法条約の制定を目指した．04年6月の首脳会議で採択された条約案は，条文数が448にも及ぶ厖大なもので，人間の尊厳，自由と民主主義，平等，法の支配と少数者の権利擁護をEUの基本的価値とし，これら価値や平和，諸民族の幸福促進をEUの目的とした．またEUに法人格を認めるともに，政策決定機能を強化，さらにEUの国歌（ベートーベンの第九交響曲「歓喜の歌」）や国旗（青地に12個の金色の星を円状に配した図案）も制定された．

　欧州憲法条約の発効には全加盟国の批准が必要とされたが，旗振り役のフランスでは国民投票で批准が拒否された（05年5月），翌月のオランダの国民投票でも批准は拒否された．統合の推進役を果たしてきた両国の拒否で，他の多くの加盟国も批准手続きの延期を表明する事態となった．フランス国民が批准を拒否した理由は，国内経済の悪化にあった．フランスの失業率は10%前後とEUの平均を上回り，特に若年労働者の雇用は深刻な状況にあった．その中で条約が発効しさらに統合が進めば，東欧からの移民労働者が一層増大し益々職が奪われるのではないかとの不安が強まったのである．グローバル化によって労働者が失業と賃金削減の圧力に曝されているのはフランスだけでなく，全ての西欧諸国が抱える問題になっていた．

　雇用への悪影響を反対理由に挙げたフランスに対し，オランダでは憲法条約に関する情報不足が拒否の主因であった．憲法条約の意義，それが日常生活と

どのように関わってくるのか．そうした基本的な理解と認識が浸透せぬままにオランダ国民は批准の是非を迫られたのであり，この事情も各国に共通していた．オランダのバルケネンデ首相は「欧州統合の速度が速すぎた」ことを認めたが，EU官僚が主導する加盟国拡大や統合の加速化に一般市民がついていけない，というのがヨーロッパの生の声であった．否決の連鎖を恐れたEUは，条約発効を07年中半以降に無期限延期した．

●リスボン条約

　2007年6月の首脳会議で，EUは超国家を連想させる憲法条約の制定を断念し，代わってニース条約を改正する方式で新たな基本条約を締結する方針が決定された．条約草案の交渉では，外交や治安対策の独自性を主張し，司法・内務政策の共通化に反対する英国に「適用除外」を認めた．人権規定を定めた欧州基本権憲章の遵守は義務づけるが各国の法制度の枠内での適用に留め，憲法条約に盛り込まれていたEU外相の職名は「上級代表」と改められた．いずれも国家主権に拘る英国の批判を踏まえての措置であった．またEU歌やEU旗等EUを「一つの国」と連想させる規定を削り抵抗感を薄める一方，EU大統領ポストの創設や欧州委員会のスリム化等は維持された．

リスボン条約の主な内容

＊EU首脳会議（欧州理事会）の常任議長（大統領）を新設．任期2年半でEUを対外的に代表する．

＊EU外交・安全保障上級代表（外相）を新設し，外相理事会の常任議長とする（欧州委員会副委員長を兼任）．上級代表の補佐機関として，欧州対外活動庁を新設する．

＊欧州理事会の表決は，各国に配分した持ち票を通じた現行の多数決方式を廃止し，「加盟国の55％以上」と「EU総人口の65％以上」の賛成で可決する「二重多数決方式」に変更する．但し，外交，財政，社会政策等の分野は全会一致の決定方式を維持する．

＊民主的統制の強化：欧州議会の権限強化

＊EUの政策領域明確化：気候変動，人道支援等の分野についてEUも権限を持つことを明示

　07年12月，新たな基本条約の調印がリスボンで行われた（09年12月発効）．リスボン条約では意思決定迅速化を目的に全会一致原則を改め，二重多数決という独自の方式が採り入れられた（ポーランドが大国有利の意思決定と反発したため，完全適用は17年3月末まで延期）ほか，政策の実行力を高めるため，EU大統領ともいうべき首脳会議の常任議長職や事実上の外相である外務・安全保障上級代表職が設けられた．また行政機関である欧州委員会を簡素化する一方，EU市民の代表で構成する欧州議会の役割は強化され，ほぼ全分野で立法過程に関与することになった．発効1年後の10年12月には，EUの外務省にあたる欧州対外活動庁も発足した．なおリスボン条約によってECは廃止され，EUに引き継がれた．

5　EUの試練1：ユーロ危機

●ギリシャ債務問題

　ユーロ圏の発足当初から，財政基盤が強固なドイツやオランダなどEU北部加盟国と，財政難のイタリア，スペインなど南部加盟国の対立が続いてきたが，ギリシャ危機でその溝がさらに広がる事態となった．09年10月，政権が交代したギリシャで深刻な財政状況が表面化する．パパンドレウ新政権が前政権の財政統計の不備を指摘し，GDPの4％程度の赤字とされていたが実際には14％近くに膨らんでいることが明らかになったのだ．これはEU基準の3％を大きく上回り，財政不安からギリシャ国債は暴落し国債金利は急上昇した．

　欧州の金融市場が一挙に不安定化したため，2010年5月，EUと国際通貨基金（IMF）はギリシャに3年間で総額1100億ユーロの緊急融資を行うことを決定し，支援を受ける条件としてギリシャは300億ユーロの支出削減が義務づけられた（第1次ギリシャ支援）．またEUは同じく財政赤字を抱えるスペインやポルトガルへの波及を防ぐため，総額7500億ユーロの緊急支援枠組み（欧州金融安定化メカニズム：EFSF）創設も決めた．さらにEUとIMFは11月末，金融機関救済のため大幅な財政赤字に陥ったアイルランドの救済（850億ユーロの支援）にも動いた．翌11年3月のEU首脳会議では，時限措置として設けられたEFSFを引き継ぐ恒久的な危機対応システムとして欧州安定メカニズム（ESM）の設置が合意された．

　しかしユーロ危機は収束せず，EUとIMFはポルトガル（11年4月：780億

ユーロの緊急融資），次いでギリシャへの第 2 次支援（12 年 3 月：1300 億ユーロ）に踏み切った．また EU は加盟国に財政規律の強化を求める新財政協定を締結（12 年 3 月，英国とチェコを除く 25 か国が調印），憲法や基本法で財政赤字の目標を明記すること，毎年の財政赤字を GDP 比で 0.5％以内に抑えることが義務づけられ，対応が不十分な場合は EU 司法裁判所が制裁金を課すこととされた．それまで財政赤字の GDP 比率を 3％以内，債務残高の GDP 比率を 60％以内に抑えるルール（1997 年に採択された安定・成長協定）はあったが，罰則のない紳士協定だった．新協定は，EU の財政統合を見据えた一里塚といえる．同じ 12 年 3 月には ESM や EFSF のユーロ圏救済基金による融資規模の拡大も決定し，10 月には予定を繰り上げて ESM が発足した．

　2 度の融資でギリシャは財政危機を免れ，アイルランド，スペイン，ポルトガルも IMF や EU の支援で財政再建を進めた．さらに 13 年にはギリシャ国債に投資し資本不足に陥ったキプロスの銀行も IMF と EU から金融支援を受け，2014 年までにユーロ危機はほぼ鎮静化された．ところが 2015 年 1 月，ギリシャの総選挙で IMF や EU から課された緊縮策への反対を訴えた急進左翼進歩連合（シリザ）が大勝．発足したチプラス政権は EU の改革案受け入れを問う国民投票の実施を表明した．チプラス政権誕生の背景には緊縮策への国民の強い反発があった．08 年以降ギリシャ経済はマイナス成長が続き，失業率は25％の高止まり状態．スペインやポルトガルが構造改革による輸出拡大で経済を好転させたのに対し，観光以外に特段の産業が無いギリシャは不況から抜け出す糸口を摑めないでいたのだ．15 年 6 月末には IMF から借りた 15 億ユーロの返済期限が到来，EU は新たな融資の条件に一層の緊縮を求めたが，チプラス政権が拒否したため，ギリシャは事実上の債務不履行（デフォルト）に陥った．7 月の国民投票では EU の求める緊縮財政改革案の受け入れ反対が多数を占めたが，最大の債権国ドイツを始め EU の態度は堅く，ギリシャの求める緊縮策の緩和には応じなかった．やむなくチプラス政権は，経済の混乱回避やユーロ圏残留を優先し EU に譲歩，EU が求めるさらなる増税や社会保障費削減等を受け入れたため金融支援の再開で合意（第 3 次支援）が成立．

　こうしてギリシャは再び財政破綻を回避したが，第 1 次〜第 3 次の支援で総額 2566 億ユーロがギリシャに融資され，75％の債務を返済するまで（期限は2060 年）各種改革の実施状況に関し，ギリシャは債権団の監視下に置かれる．2019 年に就任したミツォタキス首相は財政再建のための改革に取り組んでい

るが，改革への反対も強く不安定な状況が続いている.

●銀行・財政同盟結成に向けて

　ユーロ危機の本質は，各国で競争力に差違のある経済構造のまま，共通通貨ユーロを導入したことにある．スペインやギリシャはユーロ導入前，他の欧州諸国よりも経済発展が遅れていたにも拘わらず，経済力の強いドイツ等と同じ通貨ユーロを使うことで見かけの信頼性が高まり，低金利で資金が得られるようになった．本来は国毎に財政状況も国債の信頼度も違うはずが，ユーロの安心感から投資家は低金利で資金を提供したのだ．しかし09年にギリシャの巨額財政赤字が発覚し，多額の債務を抱える国に対する不安が一挙に高まり危機を招いたのである．通貨は統合しても財政政策は国別のままで，EUは金融危機を想定したシステムにはなっていなかった．国力以上の通貨を手にし，放漫経営に堕した加盟国を助けたくないというのが経済大国ドイツ国民の偽らざる心情だが，一部加盟国の債務問題を放置すればユーロそのものの信用が揺らぎ，他のEU諸国にも危機が波及拡大する.

　そのため，EUは銀行同盟の創設に動き，14年11月からユーロ圏の銀行監督を欧州中央銀行（ECB）に集約させ，16年1月には銀行の破綻処理の一元化も実現させた．破綻処理の決定はECBの代表と欧州委員会，問題銀行を抱える国の金融当局で構成する欧州破綻処理委員会の提案に基づいて欧州委員会が決めることになる．EUはさらに預金保険の一元化に向けて調整を続けているが，国毎にばらばらの財政を纏めるための財政同盟も必要だ．経済危機に陥った国への迅速な資金救済力の保持は急務であり，ユーロ共同債（ユーロ圏で共同債を発行して市場から金を借りるシステム）の導入も重要な検討事項だ．ドイツなどは共同で借金することに反対するが，時間をかけても実現を目指すべきだ.

6　EUの試練2：移民・難民流入と排外主義の台頭

●深刻化する移民・難民問題

　西欧諸国は戦後初期には経済復興，その後，少子化の進行に応じて労働力確保の必要から移民労働者を積極的に受け容れてきた．国連の推計によれば，1990〜98年にかけてEU諸国には年平均85万人の移民が流入し，EU主要9か国における定住外国人の数は400万人以上増加し2000年には1900万人に達

した．それは EU15 か国（当時）の総人口の約 6 ％に当たった．また冷戦終焉に
よる社会主義体制の崩壊や民族紛争の激化に伴い，多数の難民が発生した．難
民の出身国は，旧ユーゴスラビアやアフガニスタン，ソマリア，イラク等内戦
や民族対立を抱える諸国である．国連難民高等弁務官事務所（UNHCR）の調べ
では，EU15 か国の難民申請者は 1991〜2001 年の 10 年間で 375 万人を越えた．
うち難民と認められたのは約 2 割に留まるが，難民認定されなかった人々（い
わゆる経済難民）の多くも不法滞在を続けており，その後，EU 加盟を果たした
中・東欧諸国から多くの労働者が職を求めて西欧諸国に流入する状況も生まれ
た．

　一方，EU 域内での人の移動は，障壁を低くする努力が重ねられてきた．英
国，アイルランドを除く EU 諸国は，域内諸国間の国境を越えて人が自由に移
動できるシェンゲン協定を結んでいる．1985 年，独仏とベネルクス三国は国境
審査を撤廃し，原則として国内扱いで互いの国を往来できる取り決めを締結し
た．これを基に 95 年，ルクセンブルクのシェンゲンにおいて，出入国手続き
の簡素化を定める協定として発足したのがシェンゲン協定である．05 年 6 月
にはスイスも国民投票で同協定への参加を決め，新規加盟の中・東欧 10 か国
も参加している（現在の適用国は 26 か国）．国境通過手続きが簡素化されると，一
旦 EU の域内に入ってしまえば国家間流入者の実態把握は困難だ．そのため大
量の流入者を抱え込む原加盟国では，宗教や生活慣習が異なる外国人の居住地
が国内に多数出現し，地元民との摩擦が増えている．また安い賃金で働く外国
人労働者は，自国民労働者の職場を奪う外者として排斥や人種差別の対象とな
り，排外主義を掲げる極右勢力伸張の要因ともなる．

　旧ユーゴ紛争の過程で発生した難民の多くは，ドイツに向かった．東西ヨー
ロッパの接点という地理環境に加え，ドイツが亡命者の受け容れに寛大だった
からだ．トルコ等から多くの労働者を受け容れてきた実績もあった．その結果，
西欧 15 か国における亡命申請者 42 万人中 19 万 3 千人（全体の 46％）がドイツ
に流入した（1990 年）．しかし，旧西独地域にはドイツ再統一後，旧東独から既
に多くの労働者が移り住んでおり，統一による経済不況から抜け切れない状況
の中，さらに大量の低賃金労働者を抱え込んだことでドイツの失業率は急上昇
した．その結果，ネオ・ナチ団体や反ユダヤ主義を掲げるドイツ国家民主党
（NPD），民族主義を唱えるドイツ民族同盟（DVU）等右翼政党の活動が活発化し
た．失業の深刻化が右翼，外国人排斥運動，犯罪の増加，治安悪化の温床と

なったのである．難民急増と極右勢力増大に相関関係を見たコール政権は基本法を改正し（93年5月），難民の受け容れを大幅に制限する方針に転換した．この難民締め出し政策によって，極右政党の躍進に一定のブレーキがかかった．さらに移民法が改正され（05年），高度な技術や知識を持つ労働者には定住許可を与えるが，ドイツ語の習得が義務づけられた．

●強まる移民選別化

その後，EUの東方拡大で，中・東欧から西欧諸国への移民労働者はさらに増加した．彼らは低い賃金で雇われるため，国内労働者の首切りや賃金引下げを助長し，雇用・失業不安を深刻化させる．東欧8か国を含む10か国がEUに加盟した04年，英国はいち早く新規加盟国に労働市場を開放したが，その結果，国内に160万人いるイスラム教徒（アフリカ・アラブ系等）の失業率が忽ち全英平均の3倍に跳ね上がった（イスラム教徒男性層の失業率は13%．他の宗教を信仰する層の失業率は3～8%）．04～05年の2年間で仕事を求めて渡英した東欧出身者は60万人に上り，彼らがイスラム移民の働き口を奪ったためだ．そのためドイツだけでなく他の西欧EU加盟国でも移民制限や入国，国境の管理・難民審査の強化，不法入国者の送還等海外労働者の受け容れを厳しく規制する方向に動いた．

オランダ政府は，移住希望者に対し蘭語と同国文化のテスト受験を義務化すると発表した（06年3月）．アフリカ移民が多いフランスでも新移民法が成立し（06年6月），移民に認められる家族呼び寄せの権利を制限したり，所得証明，国籍取得基準を厳格化する一方，国内経済に貢献が期待できる人材には長期の滞在許可を認める等不法移民の締め出しと移民の選別化が打ち出された．

移民は少子高齢化が進む先進国にとって労働力の担い手か，雇用を奪い治安を悪化させる元凶か？　恩恵を受ける層と被害を被る層が異なるため，移民問題は国論が分裂しやすい．発展段階にある国では，大量の移民流入は経済の成長率を押し上げる力となるが，成長率がさほど高くない先進国では，移民による賃金低下と生産性向上の効果も，移民に対する社会保障や教育，治安対策の強化等公共サービスの負担増で相殺されてしまう．また不法移民の増加は悪徳業者の横行を許し，労働者自身にも悲劇をもたらす．06年7月，イタリア南部のトマト農園で，奴隷労働を強いられていたポーランド人不法就労者113人が保護される事件が起きた．地元の犯罪組織が，イタリア語も話せず支援組織も

ない不法移民を自ら経営する農園で強制労働させていたもので，抵抗した労働者は虐殺された．警察の手入れで800人近いポーランド人労働者が解放され，逃亡したとみられている．EUも不法移民対策強化の方針を打ち出し，02年6月の首脳会議では難民・不法移民対策の行動計画が纏められたが，不法移民の根絶は容易ではない．

●アラブの春と大量難民の発生

しかも，アラブの春やシリア内戦の激化に伴い，かつてない規模の大量のムスリム難民や不法移民がヨーロッパに流入する事態となった．チュニジア政変（2011年1月）の前後から，アフリカから地中海対岸のイタリア，特に最南端のランペドーサ島等に多数のイスラム系住民が殺到した．施設に収容し切れなくなったイタリア政府がEU諸国を自由に往来できる短期滞在許可証を独断で発行したため，不法移民の大量流入を危惧したフランスはイタリアとの国境を閉鎖，デンマークは国境に警察官を常駐させる方針を打ち出した．11年6月のEU首脳会議では，シェンゲン協定を見直し，不法移民の大量流入等の深刻な状況に限り入国審査の実施を認める緊急予防（セーフガード）メカニズムを設けることで合意し，EUの基本理念である域内における「移動の自由」の見直しが迫られた．同じ2011年には警察署襲撃事件を機にサルコジ大統領は各地のロマ人違法キャンプを次々に取り壊し，千人以上のロマ人をルーマニア等に強制送還した．ハンガリー（ロマ人排斥を訴える極右政党ヨッビクの議席大幅増加）やチェコ（右翼の国民党が躍進）等東欧でも反移民を掲げる右翼政党の台頭が続く．

2015年に入ると，中東やアフリカからヨーロッパをめざす難民や移民の動きが過去に例を見ないペースで加速した．15年春には地中海リビア沖でヨーロッパに向かう密航船の転覆事故が相次ぎ，EUは緊急首脳会議で救援活動の強化を決めた．夏になると，トルコからエーゲ海を渡りギリシャに上陸，バルカン半島を陸路で北上し，ドイツなど西欧諸国に向かう人が急増した．このルートは，リビアから地中海を横断してイタリア半島をめざす従来のルートよりも危険度が低いからだ．一日数千人の規模で殺到する難民の大半はシリア難民である．数の多さに対応出来ないギリシャやマケドニア，セルビアなどが自国内の移動を事実上黙認せざるを得なかったために難民の数はさらに増加，ハンガリーから先はシェンゲン協定の適用を受け，国境審査を受けることなく自由に目的の国に向かうことが出来た．

　しかし，9月になると大量難民の出現を嫌ったハンガリーのオルバン政権が国境を閉鎖し難民の通過を実力で阻止したため，迂回路を求める人々が周辺国に溢れ，各国間の対立も生まれた．EU は内相理事会で，16 万人の難民を加盟国間で分担して受容れることを決定したが，移民の受け入れに消極的な東欧諸国がこの措置に反発，さらにはそれまで国際的な責務として難民の受け入れに積極的だったドイツでも，公然と流入する難民の多さに国民や州政府などが批判を強めるようになった．受容れに伴う費用負担の増大や治安の悪化を背景に排外的な極右勢力が各国で伸張することにもなった．そのため EU も国境での入国審査の復活やシェンゲン協定の見直し，受容れ上限の設定，家族呼び寄せ制限，不法移民の強制送還，境界監視体制の強化等々歯止めの利かない無秩序な難民の流入抑制へと政策の転換を図らざるを得なくなった．

　2015 年の 1 年間だけで中東，アフリカからヨーロッパに流入したムスリム難民は 100 万人を越え（海を渡った者約 97 万人，トルコから陸路で入った者約 3 万 4 千人．海を渡った人のうち，トルコからエーゲ海を渡りギリシャに入った者 80 万人以上，北アフリカからイタリアなどに入った者約 15 万人），うち 90 万人がドイツに入国し難民申請を行っている．排外主義を放置すれば，リベラルな多文化主義は後退し，欧州全体に不寛容な空気が広まる恐れがある．逆に極右を鎮静化させようとすれば移民規制の強化に走ってしまう．だが安易な移民規制や外国人労働者の締め出しは，人の自由な移動をめざす統合の本旨に適さず，EU の閉鎖・ブロック化を招く恐れが伴う．いくら規制の網を強めても，経済格差が存在する限り，網の目を潜り抜け入り込もうとする者は後を断たない．EU には難しい舵取りが求められている．

7　EU の試練 3：イスラムとの共存・対立

● トルコ加盟問題

　非西欧国家でありながら，イスラム国家のトルコはかねてより EU 加盟に執念を燃やしてきた．トルコはケマル・パシャ以来政教分離の世俗路線をとり，欧州経済共同体（EEC）の誕生間もない 1959 年に既に加盟申請しており，63 年のトルコと EU の連合協定（アンカラ協定）締結という形で落ち着いた．その後 87 年には EC，98 年には EU への加盟申請を行い，99 年 12 月の首脳会議（ヘルシンキ）で正式な加盟候補国と認められた．05 年 10 月から正式の加盟交渉が開

始されたが，EC に加盟申請をしてから 18 年ぶり，最初の申請から数えれば実に半世紀以上の歳月を要している．2014 年 8 月の大統領選挙で首相からくら替えし勝利したエルドアンは，大統領就任演説で EU 加盟を最優先課題の一つに掲げたが，イスラム世界に属し，領土，人口とも候補国中最大であるトルコの加盟には多くの問題が横たわり，現在も加盟のめどはついていない．

　冷戦当時，対ソ戦略遂行の観点からアメリカはトルコを重視した．冷戦終焉後，この国の戦略的な価値は低下したかに思われたが，バルカンでの民族紛争やイラク，シリア問題等で再認識された．しかしコペンハーゲン基準に照らしたトルコに対する EU の評価は厳しい．

　トルコ軍を北キプロスから撤兵させ，キプロス問題の解決に貢献することも必要だ．[11]トルコはキプロス北部の軍事占領を継続し，北キプロストルコ共和国（トルコ系）を承認し，国際的に承認され既に EU 加盟を果たした南部のキプロス共和国（ギリシャ系）の存在を認めていない．キプロス共和国の不承認と北キプロスへの軍隊駐留は，EU 加盟の大きなネックになっているのだ．さらに人権問題では死刑の容認や少数民族クルド人への弾圧，抑圧的な政治体制等が指摘されている．

　このほかオスマントルコ時代のアルメニア人虐殺に対する歴史的な清算問題も加盟交渉と微妙に絡んでいる．[12]01 年に仏議会がアルメニア人の大量殺害を「民族虐殺」と認める法律を公布した際，トルコは強く反発し，市民が仏製品の不買運動を展開したり，国も仏企業からの軍事衛星や戦闘機導入計画を見直す事態に発展した．05 年 2 月には，トルコ人作家オルハン・パムク氏（06 年にノーベル文学賞受賞）がスイスの雑誌インタビューで「百万人のアルメニア人が殺された」と語り国家侮辱罪に問われた．この事件が西欧のメディアを刺激し，トルコの加盟を時期尚早と主張する人々に利用された．欧州議会は 05 年 9 月，加盟の前提として，オスマントルコ時代のアルメニア人虐殺をトルコが正式に認めるよう求める決議を採択している．

　人口比の問題もある．人口 7200 万人のトルコが加盟すると，ドイツ（8200万）に次ぐ第 2 位の規模となり，フランスの 6200 万，英国の 6 千万を抜く．人口構成が若く，将来ドイツを凌ぐことは確実だ．理事会の特定多数決の国別持ち票や欧州議会の議席配分で多数を得るトルコの発言権はドイツ並みかそれ以上に高まろう．国民の 9 割以上がイスラム教徒で貧困層の多いトルコの加盟には，社会不安や失業率悪化の懸念からも根強い反対論が出ている．トルコ移民

はドイツだけで既に 260 万人，西欧全体では 2 千万人に上る．正式加盟国になればさらに急増し，文化摩擦の増大と雇用喪失等経済環境の悪化を招くことは容易に想像がつく．これまで移民を受け入れてきた EU も，いまでは移民との共存・統合の難しさを深刻に受けとめている．

　トルコを EU に加えた場合，バルカン諸国やベラルーシ，イスラエル等の加盟申請を断る理由が見出し難くなる．これら諸国を加えれば，現在の EU とは全く別の異質な共同体になってしまうのではとの危惧もある．ヨーロッパの人達はそうした不安を感じているから，トルコの参加に不安と警戒感を拭えないのだ．1958 年の EEC 発足以来，EU は欧州文明の伝統を受け継ぐキリスト教国の集まりだった．イスラム教の大国トルコを加えるか否かの選択は，ヨーロッパの枠組を維持するか，その変容を受容するかの選択を迫る作業となる．それはヨーロッパアイデンティティに関わる問題であり，トルコの政治姿勢や努力だけでは解決できない課題だ．加えて世俗主義路線を採るトルコでも近年，エルドアン大統領が創設したイスラム系の公正発展党（AKP）が勢力を拡大するなどイスラム復興の動きが強まっており，これが欧州側には懸念材料に映る．[13] 欧州に押し寄せる難民の流入を抑制するため，EU は 15 年 11 月，トルコの国境管理強化と引き替えに，30 億ユーロの経済支援や EU 加盟交渉の再開・加速化でトルコと合意した．だが，シリア問題や対露政策上高い戦略的価値を持つ国ゆえトルコと交渉は行うが，加盟そのものには反対の姿勢を崩さない EU 諸国は多い．欧州委員会も「交渉は加盟を目的とはするが，加盟を保証するものではない」との立場を採っている．それゆえ交渉にはさらに十数年を要するか，事実上不可能との見通しも囁かれている．

●行き詰まる同化・寛容政策

　今日，EU 各国ではイスラム移民との共生のあり方が重大な社会問題になっている．[14] 04 年 11 月，女性を差別するイスラム社会を告発する短編映画「サブミッション」を作ったオランダ人映画監督テオ・ファン・ゴッホがアムステルダムでイスラム移民に殺害され，イスラムへの警戒心が強まった．05 年 10〜11 月には，フランス各地で北アフリカイスラム系移民の 2・3 世による大規模暴動が発生した．直接の原因は失業の深刻化という経済問題にあったが，暴動の背景には社会から見放されたという彼らの「絶望感」や，イスラム移民という異文化集団の問題が絡んでいた．フランスのイスラム移民は 431 万人で総

人口の７％を占める．多くはアルジェリア，モロッコ，チュニジア等旧植民地の出身だ．

　歴代の政権は，移民やその子どもたちに「同化」の重要性を訴え続けてきた．移民に社会への同化を求めるのがフランスの伝統政策で，異質なコミュニティが国内に形成されること（コミュノタリズム）を忌避する傾向がこの国には強い．だが掛け声程に融和は進まず，政府も有効な対策を打ち出せていない．移民を受け入れる「郊外」の低所得者層向け集合住宅はフランスの一般社会から分断された状況にあり，暴動に加わった若者の多くも貧困や治安の悪い「郊外」の移民街に暮らしている．彼らが職を求めても「アラブ系の名前と郊外の住所ではどうにもなら」ず，移民街の失業率は一般国民の２倍以上だ．見知らぬ母国には親近感が薄い一方，フランスという戸籍法上の母国にも展望が持てない．「いつまでたってもこの国は自分たちを受け入れてくれない」という不満の蓄積が暴動となって爆発したのだ．

　05 年の暴動は，この国の移民政策の問題点を浮き上がらせたが，ヨーロッパで最も多くのイスラム教徒が暮らすフランスでは，ムスリムの女性が身に着けるスカーフの扱いをめぐって 20 年来の激しい論争が繰り広げられてきた．冷戦末期の 1989 年にオワーズ県の高校で，イスラム移民の子供である女子学生が宗教的シンボルであるベール（スカーフ）を被って登校したことから，政教分離が厳守される公立学校では男女平等，人権の普遍性を貫くべしとの主張と，マイノリティの文化的伝統の独自性を尊重すべしの意見が衝突，世論を二分する論争が起きた．この時はベールの着用が認められたが，その後も，産婦人科の男性医師がイスラム移民の女性患者を診察しようとしたら，その夫が激しく抗議するという出来事や，逆にスカーフを被った女性医師の診察を拒否する患者が現れたり，電話サービス会社がスカーフを着用して勤務するイスラム教徒の女性を「顧客を怯えさせる」という理由で解雇する事件等イスラム移民を巡る文化摩擦が多発している．論争の末，公教育の場でイスラム教徒のスカーフ着用を禁止する「学校における非宗教に関する法律」が成立したが（04 年 3 月），論争が終焉したわけではない．

　9.11 事件後，イスラムテロに対する不安と警戒心が世界中で急速に高まった．ヨーロッパも例外ではなく，人前で顔を隠すイスラム女性の服装が問題となった．2010 年 9 月，フランスは一部のムスリムの女性が着用する「ブルカ」や「ニカブ」といった顔を覆い隠す衣装を公道や公共の施設で着用することを禁

止する法律を成立させた[17]. 翌年にはベルギーでも同種の法律が施行された. 先のスカーフ事件は政教分離の原則を重視する観点から, 特定宗教の誇示や政治宗教的な主張を公の授業の場に持ち込むことを規制するものであったが, ブルカ禁止法は, 顔や全身を覆うイスラム教徒の服装だけが問題視された. その理由も身元確認が困難という治安上の問題や女性の人権侵害が挙げられ, ムスリムだけを規制する姿勢が鮮明であった.

いまやイスラム移民とフランス社会の間には超え難い大きな溝が生まれており, 分断された社会の再構築には, 貧困の連鎖を断ち切るとともに, 同化促進を柱とする従来の移民政策の見直しも必要になっている[18]. フランスでは政教分離原則 (ライシテ) が徹底しているため, 内面信仰だけでなく行為の実践が求められるムスリムが社会に同化するのは難しい現実がある. フランスに比べて移民政策は比較的寛容といわれる英国でも, 05 年 7 月にパキスタン系青年らによるロンドン同時テロが起きた. 同化主義のフランスに対し, 多文化主義を採る英国ではイスラム共同体の存在が容認されてきたが, 寛容という名の「放置」が却って移民の疎外感を増幅したとの指摘もある. 国外のイスラム過激派がネットを用いた遠隔洗脳を実施し, 英国に生まれ母国も知らぬ 2・3 世のムスリムがテロリストに変貌する事案も増えている.「同化」と「寛容」という英仏の対照的な政策がともに行き詰まっている現実は, 同様の問題を抱える他の欧州諸国にも深刻に受けとめられている.

●表現の自由か宗教冒瀆か

05 年 9 月, デンマークの保守系新聞ユランズ・ポステン紙がムハンマドの風刺画 12 枚を掲載した. ムハンマドが爆弾の形をしたターバンを巻き「最近天国には自爆テロリストが増えたので処女が不足している」等と語る内容になっている. イスラム教は偶像崇拝を禁じている. しかもムハンマドを自爆テロリストと見なした絵も含まれ, イスラムへの冒瀆と中東やアジアのムスリムが反発した. しかし仏独伊ノルウェー, スペインの各新聞は 06 年 1 月以降, 相次いでユランズ・ポステンの風刺画を転載し始めた. フランスのルモンド紙は社説で「民主主義では言論を取り締まることはできない」と訴え, ドイツのウェルト紙も「欧米社会には冒瀆する権利もある. イスラム教の世界には風刺を理解する力はないのか. イスラム教徒の抗議は偽善だ」と反論. この西欧メディアの姿勢がイスラム諸国の一層の怒りを生み出した. 各国で激しい抗議デ

モが相次ぎ，シリアのノルウェー，デンマーク大使館が放火され，イランはデンマークと通商関係を断絶．パキスタン政府は仏独等欧州 9 か国から急遽大使を召還．ノルウェーはイスラム教徒の脅迫を受け，パレスチナ自治区での支援活動を停止した．

　欧州のメディアが敢えて問題の風刺画を掲載したのは何故か．ユランズ・ポステン紙のローゼ文化部長は「表現の自由を護るため」と主張する．欧州各国のメディアも言論・表現の自由を守り抜く立場を誇示し，デンマーク紙に連帯する姿勢を示した．言論・表現の自由は自分達の祖先が血を流して勝ち取った尊い権利であり，人類の普遍的価値であると同時に西欧文明の偉大さを示すものと認識している．また宗教と政治，聖と俗の分離を達成したことで，欧州世界に個人の自由が確立された歴史がある．宗教的権威からの自由は，政教分離という欧州啓蒙主義の真髄であり，言論・表現の自由と同様，絶対に譲ることはできないという意識だ．もっとも全てのマスコミが風刺画の掲転載措置を擁護，正当化したわけではない．英国のメディアは自粛する立場を貫いた．他の宗教や文化への配慮が必要であり，無制限の表現の自由は有り得ないとの判断からだ．英メディアの立場は「（表現の）自由は生得の権利だが，自制は成熟の尺度だ」（フィナンシャル・タイムズ）という考え方に拠ったものだ．ブッシュ米大統領（当時）も「他の人々を思いやる責任」を説いて風刺漫画を掲載した欧州のメディアを批判する一方で，「自由なプレスに掲載されたものに不満を表す手段として，暴力を用いることは拒絶する」とイスラム諸国やムスリムの過激な抗議行動にも自制を求め，バランスの維持に配慮した．

　国際社会で二つの異なる価値観が対立した際，妥協と自制の途を選ぶか，自らの理念を貫くかの選択肢の中で，大陸欧州のメディアは後者を採った．その背景には，メディアが普遍的価値の擁護という“理念”の衣を纏い全面対立を挑まねばならぬ程，今のヨーロッパにはイスラム教徒への反発や危機感が強まっている現実がある．ヨーロッパ社会がイスラム教徒を受け容れ難くなった理由は ① ヨーロッパで最も人口が増加している集団がイスラム系移民であること ② イスラム教徒の多くがヨーロッパ社会への同化を拒み，キリスト教的価値観や近代啓蒙主義的アイデンティティが脅かされていると受けとめていること，そして ③ 暴力行使を躊躇しないイスラム過激派の存在が大きい．同時多発テロを境にイスラム過激派への恐怖が俄かに高まり，04 年のマドリード列車同時爆破テロ，05 年のロンドン地下鉄同時爆破テロで恐怖は現実となった．

西ヨーロッパでは域内全体で約2千万人，人口比にして約5％がムスリムだ．
現在の移民パターンが続けば，2025年までに西ヨーロッパのイスラム教徒は
3千万人に増えると予測されており，内に抱えたムスリムに対し，テロをはじ
め雇用や治安の悪化等社会生活に悪影響を及ぼすのではないかとの市民の不安
や恐怖心を増幅させよう．

　風刺画問題が最初に起きたデンマークでは長らく社民党政権が続いたが，01
年の選挙で中道右派の自由党ラスムセン政権が誕生した．当時顕著になったイ
スラム系移民の増加に有権者が危機感を抱いたことが大きく影響したといわれ
る．人口540万人弱の王国で，ムスリムは30万人．しかもその数は増加傾向
にあり，イスラム文化の持ち込みには様々な拒否反応が出ていた．ラスムセン
政権は発足後直ちに移民制限法を制定し，ムスリムの増加抑制に乗り出した．
中道右派のユランズ・ポステンが風刺画を掲げた背景には，イスラム系移民に
西欧の伝統文化が侵食されているとの危機感が働いていた．西欧の各紙が転載
に踏み切ったのも，理念や価値観の擁護だけでなく，欧州的秩序が損なわれる
ことへの懸念や恐れ，それにムスリムに対する猜疑心や反発があった．民主主
義の擁護者という顕教的立場とは別に，密教の部分では，異文化との共生を認
めない価値観の絶対化や排外主義の危険も同居している．

　オランダでは，イスラム教敵視の過激発言を繰り返すウィルダース党首の自
由党が2010年の総選挙で第三党に浮上した．ウィルダースは08年にイスラー
ムとテロを結び付けた映画を製作し，世界のイスラム教徒を挑発した人物だ．
スウェーデンでも反移民反イスラムを掲げるスウェーデン民主党が初めて国政
に進出，さらに11年7月，ノルウェーで反イスラムの連続テロ事件が発生し，
69人が殺害された．移民が人口の1割を超えたノルウェーでは09年の総選挙
で右派の進歩党が第2党に躍進したが，犯人は旧労働党政権の寛容な移民政策
を批判し，犯行の動機を「欧州をイスラムの支配から救うため」と供述してい
る．2012年9月，アメリカで制作された映画がムハンマドを侮辱しているとリ
ビアはじめイスラム諸国で激しい反米運動が起こり，駐リビア米大使らアメリ
カ人4人が殺害される事態となった．米政府は「イスラムの侮辱は容認しな
い」との立場をとることで事態の沈静に動いたが，この際にもフランスの週刊
紙シャルリエブドは，ターバンをつけた裸のムハンマドを描いた風刺画を掲載，
ドイツでは極右団体「プロ・ドイッチュラント」が問題となった米映画の上映
を行った．欧州ではイスラム移民排斥の風潮が年毎に強まり，それと連動して

イスラムサイドの反発も激しさを増している.

●イスラム過激派とフランス同時多発テロ

　そのような中で起きたのが，フランスの大規模テロ事件だった. 15年1月，編集会議中のパリのシャルリエブド紙の事務所に男たちが乱入し，警官らも含む12人を殺害，アラビア半島のアルカイダが犯行声明を出している. 事件直後，シャルリエブド特別紙が再びムハンマドの絵を掲載したためアフリカや中東で抗議デモが続発，一方，ヨーロッパでは表現の自由に対する挑戦と受けとめられ，テロに屈しないと訴えるデモにフランス全土で370万人が参加，「私はシャルリ」の合い言葉が流布し，同紙は表現の自由のシンボルとなった.

　仏政府はイスラム過激派の監視を強め，その動きを封じ込めようとしたが，15年11月にはパリのコンサート会場や郊外のサッカー場で同時多発テロが発生，130人以上の命が失われた. テロの対象をヨーロッパにまで広げたイスラム国の犯行とされるが，容疑者はベルギーに拠点を持ち，またギリシャに足跡を残すなど大量の難民流入に紛れ込みヨーロッパに入り込んだ可能性が指摘されている. 人と物が自由に往来できるEUにおけるテロ対策の難しさが表面化した事件だった. またイスラム過激派勢力はインターネットやSNS等を駆使し，ヨーロッパ社会から差別・阻害され，孤立化したムスリム移民2・3世の不満を巧みに取り込み彼らをテロ戦士に育て上げており，ホームグロウンテロの恐怖も各国で高まった. 欧州社会がイスラムとの共存を図るには，グローバル化時代の中で「寛容」や「同化」の精神をいま一度問い直し再定義することで，新たな時代に適した新たな共生のモデルを見出す必要がある.

8　EUの試練4：英国のEU離脱

　2016年6月にキャメロン政権が実施した国民投票で，英国は欧州連合（EU）からの離脱を決めた. 増え続ける移民や，統合の深化によってEUの権限が拡大され，国の主権が制限されることへの不満の高まりが背景にあった. 17年3月，英国はEUに離脱を正式に通告. 同年6月から離脱交渉を開始し，19年3月末の離脱を目指した.

　18年11月，英国のメイ政権はEUとの間で離脱後の枠組みを定めた離脱協定案に合意した. 19年3月〜20年12月を移行期間とし，最大2年の延長が可

能なこと，英領北アイルランドの国境問題については移行期間中は EU の関税ルールを適用すること，移行期間中に国境問題が解決しない場合，EU と英全土を同じ関税区域に置くことなどを定める内容であった．しかし EU 残留派が多い野党や保守党内の離脱強硬派が反発し，同案は 19 年 1 月と 3 月，英議会によって三度否決され英政界の混乱が続いた．そのため離脱期限は延長され，辞任に追い込まれたメイ首相に代わり，積極離脱派のボリス・ジョンソンが首相に就任．

　2020 年 1 月 31 日，ジョンソン政権の下で英国は欧州連合（EU）から脱退し，EU の前身である欧州共同体（EC）から 47 年間にわたる加盟国の地位に幕を下ろした．第 2 次大戦後進められた欧州統合の歴史で，加盟国の離脱はこれが初めての出来事であった．離脱を果たした英国は EU の政策決定に参加できなくなり，欧州議会でも議席を失うことになった．移行期間終了（20 年 12 月末）までに英国と EU が新たな貿易協定を締結できなければ，経済や市民生活に混乱をきたし「合意なき離脱」と同様の状態に陥る恐れがある．

9　転期に立つ EU：問われる存在意義と三つの課題

　世界的なグローバル化の流れの中で，EU は急速に統合と拡大のプロセスを重ねてきた．92 年には域内の人やモノ，資金，サービスの移動を自由化する市場統合を完成，95 年には第 4 次拡大，99 年には通貨統合を実現した．さらに05 年に第 5 次拡大，07 年に 2 か国，13 年にはクロアチアが加わり，EU は全欧州をカバーする 28 か国体制となり，引き続く拡大も予定されている．その間，EU の取り扱う対象は政治，外交・安全保障，文化に拡大し，EU としての共通政策や独自の統合軍を保有するまでに発展した．伝統的な経済協力の領域でも，自由化の促進によって企業は競争力を高めた．エアバス社の伸張はその代表例である．域内の産業再編も進み，原加盟国では労働コストの安い東欧に生産拠点を移す動きが強まっている．その一方，移民流入と低賃金労働者の増加による失業者の増大，異文化摩擦や治安の悪化，テロの増加等社会問題が深刻化し，金融・債務危機や EU の財政負担増といった問題も抱えている．こうした今日的課題に EU は如何に対応すべきであろうか．

　まず，欧州市民が重要と考える諸問題に対し，EU が高い解決能力を身に付けることが求められる．いまの EU は，ECSC 発足当時とは全く別の機関と

なっている．加盟国の増加は格差と異相の拡大を EU 内部に生み出した．加盟国が均質少数の西欧諸国に限られていた時代の政策決定システムでは，拡大EU が直面している問題への対処は不可能である．政治，経済や民主主義の成熟度等発展段階や立ち位置が様々に異なる多様な国々を束ね，複雑に絡み合う利害対立を如何に巧みに処理できるか，超巨大化した地域協力機構に相応しい新たな調整メカニズムの構築が急務だ．第二に，欧州各国では先述したようにムスリムやイスラム文明圏との接触が深まり，それに比例して経済，社会，文化面での摩擦が強まっている．異文化，異文明との共存，共生のルール作りがEU に課せられたもう一つの大きな課題である．

　そして何よりも，EU の存在意義（レゾンデートル）を改めて鮮明化させることが重要だ．「何のため，誰のための統合か」に対する答え，つまり EU アイデンティティ危機への対応である．これまで EU の統合強化・拡大路線は，復権をめざす戦後欧州の最重要施策として当然の如く肯定されてきた．しかし，時代が下るにつれて組織は巨大化し，いまや EU は市民の手を離れユーロクラットが支配しているとの批判が強まっている．2016 年の国民投票で英国は EU からの離脱を決めた．移民・難民の流入問題が引き起こす治安や低所得層の雇用環境の悪化が影響していたが，その背後には EU 委員会の定めた様々な規則に縛られ，英国の主権も国民の声も EU の政策に反映されないことへの強い不満の意識が働いていた．28 人の欧州委員中英国を代表する委員はたった 1 人．つまり EU の運営を巡り英国は 28 分の 1 の権利しか行使できず，統合優先の EU官僚が推し進める政策に抗えない，自分たちの意思が活かせないような組織に加わるのは真っ平との怒りである．官僚の支配が進む EU と一般市民の間に高い壁が生じ，市民利益の擁護を離れて統合それ自体が目的化しつつあるとの疑念は英国以外の加盟国でも強まっている．

　他方，垂直的統合の進展に伴い国境の垣根は低くなり，国家の重みが薄れゆくにつれて，分離・独立を求めるマイノリティや地域ナショナリズムの動きが勢いを得ている．カタルーニャではスペイン語よりもカタルーニャ語を公用語として優先させること等を求めた新自治憲章が住民投票で承認された．イングランドとの統合から 300 年を経たスコットランドでも，分離独立を求める動きが強まっている．国家・国民としてのアイデンティ（ナショナルアイデンティティ）が，"統合" と "分裂" という相反するベクトルの双方から同時に傷つけられ，揺らぎが生じているのだ．しかもそうした動きと並行して，空間的統合

の進展に伴いイスラムとの共存問題が加わり，「ヨーロッパ」とは何かという根源的認識のレベルでも戸惑いが生じている．これまでヨーロッパ統合という場合の「ヨーロッパ」は，イコール「西欧」であった．しかし，現在のEUは西欧だけの地域機構ではない．拡大の限界領域ともなる「ヨーロッパとは何か」という問いかけへの答を未だ人々は見出せないでいる．

　現在のEU諸国民は，市民（エスノ），国民（ネイション），ヨーロピアンという三重のアイデンティティクライシスに直面している．単純な「拡大は善」の時代は過ぎ去った．直線的な質的空間的拡大に先立ち，まず統合母体である加盟各国の市民，国民，そしてヨーロピアンとしてのアイデンティティを再構築し，その上で統合の意義と必要性が自覚された後に，拡大のプロセスを再始動させねばならない．この順序を違えれば，EUは拡大の一人歩きと自己増殖を続けるだけで，地域機構としての凝集力は失われ浮流状態に陥るであろう．重層的なアイデンティティの再明確化作業は，異文化共生という第二の課題への答探しでもあるのだ．

　統合が質的空間的に拡大するならば，国家のアイデンティティは希薄化しても良いのではないかとの疑問が呈されるかもしれない．しかし，如何に統合が進んでも，国家の枠組みが完全に溶解し，超国家機構にすべて取って代わられる事態は予想される将来起こり得ない．経済史家アラン・ミルウォードが述べたように，国家統合は国家の否定ではなく，国家間協力で欧州を再生させようとする国民国家の強い意思の発露である．それは国民国家に代わり，あるいは国民国家を否定するものではなく，国民国家を救うためのプロジェクトなのである．

　いま，組織・機能の面において，またそれを形成する人々の意識・精神の面でも，EU及びヨーロッパは未来に向けての再生が求められている．複雑化する利害を調整する新たなルールやメカニズムの確立，異民族・異文化との共生・共存手法の構築，それにアイデンティティクライシスの克服．いずれも難しい課題だが，この全てを解決克服した時，不戦共同体としてのEUは人類益の機構へと昇華する．戦争と対立を乗り越え，協力と共存の新たな世界に乗り出すヨーロッパから，我々アジアが学ぶべきことは尽きない．

注
1）カレルギーの人と思想は金丸輝男編『ヨーロッパ統合の政治史』（有斐閣，1996年）

序章参照．カレルギーの母グーデンホフ・ミツコは日本人女性青山光子で，欧州社交界
の華として名を馳せ，またゲランの香水ミツコにもその名を残している．木村毅『クー
デンホフ光子伝』（鹿島出版会，1986 年），堀口進『黎明期の国際ロマンス　クーデンホ
フ・光子の生涯』（宝塚出版，2003 年）等参照．

2 ）欧州統合は通貨統合等経済だけを目的としたものではなく，① 欧州平和秩序の創出
② 民主主義の発展 ③ 社会的安定等の基本的な目標が当初から伴っていた．この点が
EFTA や NAFTA 等他の地域協力機構とは決定的に異なる．経済以外の政治目的がビ
ルトインされていたからこそ，それが下支えとなり，幾度も経済的な危機に直面しなが
らも現在のような強靱な機構へと発展することが可能になったといえる．永岑三千輝他
『ヨーロッパ統合の社会史』（日本経済評論社，2004 年）54 頁．シューマン・プランの公
表された 5 月 9 日は「ヨーロッパの日」となった．

3 ）ECSC 発足の意義は，第 1 に欧州最大の不安定要因であった独仏間の戦争を不可能と
し，不戦共同体を築くことに成功した点にある．第 2 に最高機関，特別理事会，共同総
会，司法裁判所等からなるその機構は，EEC，EU の制度的な枠組みの基礎を提供した．
第 3 に英国のアトリー労働党政権はフランスからの招待にも拘らず，超国家的機構を
嫌って参加しなかった．以後，欧州統合は大陸 6 か国を中心に進められていった．02 年
7 月，50 年の歴史を終えて ECSC はその幕を閉じた．

4 ）英国が EEC のような関税同盟ではなく自由貿易圏構想を提唱した背景には，① 域外
諸国に対する共通関税を避け大英帝国（the Commonwealth）の緊密な関係を維持する
こと（特に農産物については FTA から除外することで，大英帝国からの安い農産物の
輸入を続けることができる）② 自国の工業製品については西独をはじめ EEC の域内関
税引き下げの恩恵を享受したいこと ③ 欧州統合のイニシアティブをフランスから取り
戻すこと等の思惑があった．小川有美他『EU 諸国』（自由国民社，1999 年）82〜3 頁．

5 ）EFTA 加盟国のうち，1973 年に英国とデンマークが離脱して EC に加盟したため，残
りの諸国は EC との自由貿易協定を締結し，工業製品についての自由貿易地域をめざし
た．この目標は 77 年までに達成され，残りの品目についても 84 年までに輸入制限が撤
廃された．しかし 95 年に EFTA 諸国のオーストリア，フィンランド，スウェーデンが
相次いで EU に加盟（第 4 次拡大）した結果，現在の EFTA 構成国は，アイスランド，
EU 加盟を国民投票で拒否したノルウェー，スイス，リヒテンシュタインの 4 か国と
なってしまった．

6 ）ヨーロッパ通貨統合の先駆的試みとして，1979 年に西独シュミット，仏ジスカール・
デスタン両首脳が共通通貨単位 ECU（European Currency Unit）の創設等を内容とす
る欧州通貨制度（EMS: European Monetary System）を立ち上げた．EMS は安定通貨
圏の形成を目的とする為替相場同盟だったが十分な成果を上げられず，11 の通貨の存
在は単一市場完成を阻む要因だった．

7 ）経済統合は以下の諸段階に区分できる．

① 自由貿易圏（Free Trade Area）：域内関税や制限的な通商規則（非関税障壁）が除去
される．但し，第三国に対する関税（域外関税）については加盟国が個別に決定する
ため，域内の通商に対しても原産地証明が必要となる．FTA の例としては EFTA や

188

NAFTAがある.

②関税同盟（Customs Unions）：対内的な関税や制限的通商規則の除去に加え，域外の第三国に対して共通関税を設定する段階．この例としては，ドイツ関税同盟（1834年）やベネルクス関税同盟（1923年）等がある.

③共同市場（Common Market）：人（労働力），物（商品），カネ（資本），サービスの自由移動が行われる段階．それぞれの自由移動を実現するためには，経済政策にとどまらず多くの政策領域で調整が必要となる．例えば労働力の自由移動のためには，資格・学位の相互承認や社会政策の互換性等.

④経済通貨同盟（Economic and Monetary Union）：為替リスク回避のため，為替相場の固定化や単一通貨の発効を行う段階．各国中央銀行が単一の中央銀行に統合され，マネーサプライの操作による金融政策を各国単位で行うことは不可能となる.

⑤全面的経済統合（Economic Integration）：単一通貨に加えて，財政政策も統合することにより，経済政策が全面的に共同化される段階．連邦国家の中でも，この段階まで統合されていないものが存在する．小川有美他，前掲書，93頁.

8）マーストリヒト条約はローマ条約第3条を改正し，新たに「環境政策」や「社会政策」，「教育・訓練・文化」，「エネルギー市民保護，観光」，「発展と上告援助」等を共同体の政策領域に加え20項目に拡大した.

9）独仏合同旅団は，独仏友好協力条約締結から25周年を迎えた1988年1月にコール首相とミッテラン大統領の間で設置が合意され，90年10月に発足した．INF全廃条約の締結を契機に米ソ間の緊張緩和が進む中，西欧諸国のイニシアティブによる防衛力再構築に向けた動きの第一歩となった．同旅団の規模は4200人．新たに設置された欧州合同軍の規模は3万5千，合同旅団に両国から各1個師団を加えた編成で，司令部はストラスブールに置かれた．合同軍は原則としてNATO，西欧同盟（WEU）の枠内で行動するが，NATO域外での平和維持活動や人道援助，環境保護にも従事することになっている．五島昭『大国ドイツの進路』（中央公論新社，1995年）108〜112頁.

10）CJHAは後に，「警察・刑事司法協力」（Police and Judical Cooperation in Criminal Matters：PJCC）と名称が変更された.

11）キプロスは，地中海の東端に浮かぶ島国．面積は四国の約半分の9251平方キロ，74年にギリシャ併合派がクーデターを起こしたのに対してトルコが出兵，北側（全島の37%）を占領し，トルコ系キプロス人による独自の政府を打ち立て，「トルコキプロス連邦国家」を宣言，さらに83年11月にはトルコ系住民が「北キプロストルコ共和国の独立」を宣言したが，承認したのはトルコだけで，国連議席は南側が持つ．キプロス共和国は90年にEUへ加盟申請したが，北側は「63年以来，全島の両民族を代表する政府は実質存在しない．一方的な申請は不法だ」として，加盟交渉への同席を拒んできた．2002年の決定で，ギリシャ系のキプロス共和国が先にEU加盟の切符を手にし，04年に加盟を果たしている．人口は南が63万，北が20万．キプロス問題は国連の仲介で何度も解決が模索されながら，トルコ，ギリシャ間の強い相互不信で実現していない.

12）アルメニア人はキリスト教徒でオスマントルコ領内に多数居住していた．オスマントルコが第1次世界大戦でロシアと戦った際，帝国内のアルメニア人がロシアにつく動き

ありとしてオスマン陸軍は 1915 年にアルメニア人の反乱鎮圧に乗り出した．トルコ政府は 30 万人のアルメニア人と同数のトルコ人が犠牲になったと主張するが，アルメニア側は 150 万人が殺された組織的な民族虐殺（ジェノサイド）であったと認めるべきだと主張している．

13) トルコでは，イスラムの象徴でもある女性のスカーフ着用は教育現場や公的施設では政教分離の原則から禁止されている．しかし 02 年の総選挙で公正発展党（APK）が圧勝し，近代トルコ史上初のイスラム系政党による単独政権が誕生して以後，私生活の場でスカーフを身につける女性が増える等イスラム教の慣習への関心が高まっている．また，スカーフを着用したため昇進を認められない幼稚園の女性教諭の訴えに対し，昇進させない措置は妥当との裁判所の判決に不満を抱いた過激民族主義者の現役弁護士が判事等を殺害するという衝撃的な事件も起きている（06 年 5 月）．さらに APK も地域によってアルコール飲料の販売を制限したり，イスラム教指導者を養成する神学校卒業生の大学進学を容易にする教育法改正案を可決させる等イスラム色の強い施策を打ち出している．ともに世俗主義を重視するセゼル大統領が拒否権を発動しその実施を阻止したが，政治のイスラム化はトルコ世俗主義者の脅威となりつつある．『朝日新聞』2006 年 8 月 19 日．

14) 欧州各国のイスラム人口比率は，フランス 8 ％，英国 5 ％，ドイツ 5 ％，オランダ 6 ％，スイス 6 ％，オーストリア 6 ％等となっている（2010 年時点）．

15) 2004 年 6 月，仏内務省は「郊外」が仏社会に分裂の危険をもたらすゲットーと化しているという報告書を発表した．全国で 630 の郊外地区，180 万の住民が移民としての出自の文化や社会と強く結びつき，仏社会から引き離されており，暴力や女性差別を生み出すイスラム過激派が，若者たちの組織化を進めているという．さらに，アラブ・ムスリム移民の間に反ユダヤ主義を育てる温床ともなっており，アラビア語とコーランを教え，過激な思想を幼児に吹き込んだとして，イスラム組織が運営する保育園を閉鎖させたことも記されている．内藤正典『ヨーロッパとイスラム』（岩波書店，2004 年）139 頁．

16) 白川真澄「グローバリゼーションは暴力だ（下）」『グローカル』第 698 号（2006 年 5 月 1 日）．同法では「公立の小・中・高等学校において，生徒が何らかの宗教に属することを殊更に誇示するような標章あるいは服装を着用することを禁じる」と規定された．同法は，伝統的なイスラム女性のスカーフ着用を今になって一律禁止したものではなく，これまで着用されることのなかった学校で（政治宗教的主張をこめて）敢えてスカーフの着用を主張するという，新しく生まれた現象への対処策である．フランスでのスカーフ論争については，内藤正典，前掲書，145～158 ページ参照．

17) ブルカは，顔や胸を隠すため，頭からすっぽり被って全身を覆うアフガニスタンの服装で，目元のレース状の部分を透かして外を見る構造になっており，着ている人の目は外からは見えない．これに対しサウジアラビアなどで見かける「ニカブ」は，頭髪と顔全体は隠すが目の部分は布で覆われておらず，「ヘジャブ」は，髪を覆うだけで顔は隠さない．

18) 英国やオランダでは，多文化主義が人種的セグレゲーション（分離）に繋がり，移民社会が同族社会化する傾向が強い．多文化主義の下で移民グループが固有の価値観の枠

に留まっている環境においては，過激派が生まれ易いという問題もある．フランスでも，郊外に移民が多いのは事実だが，英蘭に比べればエスニック（民族）ごとのコミュニティーは形成されにくく，伝統的価値観の崩壊は早いとの指摘がある．90年代初期の統計だが，女性の混合婚率は，フランスのアルジェリア系は25％だが，ドイツのトルコ系は1％．英国のパキスタン系はさらに低い数値が出ており，フランスの移民社会では，多人種の結婚が米英やドイツより際立って高い．エマニュエル・トッドが述べるように，こうした英仏の統治システムの違いは，英国人になることを強制せず平和裡に脱植民地化を果たした英国と，普遍的価値観を押しつけた挙句戦争を起こし植民地を去ったフランスとの相違にも表れている．『朝日新聞』2005年12月2日朝刊．

第6章
中東：民族・宗教・覇権対立の発火点

1 パレスチナ問題とアラブ・イスラエル紛争

●ディアスポラ

ユダヤ（ヘブライ）人が歴史に現れるのは紀元前18世紀頃で，メソポタミア周辺にいたハピルあるいはイブリーと呼ばれる遊牧民を祖先とする．旧約聖書創世紀に従えば，アブラハムを族長とするユダヤ人の祖先はメソポタミア南部のウルを出てユーフラテス川流域を北上後，西南に進路を取って紀元前16世紀頃パレスチナ（カナーン）の地に定住する．その後アブラハムの孫ヤコブに率いられたユダヤ人支族が飢饉のパレスチナを逃れてエジプトに移住するが，ヒクソス撃退後の新王国の圧政に耐えかね，紀元前13世紀にモーゼに率いられてこの地を脱出（出エジプト），シナイ半島を放浪した後パレスチナに帰りつく．これがユダヤ人にとって最初の離散（ディアスポラ）であった．

その後，紀元前1020年頃，サウルがパレスチナのユダヤ人を統一してヘブライ王国を興す．2代目ダビデ王がエルサレムを首都に定め，3代目ソロモン王の時期，王国は最盛を迎えるが，ソロモン王の死後，北部のイスラエル王国と南部のユダ王国に分裂（紀元前922年頃）し，前者はアッシリアのサルゴン2世に（紀元前721年），後者は新バビロニアのネブカドネザル2世に（紀元前586年）滅ぼされ，多くの民は強制移住させられた（バビロン捕囚）．二度目の離散である．

紀元前538年，アケメネス朝のキュロス2世に解放されユダヤ人は帰還を果たすが，亡国とバビロン捕囚の苦難の過程で唯一神ヤハウェへの信仰を強め，排他的な選民思想と救世主（メシア）待望論を特徴とするユダヤ教を確立させる．その後，400年ぶりに国を持つ（マカベア（ハスモン）王朝：紀元前143～紀元前37年）が，やがてローマの属州となり（ヘロデ朝），66年にはローマとの間でユダヤ戦争が勃発．この時のローマ皇帝はネロであった．凄惨な戦いの末にローマ

軍はエルサレムを陥落（70年），2年にわたりマサダ要塞に籠城したユダヤ人も集団自決し（73年）戦争は終結．ローマ支配への反乱に破れた後の135年，ユダヤ人はパレスチナから追放され，2千年に及ぶユダヤ民族三度目のディアスポラが始まった．その間，キリストを裏切り処刑に追い込んだ民族として，ユダヤ人はキリスト教世界で差別と迫害を受け続けてきた．

●シオニズム

　時代は下り19世紀の後半，ヨーロッパでは反ユダヤ運動が強まり，1894年にはパリでユダヤ系将校ドレフュスが人種的偏見の犠牲になった．これを取材したユダヤ系オーストリア人のヘルテルが，パレスチナにおけるユダヤ国家建設を主張した．このユダヤ人国家再建運動はシオニズムと呼ばれる．シオン（Zion）とは，現在のエルサレム城壁の南麓にある地名で，聖書に登場するシオンの山は有名である．彼の考えに共鳴した人々によってスイスのバーゼルで開催された第1回シオニスト会議（1897年）では，「ユダヤ民族のため公法上保障された郷土をパレスチナに建設する」というバーゼル綱領が採択された．

　シオニズム運動がヨーロッパで高まりを見せた時期，オスマントルコの支配下にあったアラブ世界でもナショナリズムが盛り上がっていた．第1次世界大戦が勃発するやアラブ人は英国支援の下に独立を企図，英国もオスマントルコの後方を攪乱するためにアラブ人の協力が必要だった．1915年10月，カイロ駐在の英国高等弁務官マクマホンはメッカの太守フセインに対し一連の書簡において，アラブのオスマントルコへの抵抗と引換に，パレスチナを含む東アラブ地域での戦後における独立支持を約束した（フセイン・マクマホン往復書簡）．これを踏まえフセインは1916年6月，アラブの独立を宣言しトルコへの反乱に踏み切る．しかし，一方で英国はユダヤ人財閥からの援助をあてにし，また在米ユダヤ人の力で米国の対独参戦を促す意図からシオニズム運動に好意を示し，1917年11月，バルフォア外相はユダヤ人代表ロスチャイルド男爵に宛てて，書簡の形でユダヤ人のパレスチナ建国（厳密には“国家”という表現を用いず“ナショナルホーム”の設立）に英国は最善の努力をすると宣言したのである（バルフォア宣言）．

　さらに英国は1916年5月，フランス，ロシアとの間で戦後におけるオスマントルコ崩壊後の勢力圏分割を定めたサイクス・ピコ協定（秘密協定）を締結し，コーカサスに接する小アジア東部の領有をロシアに認める一方，イラクからパ

レスチナに至る地域の大部分とアナト
リアの一部を英仏の勢力範囲として分
割（現在のイラク北部からシリア，レバノン
はフランスの，イラク中・南部からヨルダン，
パレスティナ南部は英国の統治地域あるいは
勢力圏とする），またエルサレムを含む
パレスチナ北部は国際管理下に置くこ
とを取り決めた．戦後，レバノンはフラ
ンスの，パレスチナ（＝現在のイスラ
エル）は英国の委任統治領に編入され
た．一方，シオニストの働きかけに
よって国際連盟と英国との間に調印さ
れたパレスチナ委任統治協定ではバル
フォア宣言の内容が盛り込まれたため
パレスチナへのユダヤ人の移住が増大，
26 年間の英国委任統治の間にユダヤ
人入植地は 10 倍以上に増え，人口も

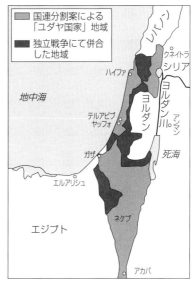

**図6-1　パレスチナ（独立）戦争後の
イスラエル**（1949〜1967 年）
（出所）『朝日新聞』ホームページを基に作成.

パレスチナの 1/3 を占めるに至った．これにつれて当然アラブ人との軋轢も強
まった．両者の対立やアラブ側の反乱に苦慮した英国は，パレスチナをアラブ，
ユダヤ双方に分割する提案を行うが，解決案は得られなかった．

●イスラエル建国と中東戦争

　第 2 次大戦後，英国はパレスチナ問題を国連に委ねると宣言し，この問題は
英国の手を離れ国連に移った．1947 年 11 月，国連総会はパレスチナにアラブ，
ユダヤ双方の国家を樹立させ，エルサレムとその周辺を国際管理下に置くと
いうパレスチナ分割決議案を採択した．英国の影響力低下を狙いソ連も賛成に
回った．しかし，内容がユダヤ側に有利だとしてアラブ側が拒否し，採択直後
からアラブ住民とユダヤ住民の間に小競り合いが続発しパレスチナは内戦状態
となった．

　1948 年 5 月 14 日，26 年にわたる英国の委任統治が終了して英軍が撤兵し，
イスラエル共和国の独立が宣言されたが，翌 15 日，シリア，レバノン，エジプ
ト，ヨルダン，イラクの各国軍がパレスチナに侵攻，第 1 次中東戦争が生起し

194

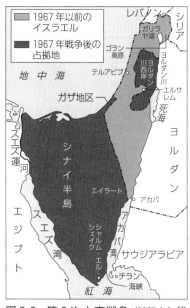

図 6-2　第 3 次中東戦争 (1967 年) 後のイスラエル占領地
(出所)『朝日新聞』ホームページを基に作成.

た. 独立直後の侵攻にイスラエルは崩壊の危機に陥ったが, 休戦期間中にアメリカからの支援を仰ぎ戦局を逆転させ, 戦争はイスラエルの勝利で終わった. その結果, イスラエルはパレスチナ分割決議で認められたよりも 20% 以上広い領土を獲得し, パレスチナの 8 割近くを支配下に置いた. 他方イスラエルに土地を奪われた 90 万を越えるパレスチナアラブ人は, 難民としてアラブ諸国に流れ込んだ.

　その後, 四度にわたりアラブ諸国・イスラエルの間で中東戦争が繰り広げられてきたが, なかでも第 3 次中東戦争 (1967 年) でイスラエルはその支配地域を大きく拡大させ, スエズ運河に至るシナイ半島全域やガザ地区を占拠したほか, ヨルダン領であった東エルサレムを含むヨルダン川西岸全域, さらにシリア領であったゴラン高原の占領に成功する. この戦争で新たに 41 万人のパレスチナ難民が発生, その総数は 150 万人に達した. パレスチナ国家建設と郷土帰還の訴えが強まるなか, PLO (パレスチナ解放機構) 議長に就任 (69 年) したヤセル・アラファトは, イスラエルに対するテロ活動を活発化させていった. 続く第 4 次中東戦争 (ヨムキプール戦争:1973 年) では, アラブ産油国が石油戦略を発動し, 西側陣営に乱れを生じさせた. 戦局は, 奇襲を仕掛けたアラブ側がイスラエルを苦境に追い込むが, イスラエル軍の反攻を受け逆転を喫し, 挽回はならなかった. 相次ぐ中東戦争は冷戦と連動し, 米国がイスラエルを支援し, ソ連がアラブを支援する構図が出来上がっていく.

　しかし, 第 4 次中東戦争の敗北でソ連に不信感を抱いたエジプトのサダト大統領は, 西寄りに外交方針を転じるとともに, 単独イスラエルに乗り込んで関係改善に動いた. これをアメリカのカーター大統領が仲介し, エジプト・イスラエルの平和条約締結とパレスチナ自治機関の設立等を定めたキャンプディ

ビッド合意が成立 (1978 年)．パレスチナ自治は挫折したが，エジプト・イスラエルの平和条約は締結された (79 年)．だがこの結果，2 正面作戦の恐怖から解放されたイスラエルはアラブ諸国に対して戦略的優位を占め，以後，攻勢的な姿勢を強めるようになる (サダト大統領は 1981 年に暗殺される)．80 年代後半に入ると，パレスチナ問題解決のめどが一向に立たないことから，PLO の武装闘争路線には反発が強まった．またインティファーダ (87 年) によって PLO の指導力は大きく低下．そのためアラファトは，テロの放棄とイスラエルの生存権承認へと方針を大転換させた (88 年)．さらに PLO が湾岸危機でイラクを支援したため，アラファトはアラブ世界からも孤立した．やがて冷戦が終わり，中東問題は米ソ対立と連動しなくなった．

2　冷戦後の中東和平

●オスロ合意
　PLO の穏健化と冷戦終焉という環境変化によって，パレスチナ和平交渉は大きく前進を見た．まず湾岸戦争後の 91 年 7 月末，米ソ両首脳は中東和平会議を共同主催することで合意．アメリカが建国以来一貫してパレスチナ人との直接対話を拒絶していたイスラエルの翻意に成功した結果，91 年 10 月スペインのマドリードでシリア，レバノン，ヨルダン・パレスチナ合同代表団代表 (＝PLO が排除されたための措置)，エジプトのアラブ諸国とイスラエルの全当事者が初めて一同に相見える中東和平会議が開催された．この全体会議に続き，同年 12 月以降ワシントンに舞台を移し，イスラエルと周辺アラブ諸国 (パレスチナ，シリア，レバノン，ヨルダン) との個別二国間交渉が開始されたほか，水資源，難民，経済開発，環境，軍備管理・安全保障の 5 分野に関する多数国会議が 92年 1 月にモスクワで始まった．
　この中東和平プロセスにおける最大の焦点は，安保理決議 242 号を基礎に，[2)]イスラエルが占領地のヨルダン川西岸，ガザ地区，ゴラン高原をアラブ側に返還し，見返りとして安全に生存し得る保証をアラブ側がイスラエルに与える"領土と平和の交換"，そしてパレスチナ人に対する自治権の付与が実現するか否かにあった．しかし，イスラエルのシャミル政権 (与党保守連合リクードが主導する右派政権) は安全保障上の要請から占領地の返還を拒絶，逆に入植地建設を促進して事実上の占領地併合を強行する姿勢を崩さなかった．また (88 年にイ

スラエルの生存権を認め，テロの放棄宣言を行っているにも拘らず）PLO をテロ組織と決めつけて，話合いの当事者から排除した．

　そのため交渉は忽ち停滞に陥り，事態の打開に向けてノルウェーの社会学者ラーセンやホルスト外相らが密かにイスラエルと PLO の仲介工作に乗り出した．92 年 6 月，イスラエルの総選挙でシャミル政権が敗北，代わって和平交渉推進をうたうラビン率いる労働党主体の連立政権が誕生した．15 年ぶりに第一党に返り咲いた労働党は，第 3 次中東戦争以来，イスラエルの安全保障上さほど重要でない占領地（原理主義勢力の拠点ガザ地区やユダヤ人入植者のいないジェリコ等ヨルダン川西岸の一部）はパレスチナ側に返還してもよいとの立場に立っていた．このラビン政権の登場で，イスラエルと PLO の話合いに弾みがついた．

　1993 年 1 月，イスラエル政府はそれまで法律で禁止していた PLO との接触を解除し，以後ノルウェー政府仲介の下，1 〜 8 月にかけて 14 回にわたりイスラエル・PLO の間で密かに直接交渉が行われた．その結果，イスラエルが PLO をパレスチナ人の代表と認め，それと引換に PLO が暫定自治の段階的実施により入植地問題やエルサレムの扱いを先送りすることで妥協が成立，相互の平和共存も承認された．93 年 9 月 13 日，ラビンイスラエル首相とアラファト PLO 議長はワシントンでクリントン大統領仲介の下，歴史的な握手を行い「パレスチナ暫定自治協定共同宣言」（暫定自治合意）に調印した．

　アラブ諸国からの資金援助打ち切りによる財政危機や影響力低下から脱するため，それまでのイスラエル殲滅戦略から一転してテロと暴力行為の放棄を宣言したアラファトは，今度はイスラエル占領地の一部での先行自治案に PLO と自らの存亡を賭けたのである．経済不振に悩むイスラエルにとっても，パレスチナ問題を抱え続けることは自国の経済開発にマイナスであるばかりか，交渉が長引けば PLO に代わって占領地で力を増しつつあるハマスやアルジハード等の原理主義過激派がその勢力を拡げかねない．³⁾ そうなればガザ地区等占領地の治安は一層悪化し，ヨルダン，シリア等近隣諸国との和平達成も不可能となる．当事者双方のこうした思惑が，包括的和平への歩みを大きく前進させたといえる．

　オスロでの事前交渉を踏まえて「オスロ合意」とも呼ばれるこの自治合意の要点は，イスラエル・PLO の相互承認を前提に，ガザ地区・ヨルダン川西岸からのイスラエル軍の撤兵と同地におけるパレスチナ人の暫定自治承認，それに占領地の最終的地位を将来交渉に委ねることであった．暫定自治の枠組みは，

オスロ（暫定自治）合意

1　合意内容
　　＊イスラエルと PLO の相互承認を前提
　　＊ガザ地区，ヨルダン川西岸からの撤退
　　＊撤退後，ガザとエリコで先行自治
　　＊エリコ以外の西岸全体で自治
　　＊5 年間の暫定自治実施後，最終地位交渉で決着
2　合意の行き詰まり
　　＊ガザ，ヨルダン川西岸での自治実施，自治政府成立
　　＊ラビン暗殺（95 年），ネタニヤフが入植地拡大，テロ増加
　　＊99 年 5 月，暫定自治の期間終了，最終地位合意に至らず

　イスラエル軍撤兵後，まずガザとエリコで先行自治を開始（第1段階）し，第2段階で自治の範囲をエリコ以外の西岸全体に拡大する．パレスチナ住民全員は自治政府の管轄下に入る．また第2段階に入る前にパレスチナ人の選挙によって自治評議会が選出される．この評議会はイスラエル占領地に住むパレスチナ人の国家と内閣にあたるもので，暫定自治政府から各種の権限を引継ぐ．次いで第3段階では暫定自治期間（5年間）終了後の西岸，ガザ地区の最終的な地位を定める交渉を暫定期間3年目までに開始するというもので，パレスチナ国家の領域やエルサレムの扱い，入植地，難民問題等解決が困難なものも全て第3段階で交渉することとされた．パレスチナ問題を直接の対象とし，ユダヤ人とパレスチナアラブ人の共存問題に初めて具体的な枠組みを設定したこの合意の成立によって，中東和平は新たな段階に入った．

　暫定自治協定調印直後，アメリカでパレスチナ援助国会議が開催され（93年10月），パレスチナ支援のために米政府は5年間で5億ドル，日本政府は2年間で2億ドル，EC は5年間で6億ドルそれぞれ拠出することが決まった．その後，ヨルダン川西岸の聖地ヘブロンでイスラエル人入植者によるパレスチナ人大量殺傷事件（94年2月）が起こり予定より遅れたが，94年5月に「ガザ地区及びエリコ地域に関する先行自治実施協定」（カイロ協定）が調印され，イスラエル軍が両地区から撤退して暫定自治の第1段階（先行自治）が開始され，7月にはアラファトが25年ぶりにガザに帰還した．次いで95年9月には拡大自

治協定（オスロ2）が結ばれ，ヨルダン川西岸まで自治区域が拡大された[4]．96年1月にはパレスチナ暫定自治区で第1回の総選挙が実施され，評議会のメンバーが選出され，代表（自治政府議長）にアラファトが選出された．一方，先行自治の動きを受け，ヨルダンのフセイン国王とイスラエルのラビン首相がワシントンで初の首脳会議を行い，両国間の戦争状態終結をうたうワシントン宣言に署名（94年7月），94年10月にはイスラエル・ヨルダン平和条約に調印した．12月には，ラビン首相とペレス外相，アラファト議長にノーベル平和賞が贈られた．

●オスロ合意の崩壊：ラビン暗殺とネタニヤフ政権の出現

　暫定自治合意の成立後も，パレスチナでは暴力行為が絶えなかった．暫定自治だけでは不満なイスラム教原理主義組織ハマス等のパレスチナ過激派はイスラエル人入植者やイスラエル治安部隊へのテロを続け，イスラエルも暴力でこれに対抗した．そのため暫定自治の実施は当初計画よりも遅れがちであった．そうしたなか，和平交渉の推進者であったラビン首相がイスラル過激派の青年によって暗殺された（95年11月）．ユダヤ教過激派や入植者は，神から与えられた"約束の地"をラビンが手放すことに怒りを覚えたためである．後継首相には外相で穏健派のペレスが就任したが，96年5月の総選挙では中東和平プロセスの見直しを主張する最大右派政党リクードのネタニヤフに破れる．

　ネタニヤフ政権は，イスラエルの安全保障を強調し，パレスチナ独立国家の樹立に反対，自治協定で合意されているヘブロンからのイスラエル軍撤退を実行しないばかりか，逆に労働党政権が凍結していた入植地の拡大・建設を推し進めた．さらに96年10月，イスラム教の聖地に隣接する場所の地下に「嘆きの壁」に通じる観光用トンネルを貫通させた．パレスチナ側との紛糾を考慮して労働党政権が中断させていた建設工事を強行したのである．パレスチナ住民は聖地冒瀆として反発，自治交渉に対するネタニヤフ政権のタカ派姿勢への不満が一挙に爆発し，パレスチナ住民，自治警察とイスラエル軍が衝突，死者70人以上，負傷者千人以上を出し，94年の暫定自治開始以来最悪の事態となった．

　事態沈静化のためクリントン大統領が仲介に入り，97年1月，ネタニヤフ，アラファトの首脳会議で，西岸ヘブロンからのイスラエル軍撤兵合意（ヘブロン合意）が成立したが，その後，アラファトがエルサレムをパレスチナ国家とイスラエルの共同首都とすることを提案，これにネタニヤフ政権が反発し，7月

には自治政府との和平交渉を凍結した．98年10月，クリントン大統領はメリーランド州ワイ・プランテーションにネタニヤフ，アラファトを招き3首脳会談を行い，自治政府によるテロ対策強化と引換に，西岸占領地からのイスラエル軍の追加撤兵と自治政府への権限移譲地域を13％拡大させるワイリバー合意が締結された（10月23日）．しかしネタニヤフ政権はパレスチナ側のテロ取締りが不十分であることを理由に撤兵を中断，和平交渉も事実上の停止状態となった．

　1999年5月4日，オスロ合意に基づくパレスチナ暫定自治期間は終了したが，事態のエスカレートを避けるため，アラファトはイスラエルからのパレスチナ独立宣言を行わなかった．この月，イスラエル首相の公選で，故ラビンの後継者で和平推進派のバラク労働党党首がネタニヤフを破り当選，バラク首相はワイ合意の進展に取り組む姿勢を見せ，99年9月，イスラエルとパレスチナ自治政府はエジプトのシャルム・エル・シェイクで，ワイリバー合意の完全実施や最終地位交渉の再開，2000年2月13日までにパレスチナの最終地位に関する枠組み合意，同年9月13日までに最終合意到達をめざすとの協定に調印する（「シャルム・エル・シェイク合意」）．そして11月から最終地位交渉がもたれたが，エルサレムの帰属問題で話合いは難航した．「第3次中東戦争でイスラエルに占領された東エルサレムをパレスチナ国家の首都にする」との立場を取るパレスチナ側と，エルサレム全体を「イスラエルの恒久不可分な首都」と主張するイスラエル側の見解が真っ向から対立したのだ．2000年7月にはクリントン大統領の呼びかけで，キャンプディビッドでおいてアラファト，バラク，クリントンの三首脳協議が行われたが，合意には至らなかった．クリントンが仲介してバラクが提案した最終地位案に対し，アラファトは東エルサレム全体の主権獲得に拘り最後まで同意しなかったためだ．

　この結果，アラファトは最終期限（2000年9月13日）までに交渉が纏まらなくとも一方的に独立を宣言する姿勢を見せたが，これにイスラエルが反発，アメリカやEUもパレスチナ側に支持を与えなかったため，やむなく同年11月15日まで独立の延期と交渉継続を決定した．ところが2000年9月，イスラエル野党リクードのシャロン党首が武装した護衛を伴い，帰属問題の焦点である東エルサレム旧市街区にあるイスラムの聖地「神殿の丘」への訪問を強行した．この挑発行為がパレスチナ側を強く刺激した．パレスチナ人は投石でイスラエル当局と衝突（アルアクサインティファーダ，第2次インティファーダともいう），パレ

スチナの最終地位に関する交渉は期限切れで頓挫し，混乱のなかバラク首相は辞任する．

●イラク戦争後のパレスチナ情勢：自治区侵入と分離壁建設

01年2月の首相選挙では，和平交渉推進を唱えるバラクを抑えて，「和平と治安の両立」を訴えた右派リクード党首のシャロンが勝利した．シャロン政権が発足すると，過激派のイスラム原理主義組織ハマスが自爆テロを繰り返した．イスラエルはテロ取締りに消極的なアラファト及びパレスチナ自治政府を非難するとともに，ヘリコプターによるミサイル攻撃でPFLPのムスタファ議長を殺害する等軍事攻撃でテロに報復した．同時多発テロ事件後，シャロン政権はアメリカの〝対テロ戦争″の論理を援用し，PFLPがイスラエルのゼエビ観光相を暗殺すると，対テロ自衛戦争としてイスラエル軍を自治区へ侵攻させ西岸6都市を占領．またパレスチナ自治政府をテロ組織と認定（01年12月）し，アラファト議長との関係を断絶し，02年3月にはレバノン侵攻（82年）以来の大規模な軍事侵攻作戦を自治区に敢行し，ヨルダン川西岸ラマラにある自治政府議長府を攻撃し，アラファトを監禁状態に追い込んだ（防衛の盾作戦）．ブッシュ政権はこの事態を黙認し，和平実現にイニシアティブを発揮しなかった．

イラク戦争終結後の03年4月，イスラエル，アメリカ支持の下にパレスチナ自治政府の初代首相に穏健派のアッバスが就任した．これを受けブッシュ・ジュニア政権は，国連やEU，ロシアと共同でパレスチナ国家の樹立と和平構想実現に向けた「ロードマップ」を提示し，イスラエル，パレスチナ双方から基本的合意を取りつけた．[6] ロードマップは和平計画を3段階に区分し，05年までにパレスチナ紛争を終結させる構想である．イラクを打倒したこの時期にロードマップが示されたのは，中東和平に対するアメリカの積極姿勢を示し反米感情を抑える必要があったこと，イスラエルの脅威だったフセイン政権が倒れイスラエルを交渉の場に引き出し易くなったこと等が背景にあった．6月にはブッシュ，アッバス，シャロンの三者会談がアカバで催され，アメリカの関与も本格化するかに見えたが，その直後に再びハマスの自爆テロとイスラエルの報復が繰り返された．9月にはアッバス自治政府首相がアラファトとの権力闘争に疲れ辞任．一方のシャロン政権はアラファトの追放を閣議決定するとともに，テロからイスラエル市民を守る名目で西岸地区に分離壁の建設に着手する（02年6月〜）．壁は第3次中東戦争以前の境界線から大きく東方にはみ出た

もので，その全長は 450 km にも及ぶ．イスラエルの支配地域拡大と入植地の
固定化をめざすものと批判されている．国際司法裁判所も，壁の建設は国際法
に反するとし，その撤去と住民への損害賠償をイスラエル政府に求める勧告的
意見を出した（04 年 7 月）が，壁の建設は現在も続けられている．

　2004 年にアラファトが死去し，アッバスが後任の自治政府議長に就任した．
イスラエルや欧米はこれを歓迎し，第 2 次インティファーダ以来途絶えていた
イスラエル・パレスチナの首脳会談が 4 年半ぶりに実現（05 年 2 月），シャロン
とアッバスは暴力の停止と停戦を宣言した．シャロンは 05 年 9 月，ガザ地区
からの撤退を実現させた．ガザの放棄と引き替えにヨルダン川西岸の入植地は
死守する戦術だったが，新党カディマを立ち上げた直後，シャロンは病に倒れ
る．

●パレスチナの分裂：ファタハとハマスの対立

　一方，06 年 1 月のパレスチナ自治評議会選挙でハマスが過半数を制し，ハニ
ヤが首相に就任し，ハマスの単独政権が発足（3 月），穏健なアッバスとの対立
が表面化する．パレスチナ運動の担い手が，中東和平を通してパレスチナ国家
を樹立しイスラエルとの二国家共存を進めるファタハから，武力でイスラエル
を打倒しパレスチナにイスラム国家を樹立する一国家構想を推進するイスラム
原理主義組織ハマスへとシフトし始めたのだ．

　イスラエルの生存権を認めないハマスの強硬路線を変化させるべく，アッバ
スは住民投票の実施を決意し，ハマスも折れて一旦政策合意が成立しかけたが，
これを不満とするハマス内部の過激派がイスラエル兵士を誘拐した．イスラエ
ルが人質奪還のためにガザに軍隊を進めると，レバノンに拠点を置くイランに
近い過激派ヒズボラ[7]もイスラエル兵士を誘拐したため，イスラエル軍はレバノ
ンに侵攻する．その後，イスラエル軍が占領地から撤退し（10 月），07 年 3 月に
はハマスとファタハの連立政権が生まれるが，6 月にハマスがガザを武力制圧
すると，アッバス議長（ファタハ）はハニヤを解任，以後，自治政府は西岸とガ
ザで分裂状態に陥った．07 年 11 月，ブッシュ政権はアナポリスで中東和平国
際会議を開催，イスラエルとパレスチナの間で和平条約締結のための交渉を開
始することで合意が成立するが，ガザを支配するハマスがエルサレムに向けて
ロケット弾攻撃を実施，イスラエルが報復として 08 年年末にガザへの大規模
攻撃に出たため，交渉は中断した．

表6-1 パレスチナ問題年表

1897年	第1回世界シオニスト会議：パレスチナにユダヤ人国家建設の決議
1915年	フセイン・マクマホン往復書簡
1916年	サイクス・ピコ秘密協定
1917年	バルフォア宣言
1933年	ドイツにナチス政権誕生．パレスチナへのユダヤ人移民急増
1947年	国連総会，パレスチナ分割案を決議
1948年	イスラエル建国宣言．第1次中東戦争，パレスチナ難民発生
1956年	第2次中東戦争
1964年	パレスチナ解放機構（PLO）創設
1967年	第3次中東戦争．東エルサレムを含むヨルダン川西岸地区・ガザ地区・ゴラン高原をイスラエル占領．安保理決議242号採択
1969年	アラファト，PLO議長に就任
1970年	ヨルダン内戦．PLO，本拠をレバノンに移転
1973年	第4次中東戦争，石油戦略発動．安保理決議338採択
1975年	レバノン内戦
1978年	キャンプデービッド合意成立．アラブ諸国，対エジプト断交
1979年	エジプト・イスラエル単独平和条約締結
1980年	エジプト・イスラエル国交樹立
1982年	シナイ半島エジプトに返還．レバノン戦争．PLOレバノンから撤退
1987年	ヨルダン川西岸・ガザ地区で第1次インティファーダ開始
1988年	アラファト，イスラエルの生存権承認と安保理決議242，338受諾表明
1991年	中東和平会議マドリードで開催
1993年	イスラエルとPLOがパレスチナ暫定自治協定（オスロ合意）調印
1995年	パレスチナ自治拡大協定（オスロ合意II）調印．ラビン首相暗殺
1996年	パレスチナ評議会選挙，アラファトが自治政府議長に就任
1999年	PLO独立宣言延期決定．オスロ合意による暫定自治期限切れ
2000年	シャロンリクード党首イスラム教聖地に入り第2次インティファーダ
2002年	イスラエル軍がパレスチナ自治区に侵入，議長府を武力包囲
2003年	米政府，中東和平の「ロードマップ」を提示
2004年	アラファト自治政府議長死去
2005年	アッバスが自治政府議長に就任（1月）．イスラエル・自治政府が停戦宣言（2月）．イスラエルがガザから完全撤退（9月）
2006年	パレスチナ自治評議会選挙でハマス勝利（1月）．自治政府ハマス単独政権発足（3月）．イスラエル軍，ガザ（6月）・レバノン（7月）に侵攻
2007年	自治政府，ファタハとハマスの連立政権発足（3月）．ハマスがガザを武力制圧し自治政府分裂（6月）．アナポリス中東和平会議，イスラエル・パレスチナの和平交渉開始で合意（11月）
2008年	イスラエル軍，ガザ大規模空爆．和平交渉中断（12月）
2009年	イスラエル軍ガザ侵攻（1月）．ネタニヤフ政権発足（3月）．オバマ大統領，カイロで二国家共存支持（6月）
2010年	イスラエルとパレスチナの和平交渉再開（9月）．和平交渉中断（12月）
2011年	パレスチナ国連加盟申請（9月）．パレスチナがユネスコに加盟（10月）
2012年	イスラエル軍，ガザ大規模空爆（11月）．パレスチナをオブザーバー国家に格上げする国連総会決議採択（11月）
2013年	中東和平交渉再開（7月）
2014年	ファタハとハマスが暫定統一政府樹立で合意（4月）．和平交渉が頓挫（4月），イスラエル人少年の誘拐殺害事件（6月）．イスラエルとハマスが戦闘（7〜8月）．パレスチナICC設立条約に署名（12月，15年4月正式加盟）

●パレスチナの国連加盟申請

　ブッシュ・ジュニア政権を引き継いだオバマ大統領は「2国家の共存支持」をカイロで表明し（09年6月），交渉の再開を呼びかけ，1年9か月ぶりにイスラエル（ネタニヤフ首相）とパレスチナ自治政府（アッバス自治政府議長）の直接交渉が開始された（10年9月）．しかし占領地での入植活動を凍結しないイスラエルにパレスチナ側が反発し，同月下旬，話し合いは忽ち中断に陥った．入植活動の完全停止と第3次中東戦争直前の停戦ラインで囲まれた地域（ガザ地区，ヨルダン川西岸地区，東エルサレム全域）を基礎とした国境線の承認という自治政府の要求に応じない右派主導のネタニヤフ政権相手では和平実現は不可能と判断したアッバスは11年9月，国際社会の関心を集めイスラエルによる占領政策の不当性を訴える目的でパレスチナ自治政府の国連加盟を申請する（国連総会は1974年にPLOにオブザーバーの地位を与え，98年にはパレスチナに一般討論への参加や反論権を認めている）．

　しかし，アメリカなどの反対で安保理協議が進まないことから，自治政府は翌12年11月，オブザーバーから事実上の独立国家と見なされるオブザーバー国家への地位格上げを求める決議案を提出し，国連総会で採択された．また14年12月には，イスラエルの戦争犯罪を訴追する目的で国際刑事裁判所（ICC）設立条約に署名し，ICC加盟を果たした．こうした自治政府の国家化の動きにイスラエルは強く反発し，対抗措置として入植活動を加速させた．またエルサレム，テルアビブへのハマスのロケット弾攻撃への報復としてガザへの大規模空爆を実施した（12年11月）．14年7月にはイスラエル軍がガザに地上侵攻，それ以後もハマスのロケット弾攻撃にイスラエルが空爆で報復する（18年7・11月，19年5月）など断続的に戦闘が続いている．一方自治政府内部の分裂は，一時統一政府の設置でファタハとハマスが合意した（14年4月）が，対イスラエル政策に関する両者の隔たりは大きく再び対立，現在も不安定な状況が続いている．

3　パレスチナ和平を阻む諸問題

●エルサレム帰属問題

　パレスチナ国家の樹立と中東和平の実現には，多くの難問が立ちはだかっている．交渉の進展を難しくしている主要な案件には，(1)聖地エルサレムの帰属(2)ユダヤ人入植地の扱い（分離壁を含む）(3)パレスチナ難民の帰還・補償，それ

図6-3　エルサレム旧市街

(出所)　横山勇人『パレスチナ紛争史』(集英社, 2004年) 103頁を基に
作成.

にイスラエルの安全保障確保や水資源の配分問題等がある. また当事者双方の
内部事情や仲介役を努めるべきアメリカのスタンス等も影響している.

　まずエルサレム問題だが, エルサレムは約1km四方の壁に囲まれた旧市街,
旧市街を含む東エルサレム, 新市街と呼ばれる西エルサレムからなり, 旧市街
を除く東エルサレムにはパレスチナ人が多く住み, 西エルサレムの住民は大部
分がユダヤ人と, ある程度住み分けができている. しかし東エルサレムでは,
イスラエル政府によるユダヤ人入植地の建設が進められている. パレスチナ国
家の首都に想定されている旧市街には, ユダヤ教 (古代ユダヤ神殿の城壁跡でユダ
ヤ教第一の聖地「嘆きの壁」), キリスト教 (キリストが磔にされたゴルゴダの丘に立つと
される聖墳墓教会), イスラム教 (イスラム教第三の聖地「岩のドーム」. 預言者ムハンマ
ドが神に導かれて天に昇ったとされる場所) それぞれの聖地が含まれている. 1947年
の国連パレスチナ分割決議では, エルサレムはいずれの領地にも属さず, 国際
管理下に置かれる予定であった. しかし第1次中東の結果, 休戦協定 (49年3
月) でエルサレムは東西に分割され, 西エルサレムはイスラエル, 城壁で囲ま
れた旧市街を含む東エルサレムとヨルダン川西岸がヨルダンの配下に入った.
第3次中東戦争 (67年) ではこれら地域もイスラエルが占領することになった.
アラブ側は占領地からの撤退を規定した安保理決議242号を根拠に東エルサレ
ムの返還を主張. アラファトも長年, エルサレム主とするパレスチナ国家の樹
立を公約してきた.

　だがイスラエルは東西併合を果たしたエルサレムを自らの恒久首都と宣言（80年）し，その不分割性をアピールする．また大エルサレム構想を掲げて，旧市街の周辺にユダヤ人入植地を建設し，エルサレム市への併合を行っている．エルサレムにおけるユダヤ人支配を強めようとするイスラエル政府は，東エルサレムのハルホマに大規模な入植地の建設を決定（97年2月），国際的な非難にも拘らず建設を強行した．現在，イスラム教聖地の管理はイスラム教徒が行っており，イスラエル側にはこれを制限主権に高めることで妥協を図る考えもあるが，アラブ側はこれに応じておらず，一方，国連分割決議のようなエルサレムの国際管理案にはイスラエルが強く抵抗している．

●パレスチナ国家の領域画定と入植地・難民問題

　ヨルダン川西岸におけるイスラエルとパレスチナ国家の境界線画定問題もある．ヨルダン川西岸の面積は5655 km^2，ガザ地区の15倍イスラエル領の1/4を占める．クリントン大統領が仲介した2000年の交渉では，イスラエルはヨルダン川西岸の90%をパレスチナ側に委譲する提案を行い，それまでの88%から譲歩したといわれている．しかし個別具体的な線引は西岸だけで120箇所以上もあり，ユダヤ人入植地の整理統合も厄介な問題だ．

　イスラエルは第3次中東戦争以降，占領地での入植地建設を続けている．現在，占領地には約200の入植地が存在し，その人口は約50万人，イスラエル総人口（約790万人）の6%程度を占める．冷戦が終焉する90年前後にソ連からのユダヤ人移民が増加したことに加え，右派のリクード政権がヨルダン川西岸をイスラエル領とみなす大イスラエル主義を採り入植地を大幅に拡大させ，ネタニヤフ政権も入植地を増やし続けた[8]．一般に占領地への入植は国際法上違法行為とみなされるが，イスラエルが敢えて入植地を拡大し続けてきたのは，安全保障上の必要に加え，それを領土交渉での取引材料にする狙いがあるからだ．ユダヤ人入植者は他所への移住を厭い，またイスラエル軍の保護を受けられなくなることを恐れ和平の進展に強く反対している．仮にパレスチナ国家が樹立されても，各地に散在する入植地が撤去されなければ国家の体を成さなくなる[9]．そのうえ，イスラエル政府はテロ対策を名目に，入植地の周囲に長大な分離壁を築いている．壁の存在は事実上のパレスチナ分断策に他ならない．

　パレスチナ難民は現在，国連パレスチナ難民救済事業機関（UNRWA）に登録されている1948年発生の難民だけでも400万人程が存在し，さらに第3次中

東戦争で生じた難民が 80 万人程度おり，彼らの多くは周辺諸国のキャンプ等で暮らしている．国連は UNRWA を設立して救援活動を実施してきたが，パレスチナ国家が出来れば大量の難民がイスラエルに帰還することになる．しかし，イスラエルは難民の帰還やその権利を認めることに消極的で（パレスチナ国家の領域となるガザ，ヨルダン川西岸への帰還には応じる可能性がある），彼らへの補償問題も未解決のままである．

●パレスチナの分裂・イスラエルの強硬姿勢・アメリカのイニシアティブ

　パレスチナ和平実現を阻むいま一つの問題は，イスラエルが強硬姿勢をとり続けていることにある．イスラエルはエジプトとの単独和平以後，アラブに対して戦略的優位を占めるようになったが，イラクのフセイン政権崩壊でその優勢はさらに高まった．入植地や分離壁の建設，報復攻撃の実施，レバノンへの侵攻等はこうした優位性から生まれた行動であり，自治政府やアラブ諸国との融和を妨げている．他方，パレスチナ側ではアラファトの指導力が低下し，彼の死後は強力な指導者が不在で，その隙を突くようにハマスのような過激派が台頭した（アルアクサ・インティファーダ以後の自爆テロはハマスが主導）．ハマスは単なる過激武装集団ではなく，パレスチナ住民の福利や生活支援等にも積極的に取り組み，根強い支持を得ている．

　イスラエルの戦略的優位やパレスチナの内部分裂に加え，中東和平に取り組むアメリカの姿勢にも問題がある．アラファトがエルサレムの主権の扱いで譲歩せず，結果的に仲介努力は失敗したが，第2期クリントン政権はパレスチナ和平の実現には熱心だった．これに対しブッシュ政権は終始親イスラエルの立場を堅持した．ブッシュ陣営を支援する福音派等キリスト教右派がイスラエル支持であること（イスラエルのパレスチナ支配で“キリスト再生”が実現すると信じている），ネオコンにイスラエルの影響力拡大路線を支持する者が多いこと，さらにパパ・ブッシュが湾岸戦争後，和平促進（マドリード和平会議）のためイスラエルに圧力をかけたためにユダヤ票を失い，大統領選挙敗北の一因となったことをブッシュ・ジュニア大統領が教訓としたこと等が影響している．

　次のオバマ大統領は，イスラエルの入植地建設を正当性がないと批判し，一方でアメリカの公民権運動の歴史を引いてパレスチナ側の暴力行為の放棄も求めた（09年6月のカイロ演説）．そして直接交渉再開を実現（10年9月），オバマ大統領は1年以内の和平合意実現を公約したが，交渉は忽ち中断に追い込まれた．

2011 年 5 月，オバマ大統領は第 3 次中東戦争以前の境界線を基本にパレスチナ国家は独立すべきとの見解を初めて公式に示したが，イスラエルが強く反発，その直後の首脳会談でバラク首相はオバマ大統領に対し，67 年境界線での国境画定案を拒否したほか，ハマスの参加する政権との交渉やパレスチナ難民の受け入れも拒絶した．一方，オバマ大統領は和平交渉を経ない国連加盟は混乱を招くとパレスチナの国連加盟申請に反対する意向を示した．オバマ大統領はブッシュ前政権の露骨なイスラエル寄り姿勢を修正したが，自身の大統領再選を意識して次第にイスラエルへの圧力を控えるようになった．2 期目にはシリア内戦やイスラム国問題に追われ，パレスチナ和平については当事者双方に自制と交渉の促進を促すだけで，13 年 7 月に再開された和平交渉も 14 年 4 月に頓挫し，具体的な成果を上げることは出来なかった．

　続くトランプ大統領は 17 年 12 月，エルサレムをイスラエルの首都と認め，18 年 5 月にはテルアビブの米大使館をエルサレムに移転させ，またパレスチナへの支援を全廃した．20 年 1 月には新たな中東和平提案を発表したが，パレスチナに対しエルサレム東部周辺の一部（分離壁の外側）を含む独立国家の建設を認める一方，ハマスなどによるテロ活動の停止やエルサレムをイスラエルの首都と認めることを要求，またヨルダン川西岸（ユダヤ人入植地）に対するイスラエルの主権を容認するもので，2 国家共存を目指すとしながらも実態はキリスト教福音派やユダヤ票など大統領選挙を強く意識した露骨なイスラエル寄りの内容で，パレスチナ側は強く反発し受け入れを峻拒した．

4　中東の民衆革命

●アラブの春

　2010 年 12 月，チュニジアで警察による暴力を受けた青果行商の青年が抗議の焼身自殺をした．これを機に民衆の大規模な反政府デモが発生し，インターネットを介した呼びかけで動きが全土に拡大，翌年 1 月にはベンアリ大統領がサウジアラビアに亡命し 23 年間続いた独裁政権が倒れた（ジャスミン革命）．このチュニジア政変を皮切りに，北アフリカ〜中東各国で民主化を求めるデモや騒乱が相次いだ．エジプトでは 100 万人規模の民衆の抗議運動で，約 30 年続いたムバラク政権が崩壊した（11 年 2 月）．全権を掌握した軍事最高評議会の下で実施された議会選挙ではイスラム政党が圧勝し，ムスリム同胞団が擁立した

ムルシが大統領に当選し，初の文民政権が誕生した（12年6月）．

ムスリム同胞団は，エジプトがイギリスの植民地下にあった1928年に，独立とイスラム文化の復興を目指してハサン・アル・バンナーによって結成された．政治活動から教育，医療，社会福祉と幅広い社会活動を行い，貧困層や中間層から支持を集めたが，ナセル大統領の暗殺を計画したことから弾圧を受け，以後，2011年の革命までその政治活動は非合法化されてきた．それでも2005年の選挙で，同胞団系の政治家が無所属で立候補し，議会の20％をイスラム系議員で占めるまでの勢力に発展していた．

エジプトの隣国リビアでもカダフィ大佐の退陣を求めて民衆のデモが発生（11年2月），政府が武力で弾圧したため，カダフィ独裁政権に反対する東部の部族が武装蜂起し内戦状態になった．カダフィは69年にクーデターで王制を打倒し集権的なジャマヒリヤ体制を創設，石油利権の分配と分割統治で各部族を巧みにコントロールするとともに，活発な国際テロ活動を続けてきた．そのため国際社会から孤立し，経済制裁に苦しむようになった．そこで03年にはパンナム機爆破事件（88年）の責任を認めて補償を開始するとともに，大量破壊兵器の開発計画を放棄し，欧米諸国との関係正常化に動いた．しかし，核へのアクセスを断念したカダフィ政権はもはや欧米の脅威ではなかった．11年3月，反体制派勢力はベンガジに暫定国民評議会を設立，カダフィ政権の残虐行為から一般市民を保護するという名目で，NATOを主体とする多国籍軍が国連安保理決議を得て軍事介入（空爆）し反体制派を支援した．激しい戦闘を経てカダフィ大佐は殺害され，暫定国民評議会は全土の開放を宣言し，暫定政府を樹立した（11月）．

民主化を求めるアラブ民衆のデモや抗議運動は，イエメンやバーレーンなどにも飛び火した．アラブの最貧国イエメンは部族の慣習が残り中央政府の統治力は弱く，1970年代から続く南北抗争で疲弊状態にあった．さらに09年に発足した「アラビア半島アルカイダ」が南部を支配し，国家の脆弱化が一層進んだ．そうしたなかで持ち上がった反政府運動の高まりで30年以上政権の座にあったサレハ大統領が退陣し，ハディ副大統領が選挙で暫定大統領に就任した（11年2月）．

　　11年1月　チュニジア　ベンアリ政権（23年間）崩壊
　　11年2月　エジプト　　ムバラク政権（30年間）崩壊

11 年 10 月　リビア　　カダフィ政権（42 年間）崩壊
11 年 11 月　イエメン　サレハ政権（21 年間）崩壊

●遠い民主化への途：アラブの冬へ

　アラブの春で，革命の原動力となったのは若い世代である．この地域では，人口の 2/3 が 30 歳未満で占められる．しかし，若年層の就労機会は限られ失業率も高い．アラブ世界の若年層（15〜24 歳）の平均失業率は 23％で世界の平均を 10 ポイントも上回っている．これに物価の高騰や長期独裁政権下（チュニジアのベンアリ政権は 23 年，ムバラクは 29 年，カダフィは 41 年，アサドは親子で 40 年間君臨）での汚職や腐敗への反発が重なり，国民の政治参加と政治的自由を認めない強権体制への若者の怒りが爆発したのだ．反政府運動に参加した民衆はインターネットやツイッター，フェイスブック等 SNS や衛星放送等で連帯と情報共有を図った．そのため，かつてないスピードで国境を越えて民主化運動が連鎖拡大することになった．もっとも，権威主義体制を破壊させたものの，各国とも各勢力の権力闘争が激化したり，権力の空白を突いて地下に潜っていた過激派勢力が公然と活動を行い，また国際テロ組織が入り込み拠点化を進めるなどの動きが強まり安定した新政権の樹立や民主制への円滑な移行には成功していない．逆に革命前よりも政治の混迷と社会不安が強まり，各国で内戦が相次ぎ勃発するなど中東地域は極めて不安定な状況が続いている．

〈チュニジア〉

　チュニジアでは，民衆のデモによって 23 年続いたベンアリ大統領の独裁政権が打倒され，2011 年 11 月には穏健派イスラム政党ナハダを第 1 党とする暫定連立政権が発足した．14 年 1 月に制憲議会が民主的な新憲法案を承認，10 月の人民議会選挙で世俗派政党ニダチュニスが第 1 党となり，12 月の大統領選挙でニダチュニス党首のカイドセブシが当選，15 年 2 月に挙国一致の連立政権が正式に発足した．民主的手続きを経た新政権の誕生で「アラブの春の優等生」や「中東民主化のモデル」とも称されたが，その直後，イスラム国に連なる過激派組織アンサール・シャリアが首都チュニスの博物館を襲撃，日本人 3 人を含む外国人観光客ら 23 人が殺害されるテロ事件が発生し（15 年 3 月），政情の不安定さが表面化した．チュニジアからは，3 千人以上がイスラム国の戦闘員に参加した．カイドセブシ大統領の死去を受け，19 年の大統領選挙でカイス・サイードが大統領に就任した．

〈エジプト〉

エジプトでは，ムルシ大統領が大統領権限の強化とイスラム教の価値観を反映させた新憲法を制定した（12年6月）．だが治安は回復せず観光業が打撃を被り，またムスリム同胞団が実権を握ることを危惧した湾岸諸国やアメリカが援助の削減・停止に出たため，経済は悪化し失業率が以前よりも高まった．そうしたなか，「イスラム的価値観に従った社会改革」を掲げるムスリム同胞団に対し政教分離を求める世俗派が反発，各地で大規模なデモを組織したが，これに乗じて軍がクーデターを起こしムルシ大統領を逮捕，解任し，同時にムスリム同胞団の幹部多数も逮捕，拘束された．軍は憲法裁判所長官のマンスールを暫定大統領に任命，マンスール暫定政権の下で新憲法制定と大統領選挙を実施し，14年5月にシシ元国防相兼軍総司令官が新大統領に選出された．シシ政権はコプト教（キリスト教の一派）の教会が標的となった連続テロを機に非常事態を宣言（17年4月）し，イスラム過激派や反政府運動を弾圧している．エジプトの場合，革命の成功は軍部が事実上のクーデターを起こしムバラクを見放したことが影響していた．たとえムバラクという独裁者個人を倒しても，その背後に控える軍部の圧倒的な政治力と利権構造が温存されたままであれば改革派の力は減殺され，真の民主化実現は困難である．

〈リビア〉

カダフィ独裁政権に反対する部族が武装蜂起し，NATOを主体とする多国籍軍が軍事介入した．2011年10月カダフィ大佐が殺害されると，部族間の争いから各地で武力衝突が多発した．その後，国民評議会を経て12年8月に全体国民会議（旧議会）が発足，憲法制定と正式政府の発足を目指したが，9月にはカダフィ政権崩壊後に勢力を拡大させたイスラム過激派組織がリビアのアメリカ領事館を襲撃し，大使が死亡するなど混乱が拡大した．

2014年6月，新憲法が出来ないまま新議会の選挙が行われたが，選挙で選ばれた世俗派中心の新議会（国民議会）と，その議会への権限移譲を拒否するイスラム勢力が対立．世俗派政府・新議会は首都トリポリの支配権を喪失し，東部の港湾都市トブルクに退去，一方首都を掌握したイスラム勢力は独自の政府・議会を設立（暫定政府），二つの政府・議会が互いに正当性を争う異常事態となり，それぞれを支持する勢力が国の東西に拠点を置いて武力衝突を繰り返す内戦状態に陥っている．この混乱に乗じて，イスラム国が北部のシルトや東部のダルナ周辺を拠点に勢力の拡大を図っている．

〈イエメン〉

　反政府デモが活発化し，2012年2月北イエメン時代から33年間統治したサレハ大統領が退陣し，元軍人のハディ副大統領が大統領に就任．だが14年には北部を拠点とするシーア派武装勢力フーシが台頭（イランが支援），一時ハディとフーシは内閣刷新で合意するが，15年1月新憲法草案を巡り対立．フーシは大統領府を制圧し，ハディは辞任を表明．翌月首都サヌアを制圧したフーシは政権掌握を宣言しサレハ前大統領と連携するが，南部アデンに逃れたハディは辞意を撤回，国連やアラブ諸国に軍事介入を要請した．

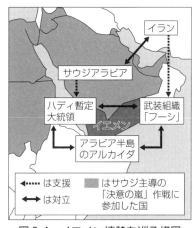

図6-4　イエメン情勢を巡る構図
（出所）『日本経済新聞』2015年4月23日等を基に作成．

　これを受け15年3月サウジアラビア等湾岸10か国（スンニ派）はイランの影響力拡大を阻止するためフーシへの空爆を敢行．サウジアラビアはスンニ派を代表する中東の大国で，シーア派のイランとは敵対関係にあり，16年1月に国交を断絶．17年6月にもサウジアラビアを含むアラブ5か国親イランのカタールと断交している．サウジアラビアなどペルシャ湾岸諸国はスンニ派の君主制国家だが，スンニ派支配に不満を抱くシーア派住民を国内に抱えている．スンニ派（国民の65%）とシーア派（同35%）が混在するイエメンでシーア派フーシによる国家転覆を許せば，自国の体制が揺らぐとの危機感も加わって軍事行動に踏みきったといわれる．サウジアラビア主導の連合軍がハディ大統領派を，イランがフーシをそれぞれ支援し，サウジとイランの代理戦争の様相が強まり，既に1万人以上が死亡している．18年12月には部分停戦が実現したが，権力の空白に乗じてイエメン南部を拠点とするアルカイダ系国際テロ組織アラビア半島のアルカイダ（AQAP）やイスラム国の分派がテロ活動を活発化させており，内戦の長期化と混乱の拡大が懸念される．

　チュニジアやエジプトとは異なり，イエメンやバーレーン，シリアの内戦にはスンニ派とシーア派の宗派対立が絡んでいる．バーレーンでは，国民の7割を占めるシーア派が3割のスンニ派が主導する政府によって支配される構図が

続いてきた.「アラブの春」は，富の分配の不公平感や就職差別等長年のスンニ派に対するシーア派国民の不満に火を付け，2011年2月には王制打倒と40年におよぶハリーファ首相の退陣，民主化を求める民衆運動が激化した．しかし，スンニ派のハリーファ王家はイランによる政権転覆の陰謀を口実に民主化運動を弾圧，またサウジアラビア等スンニ派諸国の支援取り付けに成功し，サウジアラビアやアラブ首長国連邦などから送り込まれた軍隊や警察部隊によって反政府運動は鎮圧された．国境を超えた宗派対立が絡むため，外部勢力の介入によって民衆による政権交代が実現しなかったのだ．その顕著な例が，シリアである．

●絡む宗派対立と錯綜する大国の思惑：シリア内戦

　フランスの委任統治から独立（1946年）したシリアはバース党が政権を樹立し（63年），ソ連との関係を強めていった．その後，70年の無血クーデターでハフェズ・アサド国防相が首相となり，翌年大統領に就任，アラブ民族主義を掲げるバース党の一党独裁体制を敷いた．2000年にハフェズが死去し，次男バシャール・アサドがその後継となった．冷戦時代，シリアはソ連と同盟関係にあり，冷戦後もロシアのプーチン政権はアサド政権を支援している．シリアではスンニ派が多数（国民の8割）を占めるが，政治の実権はアサド大統領が属すシーア派の一派アラウイ派（1割強）が握っており，少数派が多数派を支配する構図になっている．さらにキリスト教徒（1割）や少数派のクルド系，アルメニア系等民族・宗教が複雑に入り組むモザイク国家だ．

　このシリアでも，民主化を求める反政府デモが起こった（11年3月～）．アサド政権は貧困対策や新憲法の制定（12年2月），人民議会選挙の実施（5月）等改革に取り組む姿勢を見せて事態の沈静化を図ろうとした．しかしデモは収まらず，アサド政権は治安部隊だけでなく軍隊も動員し，反体制派の弾圧を強めていった．そのため国内外の反体制派は統一組織シリア国民評議会を設立し（11年10月），民衆革命による国民主権の国家作りを目指した．だが，路線対立など各派の足並みが揃わないため，反体制各派は傘下に軍事組織「自由シリア軍」を擁するシリア国民連合を新たに結成した（12年11月）．シリア国民連合は湾岸協力会議や欧米諸国から承認され，自由シリア軍は政府軍との間で戦闘を重ねたが，司令部が乱立して統制が失われたことや，和平協議の進め方等を巡る反体制派内部の不協和のために存在感が失われ，代わってイスラム過激派が

戦闘の指揮を執る状況となった．

　一方，国連ではシリア政府の暴力停止を求める安保理決議案がアサド政権を支持するロシアと中国の拒否権行使で二度も否決され，欧米諸国や日本はそれぞれ独自に資産凍結や取引禁止等の対シリア経済制裁を実施している．12年4月には，アナン前国連事務総長が仲介する停戦案をアサド政権が受け容れ，国連が監視団を送ったが，民衆や反体制派に対する政権側の攻撃は止まず，監視団は活動停止に追い込まれた．

　エジプトやチュニジアでは，民衆による抗議デモの開始から独裁政権が崩壊するまで僅か1か月だったが，シリアではアサド政権が倒れず内戦が長期化したのは，軍部が現政権を支持しているからだ．エジプトやチュニジアでは軍部が政権を見限った．しかるにシリアの場合は，政権側が抵抗運動を徹底的に弾圧しても，軍は依然としてアサド政権側についている．またシリアの内戦は，独裁政権対民衆という対立の構図に加えて，国境を越えたイスラムの宗派対立が絡んでいることも事態を複雑化させている．シリアはレバノンを拠点とするシーア派武装組織ヒズボラの支援国であり，シーア派の大国イランの友好国でもある．そのため内戦がシーア派（アサド政権）とスンニ派（民衆）の抗争となるや，周辺諸国が介入し，スンニ派の大国サウジアラビア対シーア派の大国イランの代理戦争の様相を帯びるようになった．ヒズボラが参戦し，イランも革命防衛隊を送り込むなどアサド政権を支援すると，対抗してサウジアラビアをはじめアラブ首長国連邦やカタール等の湾岸諸国（スンニ派）が反体制派への武器や資金援助に踏み切った．

　アサド政権が倒れ民主政権が誕生することは国際社会の歓迎するところに思えるが，中露両国は一貫してアサド政権を支持している[10]．シリアの崩壊でクルド族が勢力を伸ばすことをトルコは警戒しており，イスラエルも，シリアの混乱でイスラム過激派勢力が台頭するよりは現状の維持を望んでいる．欧米諸国もリビアのケースとは異なり，武力行使に踏み切ろうとせず反体制派への支援に慎重だ．それは，アサド政権崩壊による中東情勢の不安定化を懸念するからだ．親子で40年以上も続くアサド家の支配を倒せば，求心力を無くしたこの国は分裂し混乱状態に陥ることは明らかだ．産油量が小さくエネルギー利権の魅力に乏しいことも，欧米が介入を躊躇する一因である．しかもアメリカでは，イラク戦争以後，中東への介入に世論が消極的だ．アサド政権の化学兵器使用が明らかになった際（13年8月），かねて軍事制裁を示唆しながら土壇場でオバ

マ大統領が軍事力の行使を見合わせたことで，アメリカの指導力は大きく揺らいだ．逆にロシアの提案を踏まえシリアが化学兵器禁止機関（OPCW）の査察を受けて化学兵器を破棄したことで，ロシアの存在感は高まり，アサド政権に正当性を与えることにもなってしまった．

　さらに内戦を複雑化させたのが，シリア征服戦線（旧ヌスラ戦線．アルカイダの一派）やイスラム国といったイスラム過激派（スンニ派）の参戦だ．シリア征服戦線やイスラム国はアサド政権と戦う一方で，当初は連携していた自由シリア軍など同じスンニ派の反体制派とも戦いを交えるようになり，シリアではアサド政府軍 VS 自由シリア軍等の反体制派 VS イスラム国等のイスラム過激派勢力の三つ巴の戦闘が繰り返され，さらにアルカイダに近いシリア征服戦線とイスラム国の主導権争いが起きるなどイスラム過激派内部の対立も生まれた[11]．欧米や湾岸諸国は，イスラム過激派の手に武器や資金がわたるのを恐れてスンニ派反政府勢力への支援を減少させたが，それによってアサド政権が力を盛り返す結果となってしまった．内戦が続く中，2014 年 6 月の大統領選挙では，人民虐殺の非難を国際社会から浴びながらも，アサド大統領が再選を果たした．

　中東のイスラム諸国がシリアを舞台に激しい宗派対立を続けるなか，14 年 9 月から始まったアメリカやサウジアラビアなど有志連合の介入は空爆や特殊部隊の投入など限定的なものに留まっている．そうしたなか 15 年 9 月にはロシアがイスラム国攻撃を名目に空爆を開始（実際には反体制派を攻撃しているとアメリカがロシアを非難）し，アサド政権を支援するロシアと，同政権打倒を目指す欧米の対立も深まった．このロシアの介入が転機となり，以後アサド政権は優位な戦いを進め，16 年 12 月にはシリア政府軍がアレッポを拠点とする反体制派を制圧，また有志連合などの攻撃でイスラム国も勢力を後退させ，18 年に入るとアサド政権側の優位はさらに強まり，4 月には反体制派の拠点東グータ地区を制圧，7 月にはシリア南部の反対派拠点のほぼすべてを制圧した．12 月には米軍が全面撤退を表明（翌 19 年 2 月小規模駐留に方針を変更）し，孤立する反体制派は北西部イドリブ県に追い詰められた．一方，シリア北東部を実効支配するクルド人武装勢力人民防衛隊（YPG）はイスラム国掃討作戦でアメリカの支援を受けたことから勢力を拡大させ，これを嫌うトルコは 19 年 10 月シリア北部への越境軍事作戦を開始した．また中東への関与を縮小したいトランプ政権がシリア北部からの米軍撤退を表明したため，YPG はそれまで対立していたアサド政権に支援を求めるなどアサド支配強化の下で新たな動きも出ている．

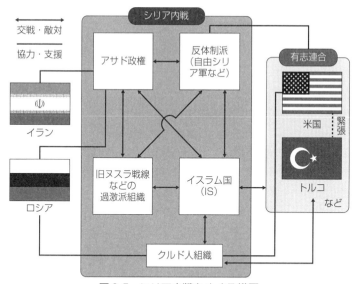

図 6-5　シリア内戦をめぐる構図
（出所）　成美堂出版編集部『これだけ覚える時事用語 21 年版』（成美堂出版，2019 年）33 頁.

　内戦は既に 9 年目を迎え，人口 2200 万人のこの国から戦火を逃れた 500 万人以上の人々が難民として周辺諸国やヨーロッパに押し寄せ，660 万人が国内避難民となった．12 年から国連が進める和平協議は進展がなく，アサド政権を支えるイラン，ロシアと反体制派を支援するトルコの 3 か国が独自の和平協議を進めているが，和平実現は不透明である．

5　イランの核開発問題

●強まる核開発疑惑

　湾岸地域の安定を左右する問題として，イランの核開発疑惑やイラクの復興，イスラム国の台頭，さらにサウジアラビア等王制諸国の民主化要求等が挙げられる．まずイランだが，1979 年のイスラム革命後，米大使館人質事件を機にイランはアメリカと断交，8 年に及ぶイランイラク戦争で国民は耐乏生活を強いられた．89 年にホメイニが死去し，ハメネイが最高指導者に就任，穏健派のラフサンジャニ大統領（89〜97 年）は国家の立て直しに取り組む一方，対米関係の

改善を模索する．続く改革派のハタミ大統領（97~05年）は「文明間の対話」を掲げ，言論の自由や欧米との和解路線を志向したが，保守派の抵抗で国内改革は挫折，原油価格下落で経済成長も達成出来ず民心は離反，保守強硬派が力を得る契機となる．

　そうした折り，イランの核開発疑惑が表面化した．2002年8月，イランの反体制派組織がイランの重水製造施設建設（アラク）やウラン濃縮計画（ナタンツ）の存在を公表したのだ．03年6月にはナタンツで濃縮ウランが検出された．04年11月，イラン政府は英仏独との合意でウラン濃縮活動を停止し，12月には抜き打ち査察を認める国際原子力機関（IAEA）の追加議定書に署名した．しかし任期満了でハタミ師が大統領職を退いた後，05年6月の大統領選挙では「革命理念に帰れ」と訴えた保守強硬派のアフマディネジャドが穏健派のラフサンジャニ師を破り大統領に当選．革命防衛隊と結びつく形で力を伸ばしたアフマディネジャドは核開発に向けた動きを加速化させ，06年2月にはウラン濃縮活動を再開させ，4月には低濃縮ウランの製造成功を発表した（濃度3.5%）．

　安保常任理事国（P5）とドイツは，濃縮活動を停止すれば軽水炉の提供や航空機部品の売却，WTO加盟支援等の便宜を与える包括的見返り案（6か国案）を提示したが，イランが応じないため，安保理はイランへの核・ミサイル開発関連物資・技術禁輸の制裁決議を採択した（06年12月）．以後，安保理は延べ4回にわたり経済制裁を発動したが，平和利用を主張するイランは開発を止めず，さらに濃縮施設を拡大し，核燃料の国産化にも成功している．その間，保守派のアフマディネジャド大統領が改革派のムサビ元首相らを退けて再選された（09年6月）．

　イランはあくまで平和利用が目的と主張するが，石油資源の豊富なこの国が原子炉保有を急ぐのは不自然であり，核兵器の保有をめざしていたと思われる．ではその理由は何か．イランとイラクは，古くから覇を競い合う関係にある．フセイン政権が崩壊し，イラクに代わり湾岸・中東世界の覇権を握るうえで核兵器の保有は必要との判断が働いた．イランが核に拘るのは，フセインの失敗がある．フセインは核保有の野心をちらつかせ，核の恐怖で世界を威嚇しながらも，それを保有しておらず，結局は手にすることができないうちにアメリカに打ち倒されてしまった．イランがフセインから得た教訓は，核開発計画の放棄，断念ではなく，逆に一刻も早くそれを手に入れることであった．（北朝鮮のように）一度核を取得すればアメリカも簡単には手出しできず，名実ともに地

域覇権大国の座を獲得できるからだ．イスラエルの核に対抗するためにも，核の保有は不可避とイランは考えたのだ．

　P5＋ドイツとイランの間では，核開発阻止に向けた協議が断続的に続けられたが，制裁発動を重視するアメリカと交渉継続に期待を寄せるEU諸国のスタンスの相違に加えて，対米牽制とエネルギー利権から中露両国がイラン寄りの姿勢を保ち，足並みは揃わなかった．交渉の進展を悲観したイスラエルは，イランの核開発を阻止すべく，サイバー攻撃や技術者の暗殺に加え，自らの軍事力で直接核関連施設を破壊する作戦を視野に入れるようになった．過去にイスラエル空軍は，バグダッド近郊にイラクが建設中のオシラク原子炉を爆撃（81年：バビロン作戦），またシリアが北部に建設中の核関連施設も空爆で秘密裏に破壊（07年）している．もっとも，イランの核関連施設は全土に点在し，地下化も進んでおり攻撃は容易でない．イランは中距離弾道ミサイルシャハブ3や地対地ミサイルのセッジール（共に射程約2千km）の発射実験に成功しており，これらのミサイルで（核施設を含め）イスラエルに報復攻撃を行うことが予想される．イランの影響下にあるヒズボラやハマスも反撃に加われば，中東全体を巻き込む大争乱に発展する恐れが高い．イランとイスラエルの紛争が持ち上がればホルムズ海峡（中東産原油の4割の輸送ルート）が閉鎖され，石油価格の高騰は避けられない．さらに，イランが核保有すれば，それに刺激されてサウジアラビア等のアラブ穏健派諸国も核保有に走る危険性がある．

●核合意の成立

　イランの核保有が刻々と迫るなか，13年8月に就任した穏健派のロウハニ新大統領は，経済制裁の解除を求めて核問題解決の意思を表明した．欧米の経済制裁でイランは激しいインフレに陥り，物価と失業率の上昇で経済は崩壊寸前に追い込まれていた．このままの状態が続けば国民の不満が爆発するのは必至で，現在の政治体制を揺るがせかねない．この苦境から抜け出すには，欧米に歩み寄り制裁解除を求める以外に方法はないと判断したのだ．一方，これまで外交成果の乏しいオバマ大統領も，2期目に入り後世の歴史を意識し，キューバとの国交回復とともに，イランとの劇的な関係改善に向けて動き出す．その結果，13年11月にはイランと6か国（P5＋ドイツ）との協議で，イランが高濃縮ウランの製造停止等核計画を縮小する見返りに，欧米が経済制裁の一部を緩和することで合意（第1段階合意）．次いで15年4月には，イランが10年以

上核兵器を作れないレベルにまで核開発能力を制限し，国際原子力機関（IAEA）の強制査察を受け入れることを柱とした「枠組み合意」が成立した．

　そして 15 年 7 月，イランと 6 か国（P5 ＋ドイツ）は最終合意（包括的共同行動計画）に漕ぎ着けた．合意内容の骨子は

　　　＊核兵器開発を今後 10 年以上大幅に制限する
　　　＊核兵器 1 個分の製造に必要なウラン濃縮の期間を，現在の 2 ～ 3 か月から 1 年以上に伸ばす
　　　＊合意履行の確認後に制裁を解除する
　　　＊合意違反があれば制裁を再び科す

の 4 点である．[12] 16 年 1 月には，欧米のイランに対する経済制裁が解除された．この最終合意によってイランが核兵器を手にする危険性は遠のき，見返りにイランは平和利用を主とする最小限の核開発を続行する権利が認められた．

●トランプ政権の核合意破棄

　イランは核不拡散条約（NPT）に加盟しており，核開発合意の成立は基本的には中東地域に安定をもたらすものと評価できる．ただ，幾つかの懸念材料も存在した．まず最終合意は，核開発の権利に拘るイランと核放棄を迫る欧米の妥協の産物であることから，軍事施設に対する査察の扱いが曖昧になっている．また核開発の制限に期限があり，ウラン濃縮の技術や核関連施設は温存され，許容された濃縮活動の継続も認められており，将来イランが再び核兵器開発に乗り出す可能性は払拭出来ない．米朝枠組み合意を破った北朝鮮の先例もあり，イスラエルやアメリカの同盟国であるサウジアラビア，アラブ首長国連邦などの湾岸諸国は合意成立後もイランに対する強い警戒感を解いておらず，合意を急いだアメリカとの関係も不安定化した．制裁解除で経済的に潤ったイランが台頭し，シリアのアサド政権やイエメンのフーシ（反体制派），過激派組織ヒズボラ等への支援を一層強めていけば，地域大国を自任するサウジアラビアやトルコとの摩擦が強まる危険性もある．

　そしてオバマ大統領の外交路線を評価しないトランプ大統領は，核合意に「致命的な欠陥がある」として 18 年 5 月，イラン核合意からの一方的離脱を表明し，イラン産原油の全面禁輸など経済制裁を再開させた．この動きに対し独仏英は合意の維持継続をめざしているが，制裁の影響で物価高騰や通貨の暴落

など経済的苦境に追い込まれたイランのロウハニ政権はアメリカに強く反発，19年5月以降，核合意で決められたウラン濃縮度や保有量の上限を破るなどの報復措置に出た．またホルムズ海峡周辺では石油タンカーなどが攻撃される事態が続発．これを革命防衛隊などの仕業と非難するアメリカは，船舶の安全航行を確保するため有志連合構想・海洋イニシアティブを提唱し同盟諸国の参加を呼び掛けている．イランと友好関係にある日本は有志連合には加わらず，20年1月，情報収集目的で海上自衛隊を中東海域に独自に派遣した．イランの核開発疑惑の再燃を防ぐには，イラン，アメリカの双方が互いに一方的な行動に出ることを慎み，協議のテーブルに着くとともに，欧米との協調を重視するイラン国内の穏健派を育成し，彼らとの連携を深めていくことが重要である．

6　イラクの戦後復興

●イラク新体制の発足

　冷戦終焉直後の90年8月，イラクのサダム・フセインが突如隣国のクウェートを侵略し世界を驚愕させた．米軍を主とする多国籍軍が翌年クウェートを解放したが，湾岸戦争の終了後もフセイン政権は存続し，大量破壊兵器の開発疑惑を明らかにするための国連査察を妨害したためアメリカとの関係は改善されなかった．同時多発テロ事件発生後，アメリカは首謀者のビン・ラディンを匿っているアフガニスタンのタリバン政権を攻撃し，これを崩壊させた．さらに，国際テロと大量破壊兵器の恐怖が結びつくことを嫌ったブッシュ政権は03年3月20日，兵器隠匿の明確な証拠が無いと仏独露等が反対し，また安保理の明確な授権も無い中でイラクへの軍事攻撃に踏み切った．戦闘は米軍優位で推移し，4月9日バクダッドが陥落し，24年間に及んだフセイン政権は崩壊した．

　戦争後の03年6月，イラクを占領統治する連合国暫定施政当局（CPA）が発足，ブレマー代表はバース党の解体とイラク軍の解散を命じた．翌04年3月にはイラクが民主制に移行するまでの政治プロセスを規定したイラク基本法が制定され，①イラク暫定政府の発足②国民議会選挙の実施及び移行政府の発足③憲法草案の制定及び同案に対する国民投票の実施④国民議会選挙の実施と正式政府の発足について，それぞれの実施期限が定められた．6月には基本法で定める復興のための政治プロセスを支持し，駐留する多国籍軍の任務，期

限等を明確化させた安保理決議 1546 が採択された．多国籍軍はアメリカを中心に約 30 か国で構成され，04 年末までにその兵力は 16 万人に上った．

　6 月下旬，基本法に従い CPA からイラク暫定政府（ヤワル大統領，アラウィ首相）に統治権限が移譲された．その間イラク国内では，インフラ復旧や経済再建の遅れ，犯罪の急増等で治安が悪化し，イラク市民の反米感情が高まった．フセイン政権残党のスンニ派勢力が米軍を主体とする多国籍軍の駐留に抵抗し，各地で反米テロや武装闘争を展開．これと並行してフセイン統治下で迫害されていたシーア派とスンニ派の対立もエスカレートした．[13] 暫定政府はクルド人地域を除くイラク全土に非常事態宣言を発令（04 年 11 月），反米武装闘争の拠点ファルージャでは，米・イラク軍が大規模な軍事作戦を実施した．

　05 年 1 月，スンニ派不参加のまま国民議会選挙が行われ，シーア派政党の連合体である統一イラク同盟が第一党（得票率 48%），クルド同盟が第二党（得票率 25%）となった．4 月下旬にタラバニ（クルド愛国同盟）が大統領，ジャファリ（ダアワ党首）が首相に就任し移行政府が発足した．そして憲法草案が国民議会（8 月）及び国民投票（10 月）で承認され，同年 12 月には憲法に基づき国民議会選挙が実施された．スンニ派が初めて参加したこの選挙では，シーア派の統一イラク同盟が第一党，クルド同盟が第二政党の座をそれぞれ維持したが，スンニ派のイラク合意戦線が第三政党に躍進，スンニ派の声を無視できないことが改めて示された．選挙後，タラバニの大統領再任は早期に合意されたが，ジャファリ首相の再任問題で各派が対立，ジャファリと同じ統一イラク同盟を母体とするマリキが新首相となることで妥協がなり，06 年 5 月イラク正式政府がようやく誕生した（第 1 次マリキ政権）．12 月にはサダム・フセインに死刑が執行され，新旧の時代変化が演出された．

●宗派対立と難航する戦後復興

　しかし，政治の主導権を握ったシーア派は，バース党員を公職から追放するなどフセイン政権時代に権力を握っていたスンニ派を圧迫，多くのスンニ派は職を失い，政権への不満を募らせた．そのため正式政府の発足後も，各地の武装闘争は沈静化しなかった．もともとイラクは英国の植民地政策の一環で産み落とされた人造国家である．国境線は無造作に引かれ，民族・宗教のモザイク状態を抱え込んでおり，南部にはアラブ系のシーア派，中部から西部，北部にかけてはアラブ系のスンニ派，北の地域にはアラブとは異なるクルド人が住ん

でいる．これは第1次世界大戦後，オスマン・トルコの領土のうち，宗教，文化，民族的な背景が異なるバスラ，バグダッド，モスルの3州を一つにまとめて新しい国をつくり，英国の委任統治領とした歴史に由来している．

　それゆえ一つの“イラク国民”の意識が希薄で，王政や社会主義，個人独裁等の強権政治で秩序を保ってきた経緯がある．建国当時の王制からバース党という民族主義的な政党によるクーデターを経て，1979年以後のサダム・フセイン独裁の時代までは，スンニ派がシーア派やクルド人を抑え込む政治構造だった．91年の湾岸戦争の後，ブッシュ・シニア政権はクウェートに侵攻したイラク軍は撃退したが，フセイン政権を倒さなかったのは，「イラクの分裂は万人にとっての悪夢」（当時のベーカー米国務長官）と判断したからだ．

　ところが，2003年にフセイン政権を倒したブッシュ・ジュニア政権は，この問題に鈍感だった．イラク戦争前，アメリカは十分なイラク研究を行わず，独裁者フセインを倒せば容易に親米民主政権が誕生すると楽観的な図式を描いていた．英国から独立したアメリカがそうであったから，当然他の国でも同様の展開になるはずだという発想だ（歴史家ジョシュア・ミッチェルは，これをジョージ3世症候群と呼ぶ）．しかしアメリカはシーア派優位の新政権を支援し，シーア派，スンニ派，クルド人という三大勢力のバランスを崩壊させたため，それまで抑えられていた各民族・宗派間の利害対立が一挙に噴出し，混乱と政情不安を生み出すことになった．

　2500万の人口を擁し，しかも混乱に陥っているイラクの全土を十数万程度の米兵で秩序維持から戦後復興を果たすことは不可能だった．最低でも40～50万程度の地上軍投入が必要というのが軍事専門家の認識だったが，大胆な軍制改革をめざすラムズフェルド国防長官の信念もあり，展開兵力は25万人に抑えられた（イラク攻撃時の兵力は米英併せて28万人．これは湾岸戦争の時の多国籍軍70万人の半分以下）．イラク軍が大規模な直接戦闘を避けたため戦争は短期間で終了したが，逆に抵抗勢力の地下潜伏を許し，戦後4年近い歳月を経過しても一向に治安は回復しなかった．シーア，スンニ両派の対立ばかりでなく，アルカイダなど外国から侵入した武装勢力や隣国イランの干渉も加わり，復興事業は遅滞しイラクの治安は混乱に陥った．イスラム世界の反米感情は高まり，アメリカの国際社会での威信も低下した．駐留米兵や民間人の犠牲も増大し，ブッシュ・ジュニア政権は苦しい立場に追い込まれた．

●秩序の回復と米軍撤退

だが米軍の大規模な撤退はイラクが破綻国家に陥るだけでなく，アメリカの敗北を意味する．出口戦略を模索するブッシュ大統領は07年1月，イラク駐留米軍（現兵力13万人）の2万人超増派を内容とする新戦略を発表（後に3万人に拡大）し，イラク治安部隊と合同で，バグダッドなど都市部を中心にアルカイダの徹底的な掃討作戦の実施に踏み切った．これに先立ち06年半ば頃から米軍はスンニ派部族に接近し，彼らの武装組織化を進めた．反米で共闘していたスンニ派部族とアルカイダ系スンニ過激派の分断が目的であった．アメリカの支援の下にスンニ派部族で結成された8万人の覚醒評議会はアルカイダ掃討作戦に協力し，治安回復の先導役となった．シーア派主体のイラク政権へのスンニ派の参加も認められるようになった．さらにマリキ政権はシーア派反米強硬指導者サドル師が率いる民兵組織マフディ軍を攻撃し，停戦を実現する．こうした諸施策が功を奏し，（米軍の規模が16万8000人にまで膨らんだ）07年後半，ようやくイラクの治安は改善に向かった．ブッシュ大統領は増派部隊3万人の段階的削減を発表（9月），08年11月には，09年6月までに米軍は都市部から撤退し，2011年末までに米軍戦闘部隊を撤退させる協定が米・イラク政府間で成立した．

次のオバマ政権はアフガニスタンを対テロ戦争の主戦場と位置づけ，アフガニスタンへの兵力シフトを図るためイラクからの米軍撤兵を推し進めた．そして10年8月末までに戦闘部隊の任務を終了させ，11年末には予定通りイラクからの米軍完全撤退を実現させた．その間，2010年3月に行われた国民議会選挙では，アラウイ元首相が率いるイラク国民運動が第一党，続投を目指すマリキ首相の法治国家連合が僅差で続いたが，単独過半数を占める政党・会派がなく政権協議は難航した．8か月後の10年11月，シーア派をバックとするマリキ首相とタラバニ大統領（クルド同盟）が続投し，さらにスンニ派勢力も加わる（イラク国民運動が国会議長や国家戦略評議会議長職を獲得）挙国一致体制が築かれた（第2次マリキ政権）．

●強まるイランの影響力

こうして，シーア派，スンニ派，クルドの3大勢力が均衡を取りつつ政治を担当する体制が整えられたが，秩序維持の重しになっていた米軍の撤退後，マリキ首相がシーア派中心の政治を進めたため，再び政権とスンニ派，クルド地

域政府との対立が目立ち始めた．政権の長老格でスンニ対シーアの宗派対立では中立的な姿勢を取り調整役になっていたタラバニ大統領（クルド人）が12年末に脳卒中で倒れたことも分裂が進む一因であった．大統領不在の下，マリキ首相は独断的な政治運営を進め，スンニ派の閣僚が相次ぎ失脚したことはスンニ派のさらなる反発を招いた．こうした政権に対するスンニ派の不満を利用し，アルカイダやイスラム国が再び勢力を伸ばすことになった．

　スンニ派の不満を抑えるとともに，シリアから入り込んだイスラム国の台頭を防ぐ必要から，オバマ政権は空爆実施の条件としてマリキ首相の退陣と挙国一致内閣の発足を促した．その結果マリキ首相は辞任し，三勢力のバランスを考慮したアバディ政権が14年9月に発足した．米軍主導の有志国連合による空爆支援の下，イラク政府軍によるイスラム国掃討作戦が実施され，次々と拠点を奪還，17年12月にはアバディ首相が勝利を宣言した．またアバディ政権はイラク北部クルド自治政府が独立を問う住民投票を強行し（17年9月），実効支配していた係争地を軍事作戦によって掌握した．もっともアバディ政権に対しては，不正・汚職の蔓延に加えて，石油価格低迷による経済不信や物価の高騰などから国民の不満が高まり，退陣を求める声も出始めた．

　18年5月の議会選挙では，シーア派の反米指導者サドル師の政党連合が第一勢力となった．サドル師がスンニ派との融和に動き，宗派対立に嫌気する国民の支持を集めたこと，また汚職がはびこるアバディ政権を批判し首都バグダッドなどの貧困層から支持を得たことが勝因であった．しかしいずれの政党も全議席の20%に満たず，連立政権樹立に向けた交渉が長引いた．ようやく10月にクルド人のサレハ大統領が選出され，マハディ（シーア派）首相を首班とする新政権が発足したが，経済不振に加え，戦闘で荒廃した国土の復興が思うように進まないことや政府の統治能力の欠如に対する国民の苛立ちは強い．また駐留する米軍への不満やその撤収を求める声が燻る一方で，イスラム国掃討作戦を通じてイランの影響力が強まっている．イスラム国掃討作戦にはイランが支援するシーア派民兵がイラク正規軍とともに活躍したからだ．また独立の是非を問う住民投票でイラク中央政府と対立したイラク北部クルド自治政府の実効支配地域への軍事進攻（17年10月）でもイランはイラクと共闘した．軍事面のみならず，油田開発などでも両国の連携関係が進んでおり，イラクに対するイランの影響力が日増しに拡大しつつある．19年3月，イランのロウハニ大統領がイラクを訪れマハディ首相らと会談した．米軍が駐留するイラクとの関

係を強め，核合意の離脱で対イラン制裁を再開したトランプ政権を牽制する狙いが見てとれる．さらに 19 年 12 月には，イラク国内の親イランシーア派武装勢力が米軍基地にロケット弾で攻撃する事件も起きるなどイラクはアメリカとイランが対立する「最前線」となっている．

7　イスラム国：その出現と跳梁，衰退

●イスラム国の起原

イスラム国は，2011 年にオバマ政権がイラクから米軍の実戦部隊を完全撤収させたことで生じた力の空白を突いて勢力を拡大させたイスラム過激派勢力である．つまりイスラム国は，オバマ政権が育てた鬼子といえる．それがアラブの春の混迷でさらに力を増していった．ここでは，イスラム国が勢力を拡大させた経緯と現状を概観する．

2003 年のイラク戦争終結後，アメリカ占領軍に対するテロがイラク国内で頻発した．その中心勢力が，ヨルダン出身のアル・ムサブ・ザルカウィが率いるイスラム過激派組織「タウヒードジハード団」（スンニ派）であった．ザルカウィは 80〜90 年代にアフガニスタンに渡り，ビン・ラディンの組織するアルカイダとも関係を深めていた．そして 9.11 事件後の 04 年 10 月，組織名を「イラクの（聖戦）アルカイダ」（二大河の国のアルカイダ）（AQI）に改める．イラクで日本人旅行者を拉致，処刑したのもこのイラクアルカイダである．06 年 6 月，米軍の爆撃でザルカウィは殺害されるが，彼が組織したイラクムジャヒディン諸問評議会傘下の諸組織が合体し，同年 10 月に「イラク・イスラム国」（ISI）を結成する．ISI の指導者にはイラク人のアブ・アブドラ・ラシード・バグダディ（アブ・オマル・アル・バグダディ）が就任する．

ISI は 06 年から翌 07 年にかけて，イラク国内での対米テロや対シーア派テロで中心的な役割を果たし，07 年には数千人の兵力に拡大する．しかし，イラク国内でのテロがあまりに暴虐的なため，地元スンニ派部族勢力と対立するようになった．米軍もそれまでの方針を転換し，スンニ派部族勢力の懐柔に乗り出す．過激なテロ組織に対抗して地元スンニ派部族が 2005 年に創設した覚醒評議会に，資金や武器を供与するようになったのだ．米軍の支援を得た覚醒評議会は，ISI 等過激派の追放に動き，08 年にはスンニ派三角地帯と呼ばれる主要都市部から追い出すことに成功した．スンニ過激派による対米テロや対シー

ア派テロも激減し，04 年から 07 年当時最悪の状態に陥っていたイラクの治安も 08 年には劇的に改善した．ISI は大きな打撃を蒙り，構成員も 09 年には千人以下に激減する．2010 年に最高指導者アブ・アブドラ・ラシード・バグダディが死去し，その後を現在のアブ・バクル・バグダディが継承する．

● シリア内戦で増殖

イラクで力を落とした ISI はシリアに活動拠点を移し，内戦に参入する．国外からのアクセスが容易なトルコ国境に近いシリア北部を拠点とし，多数の外国人義勇兵獲得に成功した ISI は現地の様々なイスラム過激派勢力を配下に治め，シリアの北部から東部に広い支配地域を獲得，2013 年 4 月には（ヌスラ戦線の一部を統合して）「イラクとシャームのイスラム国」（ISIS）と名称を変更，イラクとシリアの両国に跨がる国家を自称する．「シャーム」とは，シリアとその周辺地域（ヨルダン，レバノン，パレスチナ）の昔からの呼称．シャームの訳し方によって，「イラクシリアイスラム国」，あるいは「イラクレバントイスラム国」（ISIL）とも呼ばれるようになる．ISIS はアサド政権の打倒よりも支配地域の拡大（イスラム国の建設）を優先させ，シリア政府軍のみならず自由シリア軍などの反政府イスラム勢力とも戦うため，アサド政権は敢えて ISIS への攻撃を手控え，自由シリア軍など反政府勢力に攻撃を集中させた．そのため ISIS はアサド政権の攻撃で撤退した反政府軍の地域を支配下に収めていった．

　一方，イラクでは 11 年 12 月に米運が撤退を完了．シーア派主体のマリキ政権は，米軍なき後，スンニ派への弾圧を強めた．イラク国内スンニ派のシーア派への反発の高まりを見た ISIS は，2013 年暮れ頃よりイラク西部に戻り，政府に不満を持つスンニ派主要部族との関係を復活させた．旧フセイン政権バース党の関係者も ISIS に参入した．2014 年 1 月，ISIS はバグダッド西方アンバル県などで一斉攻勢に出てイラク政府軍を打ち破り，ラマディやファルージャを制圧，3 月にはサマラを，さらに 6 月の大攻勢では北部にあるイラク第二の都市モスルを制圧し，バグダッド近郊に迫る勢いを見せた．宗派対立を利用しイラク国内でも勢力を伸ばした ISIS は，イラク政府軍の近代武器を略奪し，さらに戦力を高めた．

　シリアで獲得したイスラム戦闘員と，イラクで得た大量の近代武器を背景に，シリア，イラク両国で支配地域を広げた ISIS は 14 年 6 月 29 日，組織名を「イスラム国」（IS）と改称した．自らの支配領域（国）をシリアとイラクに限らず，

さらに支配地域を拡大させ，広大なイスラム国家を建設する意思を表したのである．イスラム国は，オスマントルコとともに消滅したカリフ制度の復活を唱え，自らをカリフ制国家と主張，最高指導者のアブ・バクル・バグダディ自身がカリフ就任を宣言した．カリフとは，イスラム教の教祖である預言者ムハンマドの後継者のことで，統一されたイスラム共同体のトップを意味する．カリフを名乗ったということは，イスラム法の理念からは，イラク，シリア両国の領域だけでなく，全世界のイスラム教徒の最高政治指導者としての地位を主張したということだ．ジハード主義のグローバル化とも言える．イスラム国は，サイクス・ピコ協定（1916 年に英仏露が結んだオスマントルコの領土分割密約）に基づいて決められたシリア，イラクの国境線を否定している．ウェストファリア体制下の国境概念を認めず，西欧諸国が分割して作り上げた現在の中東国家の枠組みを否定し，イスラム社会は其れを超越して統一すべきと考えているためだ．

●イスラム国の特徴

ともにスンニ派の過激派組織だが，アルカイダとイスラム国の決定的な違いは，アルカイダが欧米，特にアメリカに対しジハードを行い，その結果としてイスラムの復興を果たそうとしているのに対し，イスラム国は組織の名前のとおり，カリフ制に基づく領域国家の建設を行おうとしている点だ．アルカイダが分散型で非集権的なネットワーク構造で，関連組織の繋がりが緩やかであるのに対し，イスラム国は行政機構を整備し，集権的な国作りを目指しており，独自の通貨も発行している．

イスラム国はイラクで攻勢をかけた際，イラク政府軍から多くの武器を鹵獲したが，シリアの反体制派過激派組織からも武器を購入した．欧米が自由シリア軍に供与した武器がイスラム国に流れた例も多い．「最も裕福なテロ組織」と呼ばれるように，イスラム国は他のテロ組織に比べて高い財力を誇った．資金源は，銀行等からの略奪だ．モスル制圧の際，イラク中央銀行から５億ドル以上と評価される金及び外貨を強奪．2013 年にラッカで略奪した金額は２億ドルに上る．制圧した町の住民からの略奪も頻繁に行われた．また税と称して市民から上納金を徴収（市民からの徴税）したり営利目的の誘拐，油田を制圧しての石油の密売，文化財の盗掘密売（古代文明の出土品美術品の闇取引），海外からの送金（主にアラビア半島産油国からの寄付）等にも頼っていた．

イスラム国は最盛時５万人以上の戦闘員を擁し，シリア，イラク国籍を除く

外国人戦闘員は約1万6千人．北アフリカを含む中東アラブ諸国が1万1千人で全体の約70%，欧米諸国が4200人．外国人戦闘員の国籍は80か国以上におよんだ（14年10月時点）[14]．欧米諸国内でのホームグロウンテロ（欧米社会で生まれ育ったイスラム系移民の子弟がテロリスト化したもの）やローンウルフテロ（テロ組織と接触せず単独で独自にテロ実行）も増えている．欧米移民ムスリムの第1世代には，移民先の国や社会に自分自身を合せ，慣れ親しもうとするメンタリティがあった．しかし，移民第2世代は生まれたときから西欧諸国の国民でありながら，白人の社会から受容れられず疎外感が生まれ易い．根深い人種差別や偏見もある．親の母国も知らず，国籍国の社会にもなじめず，アイデンティティクライシスに陥る若者の心の間隙を突いて，イスラム国はSNSやインターネットを駆使して戦闘員に取り込んでいくのだ．

●領域支配の終焉

　これに対しアメリカを中心とした有志連合が14年8月からイラク，9月からシリアで，15年には英仏やロシア，トルコなどもイスラム国に対する空爆を実施，またシリア政府軍やイラク治安部隊，さらにクルド人部隊ペシュメルガがイスラム国と地上戦闘を繰り広げた．イスラム国は重要な施設などを地下化し，トンネルで結ぶシステムを導入し被害の極限化を図るとともに，一般の民家や集落を取り込み市民を楯にして攻撃の封じ込めを図った[15]．また有志連合側はイスラム国の原油密売ルートの遮断などその資金源を抑える作戦を実施，これがイスラム国掃討に効果を発揮した．SNSを活用するイスラム国の逆手をとり，SNSやインターネットで彼らの残虐性や宣伝の嘘を指摘し，洗脳工作を阻止する取り組みもイスラム国の活動を封じ込めるうえで有効な手段であった．

　こうした取り組みが徐々に成果を上げ，イスラム国の伸長には歯止めがかかり，17年にはイラクの最大拠点モスル（1月）や首都とされたラッカ（10月）が陥落し，急速に弱体化が進んだ（同年12月イラク政府がイスラム国掃討完了を宣言）．19年3月にはシリア最後の拠点バグズも失い，アメリカとクルド人武装組織はシリアでのイスラム国掃討作戦の終結を宣言．さらに10月にはシリア北西部に潜んでいた最高指導者バグダディが米軍特殊部隊の急襲を受け死亡した．しかし，これでイスラム国の脅威が完全に消滅したわけではない．領域支配を断念したイスラム国は地下に潜るとともに，アフガニスタンやイエメン，アフリカなど世界各地に拠点を分散させ（テロリストネットワーク），地球規模のテロ

拡散へと作戦を転換させている．シーア派とスンニ派の抗争がイスラム国の勢力を増大させた一因でもあったことから，イスラム国殲滅を期すには軍事作戦だけでなく，両派の融和を促しアラブ諸国の宗派対立を沈静化するとともに，貧困の解消や雇用確保などの社会的施策を講じる必要がある．

注

1）1948年の建国当時，イスラエルの人口は約80万人に過ぎなかったが，世界中に離散したユダヤ人300万人が移住し，爆発的に人口を増やしてきた．1950年制定の帰還法（ユダヤ人の祖父あるいは祖母を持つ者にはイスラエルの市民権を認める）の影響も大きかった．現在の人口は790万人（うちユダヤ人が約600万人）(2012年)．イスラエルに住むユダヤ人は建国に主導的な役割を果たした欧州系に北米系を加えたエリート層と，それ以外の地域出身者に大別される．イスラエルはパレスチナ人に対する人口的優位を保つためユダヤ人の帰還を進めてきたが，近年ではユダヤ人内部の差別や階層分化が進んでいる．

2）第3次中東戦争の停戦実現後の1967年11月22日に採択された決議で，イスラエル軍の占領地からの撤退と67年当時の境界線を国境とするイスラエルの生存確認，それに非武装地帯の設置やパレスチナ難民問題の解決をうたっている．

3）「シーア派イスラム主義者はアヤトラ・ホメイニの影響をうけながら非対称的戦争状況のなかで殉教をジハードの要としたが，その頃スンニ派イスラム主義者はアフガニスタンで戦果をあげたジハードゲリラ戦をイスラムの敵に対する聖戦の最高の形式と考えていた．ソ連がアフガニスタンを占領していた1979年から1989年の10年間，スンニ派ジハード主義者が自爆テロを称揚することはなかった．それには二つの理由がある．第一には，アフガニスタンではイスラム戦士，とりわけ外国人ジハード主義者の数は限られていたので，人的損害は極力少なくしようとしていた．これはレバノンとは違う点である．レバノンではシーア派住民は過剰気味なほど人口が多数であった．また殉教者は無名状態からぬけられるし，残された家族のために経済的な見返りも期待できる．第二に，スンニ派の教義にも歴史にも意図的に自分の命を犠牲にするという伝統が存在しなかった．戦士は手に武器をもちながら殉教で死んでいったり，ジハードを遂行するために極度の危険をおかすことはあっても自分で自分の死を決定することはできない．死の瞬間はアラーがえらぶのであり，アラーはわれわれに命をあたえたように，われわれから命をうばうことができる．……スンニ派のこのような自爆攻撃に対する慎重姿勢に終止符をうったのはハマスであった．ハマスは1987年12月，第1次インティファーダ開始をきっかけとして誕生した．自爆テロを最初にはじめたシーア派ではそれをコントロールするための一定の枠組みがあったのだが，そうした仕組みがないスンニ派で自爆テロを自殺ではないとして例外を認めたりしたら，コントロール不能な疫病のように広がってしまう恐れがあった．それにシーア派と異なりスンニ派には極端な行動に枠をはめたり，必要があれば禁止したりすることができる聖職者のヒエラルキーが存在しなかったからなおさらであった．」ジル・ケペル『テロと殉教』丸岡高弘訳（産業図書，

2010 年）82〜3 頁.

4）この合意では，西岸地区はＡ，Ｂ，Ｃの三地区に分類され，都市部を中心とするＡ地
　　区は治安維持と民生に関する権限がともにパレスチナ側に認められた．都市部周辺のＢ
　　地区では，民生の権限はパレスチナ側に移譲されるが，治安維持はイスラエルとパレス
　　チナの共同管理とされた．過疎地だがイスラエルにとって戦略上重要で入植地が存在す
　　るＣ地区では，治安維持も民生も引き続きイスラエルが管理することとなった．イスラ
　　エルはこの三地区のうち，Ａ地区の存在する七つの主要な町のうちヘブロンを除く六つ
　　と，Ｂ地区に存在する 450 の町村から軍を撤兵することを約束，さらにパレスチナ民族
　　評議会を自治地域に設置するための選挙実施にても合意が成立した．この合意に従い，
　　95 年末にイスラエル軍の撤兵は完了し，96 年 1 月にはパレスチナの総選挙が行われた.
　　鏡武『中東紛争』（有斐閣，2001 年）186 頁.

5）ワイリバー合意は，パレスチナ自治の範囲拡大を狙いに，オスロ 2 合意で定められた
　　三地区のうち，Ｃ地区の割合を減らしてＡ，Ｂ地区を広げようとするものであった．ワ
　　イリバー合意が実行に移された場合，西岸全体の 40％およびガザ地区が自治終了後に
　　誕生するパレスチナ国家の領土となる．これは，パレスチナ全域の 9.6％に相当し，残
　　りの 90.4％がイスラエル領となる．なおイスラエル国家建設の基礎となった 1947 年の
　　国連パレスチナ分割決議では，ユダヤ人国家にパレスチナの 52％，アラブ国家に 48％
　　が割り当てられた．また第 3 次中東戦争後，イスラエルに占領された西岸，ガザ地区の
　　回復をめざして展開されたパレスチナ解放運動で，アラファトらは樹立すべきパレスチ
　　ナ国家の領土をパレスチナ全域の 22.6％と設定していた．鏡武，前掲書，227〜230 頁,
　　森戸幸次『中東百年紛争』（平凡社，2001 年）91 頁.

6）「ロードマップ」は，和平計画を 3 段階に区分し，05 年までにパレスチナ紛争を終結
　　させるというもの．内容は拙著『テキストブック国際政治学』（晃洋書房，2013 年）204
　　〜5 頁.

7）ヒズボラは，イスラエル軍によるレバノン侵攻を受けて 1982 年にレバノン南部で結
　　成されたイスラム教シーア派過激組織「神の党」．イスラエル国家の打倒とイラン革命
　　を範とした汎イスラム国家樹立を掲げる．シリアとイランの資金・軍事援助を背景に勢
　　力を拡大した.

8）イスラエルは 1967 年の第 3 次中東戦争以降，占領軍の必要に応じて土地の接収を認
　　めたハーグ条約第 52 条を根拠に，占領した土地にユダヤ人入植地を建設し続けている.
　　ガザ地区については 1996 年にイスラエル軍が撤退し，入植地も全て撤去されたが，ヨ
　　ルダン川西岸地区には政府公認の入植地が約 120（それとは別に，パレスチナ人の私有
　　地に建設された無許可入植地が約 100 箇所），東エルサレムにも 10 以上の入植地が建設
　　され，拡大を続けている．歴代政権の中でも 09 年に発足したネタニヤフ政権は入植地
　　の拡大に積極的で，人口の増加等を理由に既に 5 千戸以上を建設している.

9）西岸では 230 万人以上のパレスチナ人が暮らしているが，イスラエル本土と入植地を
　　結ぶユダヤ人専用道路がパレスチナ人地区を分断，周辺には軍の検問所もあり，パレス
　　チナの人や物の移動は極端に制限されている.

10）中露がアサド政権擁護の立場を崩さず，反体制派への武力弾圧中止やアサド退陣を求

230

める決議案採択に拒否権を行使したため，国連安保理は機能しなかった．ロシアはシリアの地中海沿岸に海軍の補給基地を持ち，武器輸出も活発だ．アメリカが欧州で進めるミサイル防衛計画やグルジア，ウクライナとの関係強化，クリミア併合に対する対露経済制裁発動等の動きを新たなロシア包囲網と受け取るロシアにとって，シリアやイランとの連携を深めることは地政学上重要な施策と認識されている．一方，チベットや新疆ウィグル自治区の独立問題を抱える中国は，内政問題への国際社会の関与を排除する必要からシリアの現政権を支持している．

11) シリア征服戦線（旧ヌスラ戦線）がシリア人主体のアサド政権打倒を目標とする集団であるのに対し，イスラム国はイラク人主体で，中東におけるスンニ派統治地域拡大，即ち領域国家の建設を目指し，ヌスラ戦線をその目的達成のための下部組織として扱ったことが反目の原因とされる．池内恵『イスラーム国の衝撃』（文藝春秋社，2015 年）126 頁．

12) 主な合意内容は以下のとおり．
- 15 年間，核兵器向けの高濃縮ウランやプルトニウムを製造・取得しない
- 1 万 2 千キロある低濃縮ウランを 300 キロに減らす（15 年間）
- 保有するウランの最大濃縮度を 20％超から 3.67％に引き下げる（15 年間）
- 約 1 万 9 千基保有する遠心分離器を 6104 基に減らす．うち高性能な遠心分離器については現在保有する約千基を 0 にする（10 年間）
- IAEA はイラン国内の全ての核施設に対して予告なく査察できる
- IAEA は核兵器の開発疑惑が指摘される軍事施設も査察できるが，事前にイランと調整する（イランには異議申し立ての権利が認められる）
- 合意の履行が確認されれば，EU は核関連の制裁を解除，米国は制裁を緩和，核問題に関する国連安保理の制裁は解除する
- 武器の禁輸は制裁解除後も 5 年間継続する
- イランに合意違反があれば 65 日以内に再び制裁を科す

13) シーア派とスンニ派はイスラム教の二大宗派．預言者の後継者を巡り分裂した．656年，第 3 代カリフウスマーンが暗殺され，預言者ムハンマドの従兄弟で娘婿のアリーが第 4 代カリフに選ばれた．しかしムスリム全体の一致でカリフを選ぶという慣行（スンニ）に反していたため，ムスリム社会はアリー支持派（のちのシーア派）と反対派（後のスンニ派）に二分される．さらにアリーが 661 年に暗殺されウマイヤ家のムアーウイアがカリフ（ウマイア朝）になると，勢力をそがれたアリー支持はシーア派を結成する．後継者問題について，多数派（スンニ派）はアリーに先立つ 3 人のカリフ（＝ムハンマドを支えた初期の入信者）も正統カリフと認めるが，シーア派はムハンマドとの血縁を重視し，アリーとその子フセインに繋がる子孫のみをイスラム共同体（ウンマ）の正統な指導者とする．教義においては，スンニ派はムハンマドやカリフを普通の人間とみなすが，シーア派は指導者をイマームと呼び，信仰のもと何が正しいか，絶対的な判断を下すと考え，神格化していく．現在，シーア派は多くの派に分かれている．世界全体のイスラム教徒 16 億人のうち，スンニ派が約 84％，シーア派 16％とスンニ派が多数を占めるが，イランはシーア派国家で，イラクでも人口の 6 割以上がシーア派（サダム・フ

セイン及びその支持勢力はスンニ派）．ヒズボラはシーア派，アルカイダやアフガニスタンのタリバンはスンニ派．イラク国内でテロや武装闘争を行っている勢力は，フセイン派残党（ムハンマド軍，フェダインサダム）やイラク聖戦アルカイダ，アンサールスンナ等主にスンニ派だが，シーア派にも若手急進主義者サドル師が率いる過激派グループが存在する．

14）国枝昌樹『イスラム国の正体』（朝日新聞出版，2015 年）116 頁．

15）「シリアにもイラクにも多数の基地が設けられている．基地といっても発見されやすい兵舎や軍用施設ではなく，ただの村落である場合が多い．そこにある住宅を徴発して戦闘員の候補を住まわせ，周辺の軍事作戦で鍛えるのである．有志連合による空爆は地上の情報や資料を欠いたまま行なわれるため，標的を確実に狙うことができていない．そして，新兵が養成されている基地はありふれた家，ありふれた農場と見分けがつかず，そこでの活動をうかがい知ることは不可能に近い．しかもイスラム国は，空爆を受けたとき最大限の被害が生じるようにわざと，こうした軍の施設からわずか数メートルのところで民間人を生活させている．」サミュエル・ローラン『イスラム国：謎の組織に迫る』岩澤雅利訳（集英社，2015 年）37 頁．

参 考 文 献

比較的最近の研究に限定，また本文注釈で引用した文献は除く．

第1章
イアン・ブレマー『「Gゼロ」後の世界』北沢格訳（日本経済新聞社，2012年）
エマニュエル・トッド他『グローバリズムが世界を滅ぼす』（文藝春秋社，2014年）
国末憲人『ポピュリズム化する世界』（プレジデント社，2016年）
土屋大洋『サイバー・テロ日米VS中国』（文藝春秋社，2012年）
中村廣治郎『イスラム教入門』（岩波書店，1998年）
藤原和彦『イスラム過激原理主義』（中央公論新社，2001年）
ヘンリー・キッシンジャー『国際秩序』伏見威蕃訳（日本経済新聞社，2016年）
宮田律『イスラムに負けた米国』（朝日新聞社，2007年）

第2章
《アメリカ外交全般》
菅英輝『アメリカの世界戦略』（中央公論新社，2008年）
Robert D. Schulzinger, *U.S. Diplomacy Since 1900, 6th*（Oxford Univ. Press, New York, 2008）
Steven W. Hook & John Spanier, *American Foreign Policy Since World War II*（CQPress, Washington, D.C., 2007）
《クリントン政権》
五十嵐武士『覇権国家アメリカの再編』（東京大学出版会，2001年）
Fraser Cameron, *US foreign Policy after the Cold war*（Routledge, London, 2002）
《ブッシュ・ジュニア政権》
藤本一美『現代米国政治論』（学文社，2009年）
ボブ・ウッドワード『ブッシュのホワイトハウス（上・下）』伏見威蕃訳（日本経済新聞社，2007年）
ロバート・ケーガン『ネオコンの論理』山岡洋一訳（光文社，2003年）
Fred I. Greenstein, ed., *The George W. Bush Presidency*（The Johns Hopkins Univ. Press, Baltimore, 2003）
《オバマ政権》
久保文明他編著『オバマ政治を採点する』（日本評論社，2010年）
春原剛『ヒラリー・クリントン』（新潮社，2016年）
高岡望『アメリカの大問題』（PHP研究所，2016年）
バラク・オバマ『合衆国再生』棚橋志行訳（ダイヤモンド社，2007年）
ブレッド・スティーブンス『撤退するアメリカと「無秩序」の世紀』藤原朝子訳（ダイヤモ

ンド社，2015 年）

Jefferey A. Bader, *Obama and China's Rise*（Brookings Institution Press, Washington, D.C., 2012）

《トランプ政権》

エマニュエル・トッド『グローバリズム以後』（朝日新聞社，2016 年）

ジョセフ・S・ナイ『アメリカの世紀は終わらない』村井浩紀訳（日本経済新聞社，2015 年）

ドナルド・J・トランプ他『トランプ自伝』相原真理子訳（筑摩書房，2008 年）

宮崎正弘『トランプ熱狂，アメリカの「反知性主義」』（海竜社，2016 年）

ワシントンポスト取材班他『トランプ』野中香方子他訳（文藝春秋社，2016 年）

第 3 章

《中国》

江口博保他『肥大化する中国軍』（晃洋書房，2012 年）

エドワード・ルトワック『自滅する中国』奥山真司監訳（芙蓉書房出版，2013 年）

エドワード・ルトワック『中国 4.0』奥山真司訳（文藝春秋社，2016 年）

遠藤誉『ネット大国中国』（岩波書店，2011 年）

近藤大介『パックスチャイナ中華帝国の野望』（講談社，2016 年）

矢吹晋『チャイメリカ』（花伝社，2012 年）

リンダ・ヤーコブソン他『中国の新しい対外政策』辻康吾訳（岩波書店，2011 年）

《北朝鮮》

アンドレイ・ランコフ『北朝鮮の核心』山岡由美訳（みすず書房，2015 年）

ドン・オーバードーファー他『二つのコリア：第三版』菱木一美訳（共同通信社，2015 年）

朴斗鎮『揺れる北朝鮮』（花伝社，2016 年）

李相哲『金正日秘録』（産経新聞出版，2016 年）

Michael O'hanlon & Mike Mochizuki, *Crisis on the Korean Peninsula*（McGraw-Hill, New York, 2003）

《ASEAN》

黒柳米司『「米中対峙」時代の ASEAN』（明石書店，2014 年）

黒柳米司他編著『ASEAN を知るための 50 章』（明石書店，2015 年）

ビル・ヘイトン『南シナ海』安原和見訳（河出書房新社，2015 年）

山影進『新しい ASEAN』（アジア経済研究所，2012 年）

ロバート・D・カプラン『南シナ海が "中国海" になる日』奥山真司訳（講談社，2016 年）

《南アジア》

進藤雄介『タリバンの復活』（花伝社，2008 年）

田所昌幸編著『台頭するインド中国』（千倉書房，2015 年）

堀本武功『インド　第三の大国へ』（岩波書店，2015 年）

宮田律『南アジア　世界暴力の発信源』（光文社，2009 年）

第4章
《ロシア》
朝日新聞国際報道部他『プーチンの実像』（朝日新聞出版，2015年）

石川陽平『帝国自滅：プーチンVS新興財閥』（日本経済新聞社，2016年）

北野幸伯『プーチン最期の聖戦』（集英社インターナショナル，2012年）

木村汎『プーチン：人間的考察』（藤原書店，2015年）

木村汎『プーチン：内省的考察』（藤原書店，2016年）

小泉悠『プーチンの国家戦略』（東京堂出版，2016年）

佐藤親賢『プーチンとG8の終焉』（岩波書店，2016年）

武田善憲『ロシアの論理：復活した大国は何を目指すか』（中央公論新社，2010年）

チャールズ・クローヴァー『ユーラシアニズム』越智道雄訳（NHK出版，2016年）

ナタリア・ゲヴォルクヤン他『プーチン，自らを語る』高橋則明訳（扶桑社，2000年）

《コーカサス・中央アジア》
宇山智彦編著『中央アジアを知るための60章（第2版）』（明石書店，2003年）

北側誠一他編著『コーカサスを知るための60章』（明石書店，2006年）

廣瀬陽子『コーカサス　国際関係の十字路』（集英社，2008年）

Anatol Lieven, *Chechnya: Tombstone of Russian Power*（New Haven, Yale Univ. Press, 1998）

第5章
《EU》
エマニュエル・トッド『シャルリとはだれか』堀茂樹訳（文藝春秋社，2016年）

エマニュエル・トッド『問題は英国ではない，EUなのだ』堀茂樹訳（文藝春秋社，2016年）

遠藤乾『欧州複合危機』（中央公論新社，2016年）

庄司克宏『欧州の危機』（東洋経済新報社，2016年）

竹森俊平『ユーロ破たん　そしてドイツだけが残った』（日本経済新聞社，2012年）

竹森俊平『逆流するグローバリズム』（PHP研究所，2015年）

田中素香『ユーロ：危機の中の統一通貨』（岩波書店，2010年）

墓田桂『難民問題』（中央公論新社，2016年）

増田ユリヤ『揺れる移民大国フランス』（ポプラ社，2016年）

ロジャー・ブートル『欧州解体』町田敦夫訳（東洋経済新報社，2015年）

Geoffrey Edwards, ed., *The European Union*（Pinter, GBR, 1996）

George A. Kourvetaris and A. Moschonas, eds., *The Impact of European Integration*（Praeger Pud, USA, 1996）

第6章
《パレスチナ和平》
池内恵『サイクス＝ピコ協定　百年の呪縛』（新潮社，2016年）

笈川博一『物語エルサレムの歴史』（中央公論新社，2010年）

高橋正男『物語イスラエルの歴史』(中央公論新社, 2008 年)

船津靖『パレスチナ』(中央公論新社, 2011 年)

宮田律『中東迷走の百年史』(新潮社, 2004 年)

山崎雅弘『新版中東戦争全史』(朝日新聞社, 2016 年)

　《アラブの春》

池内恵『「アラブの春」とは何だったのか』(東京大学出版会, 2016 年)

国枝昌樹『シリア』(平凡社, 2012 年)

鈴木恵美『エジプト革命』(中央公論新社, 2013 年)

田原牧『ジャスミンの残り香』(集英社, 2014 年)

　《イスラム国》

池内恵『イスラーム国の衝撃』(文藝春秋社, 2015 年)

国枝昌樹『イスラム国最終戦争』(朝日新聞出版, 2016 年)

常岡浩介『イスラム国とは何か』(旬報社, 2015 年)

宮田律『アメリカはイスラム国に勝てない』(PHP 研究所, 2015 年)

その他各年の『外交青書』『防衛白書』『アジアの安全保障』『東アジア戦略概観』『朝日キー
　　ワード』

《著者紹介》

西川佳秀（にしかわ　よしみつ）

東洋大学国際学部教授

・**専　攻**
国際政治学，政治外交史，戦略・安全保障論

・**略　歴**
1955 年　大阪生まれ.
1977 年　国家公務員上級職試験（法律甲種）合格.
1978 年　大阪大学法学部卒業，防衛庁（現防衛省）に勤務. 以後,
内閣安全保障会議，防衛庁長官官房企画官，課長，防衛研究所室長
などを歴任. その間，英国王立国防大学院等に留学. 1998 年から現職.

・**学　位**
法学博士（大阪大学），国際関係論修士（MA，英国リーズ大学）

・**主要著書**（著者名の表記は西川吉光）
『国際政治と軍事力』（北樹出版）
『現代国際関係史Ｉ～Ⅳ』（晃洋書房）
『ポスト冷戦の国際政治と日本の国家戦略』（晃洋書房）
『ヘゲモニーの国際関係史』（晃洋書房）（国際安全保障学会加藤賞受賞）
『国際平和協力論』（晃洋書房）
『日本の安全保障政策』（晃洋書房）
『ヨーロッパ国際関係史』（学文社）
『特攻と日本人の戦争』（芙蓉書房出版）
『アメリカと東アジア』（慶應義塾大学出版会）
『イギリス学入門』（萌書房）
『日本の外交戦略』（晃洋書房）
『テキストブック 国際政治学』（晃洋書房）
『アメリカ学入門』（三恵社）
等多数

ヘゲモニーの現代世界政治
―― 米中の覇権争奪とイスラム台頭の時代 ――

2020 年 6 月 30 日　初版第 1 刷発行　　＊定価はカバーに
　　　　　　　　　　　　　　　　　　　 表示してあります

　　　　　　　著　者　　西　川　佳　秀 ©

　　　　　　　発行者　　萩　原　淳　平

　　　　　　　印刷者　　田　中　雅　博

発行所　株式会社　晃　洋　書　房

〒615-0026　京都市右京区西院北矢掛町 7 番地
　　　　　　電　話　075（312）0788 番㈹
　　　　　　振替口座　01040-6-32280

装丁　野田和浩　　　　印刷・製本　創栄図書印刷㈱

ISBN978-4-7710-3376-4